U0625073

杭州市第四届重大教育科研成果

素养本位的时代评价

唐彩斌　郦云◎主编

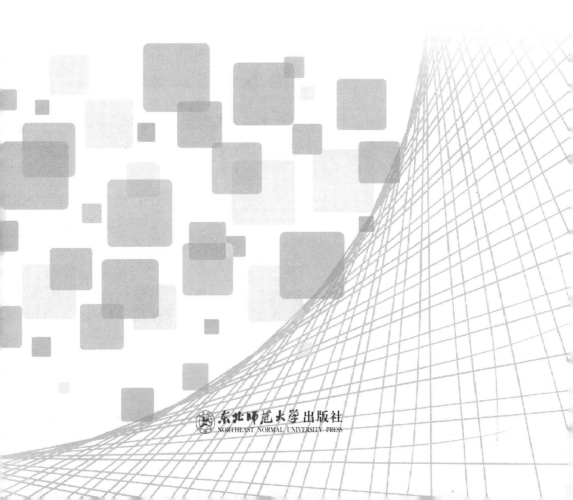

东北师范大学出版社
NORTHEAST NORMAL UNIVERSITY PRESS

《素养本位的时代评价》编委会

副 主 编：章秀花　王云英

编　　委：（按照姓氏首字母排列）

鲍心如　龚洵奕　胡方强　李玲瑜

楼　珺　楼彦志　吕可薇　马浙琦

盛亦楠　施立波　施益坚　谭海楠

王羚婕　吴美兰　吴雅雯　杨　洁

叶湛兰　张佳艺　张忠华　周蓉蓉

序言
做素养评价校本探索的先行者

自世界经济合作与发展组织(OECD)1997年发起的"核心素养的界定和选择(简称DeSeCo)"项目以来,素养导向的基础教育课程改革就迅速成了世界趋势。2014年12月8日,我国启动素养导向的普通高中课程方案和标准的修订工作;2019年1月30日,素养导向的义务教育阶段课程方案和标准的修订工作也正式启动。修订后的课程方案和标准坚持了"素养为纲,育人为本"的根本理念,凝练了核心素养模型,以素养为目标对课程内容进行了重构,研制了素养导向的学业质量标准,提出了素养导向的教学、评价以及课程实施建议,标志着我国素养导向基础教育课程改革的正式开启。

随着课程方案和标准的颁布以及改革理念的宣传推进,如何深入贯彻落实素养导向改革理念就成为当前的重要任务。在学校层面,落实素养导向课程改革主要集中在素养导向教学改革和校本评价两方面。当前,素养导向的教学改革在全国范围内正如火如荼地开展,跨学科主题学习、大单元整体设计、项目化教学、大观念(或大概念)教学、学历案等,都是在教学层面如何落实素养导向教学改革的探索。相比之下,素养导向的校本评价就显得比较沉寂。究其原因,一方面,可能是学校的评价探索直接受当前中、高考的影响。虽然这几年中、高考也在推进素养导向的改革,强调情境化命题,但总体上改革力度不大。另一方面,素养评价是一个世界性难题。和知识导向的评价有所不同,核心素养评价指向的是复杂育人目标,无论是厘清素养评价目标的具体内涵,还是创设能够引发素养表现的表现性评价任务,开展等级性的评分标准,进行素养导向的结果评定等,都对一线教师提出了很多挑战。

除了评价技术方面的困难,素养导向的校本探索还受到评价理念的深刻影响。自第八次课程改革以来,教育评价理念发生了巨大变化,从"对学习的评价"到"为了学习的评价",再到"评价即学习",校本评价越来越关注过程性、发展性和强调学生主体性的评价模式。这些理念在上述素养评价难题的基础上,对素养导向的校本评价提出了进一步的要求和挑战。比如,要想和课程与教学整合,就需要跨越不同课程或单元的知识点,建立一个课程、教学和评价共享的素养目标体系。这就需要学校能够在国家课程的基础上,结合学校实际,建立能起到统领作用的校本素养模型。再比如,核心素养是复杂的育人目标,需要整合来自不同单元、学科和形式的评价任务和证据,才能进行合理的评定。如何从素养出发,一方面创设和具体单元结合的评价任务形式,另一方面形成跨越不同类型、任务或内容的评定标准,这也是一个巨大的挑战。除此之外,为了实现对学生在一段时间素养状况的整体画像,计算机或智能技术的支持也是非常必要的。

正因如此,杭州市时代小学在长期持续的素养导向校本评价探索的基础上,编辑出版的这本《素养本位的时代评价》就显得尤为瞩目。这本书是该校承担的杭州市第四届重大教育科研课题的成果,更是时代小学在数字化小学生素养评价体系方面长期持续探索的结晶。从本书的内容不难看出,时代小学在唐彩斌书记和郦云校长的带领下,不仅在素养导向评价形式上进行了广泛深入的探索,更是站在素养导向课程改革的时代背景下,建构了一个完整的素养导向校本评价体系。在过去几年里,时代小学的老师们秉持"分数不是目的,成长才是关键"的评价理念,从校本的素养评价目标框架,到学科与跨学科素养的过程性评价、素养导向的考试命题、数字化素养评价平台建设,再到利用素养评价结果支持学生学习和生长的实践机制,都进行了持续的研究。可以说,这本书为我们展现了一个素养导向校本评价体系的完整样例。几年来,我为时代小学的老师们投身教育、砥砺前行的改革精神所感动,他们的探索实践为学校如何开展素养本位的评价提供了宝贵的经验和启迪。我也衷心希望有更多的学校和老师关注他们的探索,关注素养导向的校本评价,进而推进我国素养导向的评价改革。

杨向东

2024年4月

序　言　做素养评价校本探索的先行者

目 录

第一章
绪　论

　　培养学生核心素养成了时代的主题,成为世界各国教育改革发展的共同诉求。追求的教育结果不同,教育评价的模式也要发生改变。自然,有关教育目标理论、学习科学理论和教育评价理论都在不断地迭代更新。反观现实,我们发现当前的学生评价领域还存在许多问题需要一一解决。比如,客观存在重智育轻全面发展、重知识轻实践能力、重结果轻成长过程、重甄别轻诊断改进等现象,导致过度关注考试分数、过度依赖纸笔考试、过度进行横向比较等问题。为了解决这些问题,上至教育部,下至地方区县,分别以纲领性文件、操作性意见、示范性案例等多种形式对学校的学生评价改革工作给予多样化的支持。

第一节　理论依据：全方位的教育理论迭代发展

在世界范围内，对素养目标的追求已经在教育界形成了共识，不同的是各国对于素养的内涵定义带有各自国家的特色。对这些不同国家素养目标的解析有助于学校深入理解中国学生核心素养发展框架和《义务教育课程方案和课程标准（2022年版）》提出的学科核心素养，进而合理构建学校层面的素养目标体系。学生的素养发展离不开教学评价的支持，理解和应用意义学习理论、ICAP等学习科学理论与最新的学习评价理论，能够让学校更有效地实施学生评价改革和教学评一体化，助力学校达成学生发展的素养目标。

一、教育目标理论的变革与发展——以素养为核心

（一）OECD掀起素养研究浪潮

经合组织（OECD）最早提出"核心素养"的概念。1997年，该组织启动了名为"素养的界定与遴选：理论框架与概念基础"（DeSeCo）的大规模跨国研究项目。OECD指出："素养不仅仅是知识和技能，它是指在特定的社会情境中利用和调动心理社会资源（包括技能和态度）以满足复杂需求的能力，以反思性为核心。"[①]OECD对素养的定义是一个动态和整合

---

① OECD. The Definition and Selection of Key Competencies:Executive Summary[EB/OL]. OECD. Skills and Knowledge.(s.d.) [2023－09－10].http://www.oecd.org/dataoecd/47/61/35070367.

的概念,它涵盖了知识、技能、态度和价值观等多方面。OECD认为,素养不仅仅是对知识的掌握,更重要的是能够运用这些知识和技能解决实际问题、具备终身学习和适应变化的能力。因此,OECD在素养研究中特别强调了跨学科性、情境性和创新性等,旨在培养学生的综合素养和创新能力。OECD还通过PISA等评估项目,对全球学生的素养水平进行测评和比较。这些评估项目不仅有助于了解各国学生在不同领域的素养水平和发展趋势,更为政策制定者提供了重要的参考依据,有助于推动教育改革和提升教育质量。

在OECD之后,包括欧盟等在内的国际组织以及美国、英国、法国、新加坡、新西兰、日本等国都提出了各自的核心素养框架。通过对这些框架的分析梳理,我们可以看出核心素养的一些特征。

第一,在概念理解上,核心素养具有整合性。核心素养是基于知识与技能,又超越知识与技能的,不仅包含认知发展,还包含非认知发展,如有效沟通的素养。第二,在内容架构上,核心素养具有共通性。荷兰学者沃格特分析了世界上著名的八个核心素养框架,指出所有框架共同倡导的核心素养是四个,即协作交往素养、信息通信技术素养、社会和(或)文化素养、公民素养;大多数框架还倡导创造力、批判性思维、问题解决能力、开发或生产高质量产品的能力。[①]第三,在性质界定上,核心素养具有跨学科性。核心素养既包含学科核心素养,又包含跨学科素养。例如,欧盟八个核心素养中有母语交流、外语交流、数学与科技素等三个学科核心素养,还有数字素养、主动与创新意识、学会学习、社交和公民素养、文化意识与表达等跨学科素养。第四,在作用发挥上,核心素养具有情境性。OECD将素养界定为在特定的社会情境中满足复杂需求的能力。欧盟称"素养是适宜特定情境的知识、技能和态度的组合"。美国定义素养为"将知识和技能应用于现代生活情境的能力"。可以看出,

① Voogt, J. & Roblin, N.: A comparative analysis of international frameworks for 21st century competences: Implications for national curriculum policies [J]. Journal of Curriculum Studies, 2012, 44:3, 299-321, 309.

第
一
章
　
绪
　
论

核心素养的形成和发展都深深根植于情境。一方面,素养依赖情境;另一方面,核心素养一经形成又将超越情境,素养的多元维度使其能够适应不同情境的变化,随情境的变化而不断迁移和发展,从而突破情境的限制,应用于不同的情境中,适用于生活的多个领域。

(二)核心素养在中国

中国也在积极应对21世纪挑战和国际教育竞争,于2013年开启学生核心素养培育的理论与实践研究。2013年1月,北京师范大学教授辛涛等发表第一篇相关学术论文《我国义务教育阶段学生核心素养模型的构建》。2014年,《教育部关于全面深化课程改革落实立德树人根本任务的意见》颁布,明确提出"核心素养"概念,要求研究制定学生发展核心素养体系和学业质量标准。2016年,由教育部委托北京师范大学历时三年完成的中国学生发展核心素养研究成果发布,《中国学生发展核心素养》总体框架把学生核心素养划分为6方面、18个要点,并把学生核心素养界定为"学生应具备的,能够适应终身发展和社会发展需要的必备品格和关键能力"。2018年,普通高中新课程方案和课程标准发布,提出了"学科核心素养"的概念。2022年,义务教育阶段新课程方案和课程标准发布,体现了鲜明的"核心素养导向",把核心素养的目标要求深化、细化落实到每一门课程的内容结构、教学方法、学习方式、考试评价方式中去。①

华东师范大学教授杨向东指出,本次基于核心素养的课程改革,要解决五方面的问题:构建系统的核心素养模型、实施素养本位的学习方式和教学模式、创建以核心素养为纲的现代课程标准、创建基于核心素养的新型学业质量标准观和构建基于核心素养的评价体系。②我们认为,这五个问题是学校层面也要面临的,只是形式有所变化。具体来说,

---

① 褚宏启.核心素养十年路:持续引领基础教育质量提升[J].中小学管理,2022(07):60—61.

② 杨向东.核心素养与我国基础教育课程改革的关系[J].人民教育,2016(19):19—22.

对一所学校而言,新时期落实立德树人根本任务的必经之路就是教师理解核心素养和学科核心素养的内涵以及两者之间的关系,创设与现实生活紧密关联的、真实性的问题情境,让学生通过基于问题或项目的活动方式,开展体验式的、合作的、探究的或建构式的学习,并通过素养评价体系改进教与学。

二、学习科学理论的迭代与提升——参与即能力

(一)梅耶的意义学习理论

意义学习理论众多,我们选择梅耶的观点作为课堂变革的主要理论基础,原因在于梅耶的意义学习理论做到了集各家之所长,并有其独特之处。梅耶继承了奥苏贝尔的认知立场,同时强调建构主义的作用,提出了"为意义学习设计教学"为理念的SOI意义学习模式,S代表选择(selecting),O代表组织(organizing),I代表整合(integrating)。他重点研究学习者在一定情境下对信息的选择、组织和整合,强调个体在一定社会情境下通过内部主动加工而进行意义建构。梅耶意义学习中的"意义"比奥苏贝尔的更为全面,指的不仅仅是学习者能有意义地理解材料,更重要的是能实现知识迁移,在情境中解决问题。

细分的话,梅耶的意义学习模式属于信息加工建构主义,与其他学者的建构学说不尽相同,比如,皮亚杰。皮亚杰认为,儿童通过对客体的操作,通过同化(主体改造客体的过程)和顺应(主体得到改造的过程)的相互作用达到符合环境要求的动态平衡状态,不断形成新图式;而梅耶的研究更为具体深入,是从信息加工过程的角度解释意义学习。他提出了新的信息加工模型用以解释意义学习的认知过程。在意义学习过程中,学习者能够协调并监控如下五个认知加工过程:(1)选择相关的文字或图像在视觉工作记忆中加工;(2)选择相关的言语在听觉工作记忆中加工;(3)把所选择的图像组织成为图像心理模式;(4)把所选择的言语组织为言语心理模式;(5)把言语和图像心理模式与原有知识进行整合。这五个过程不一定是以线性的顺序发生的,学习者可以采用不同的

方式从一个过程转到另一个过程。

根据与教学目标的联系紧密程度,认知加工还可以分为无关认知加工、必要认知加工和生成认知加工。无关认知加工是指与教学目标无关的认知加工,多由不合理的教学设计引起。不合理的教学设计主要是指材料的选择、组织和呈现方面的不合理性。这些都会占据学习者用于意义建构的工作记忆容量。必要认知加工是指初步的认知加工——对呈现的材料进行心理表征(比如,选择、组织相关信息)的加工阶段。而生成认知加工意味着整合进入工作记忆的新旧信息,通俗地说,就是达到了理解和迁移运用的结果。

(二)季清华的ICAP学习方式分类学

ICAP学习方式分类学,是依据外显的学习活动或者参与程度进行的分类。它不同于目标分类学,也不是依据内部心理结果的获得来划分的。当然,我们也强调,这一分类有外也有内,是内外结合,表里贯通。这一分类综合考虑了认知过程中知识变化的梯度,从记忆逐渐走向应用、迁移和创造。

在ICAP学习框架中,"参与"既包含个体的心理内化作用形式,也指代与他人的交互活动,即外化。按照学生参与的程度,学习方式分为四种(表1-1-1):(1)被动学习,指学生集中注意力接收信息的过程,不发生其他学习心理活动,主要行为表现是"注意听";(2)主动学习,意味着学生参与教学,通过实际学习行为操控学习材料,如画出关键句;(3)建构学习,指学生建构性地参与学习,能超越教材生成新知识,如画概念图;(4)交互学习,指两个以上的学生协同努力,通过对话开展学习。这里的对话不仅仅限于语言的交流,更侧重思维的交流和信息的沟通。这四种学习方式所带来的学习深度差异如下:交互学习>建构学习>主动学习>被动学习。①

---

① 盛群力,等.参与就是能力:"ICAP学习方式分类学"研究述要与价值分析[J].开放教育研究,2017,23(2):46—54.

表 1-1-1　ICAP学习框架

类别	被动学习	主动学习	建构学习	交互学习
特征	接受	操控	生成	协作
教学或学习任务 — 认知过程	以孤立单一的方式储存信息	激活旧知识；以新旧知识整合的方式储存	激活旧知识，推断新知识；使用激活推断的知识来储存新知识	激活、推断和储存；以他人的知识为基础整合建构
教学或学习任务 — 认知结果	记忆同一情境中	应用相似的问题或情境中	迁移解决或解释不同问题	创造发明或发现新方法和解释
教学或学习任务 — 学习材料理解程度	最浅	浅层	深度	最深

三、教育评价理念的转换与更新——学生立体评价

(一)教育评价理论的迭代

教育评价是教育改革和教育事业发展中不可缺少的重要组成部分，没有评价就没有教育，没有科学的评价就没有有成效的教育；没有先进技术参与下的科学评价，就没有现代化的教育。[1]系统地学习、研究教育评价理论和方法有助于我们构建学校的学生评价体系。

美国学者古贝（Egon G.Guba）和林肯（Yvonna S.Lincoln）从宏观的角度将教育评估分为四代：测量时代、描述时代、判断时代、建构时代。以测量为重点的发展阶段，教育评价工作的重心是编制各种测验量表以测量学生的一些心理技能与特征，研究者的精力主要集中在教育测量的客观化问题上；以描述为主的发展阶段，评价侧重于对测验结果做描述，以判断实际的教育活动在多大程度上达到了预期的教育目标；以价值判断为中心的发展阶段，评价重心转向评价标准和价值观本身，并引发了人们对于评价标准和价值中立问题的重视和争论；以利益相关者为核心的

---

① 金娣,王钢.教育评价与测量(第2版)[M].教育科学出版社,2007.

建构阶段,评价者需要与评价活动的利益相关者融合、沟通,通过多轮应答和协商,消除分歧,达成共识。

(二)学生立体评价

中国学者刘云生提出,我国教育评价正"由最初的测量模式,经泰勒模式、判断模式、建构模式,逐步向第五代评价理论所倡导的服务模式转型"。[①]学生立体评价属于第五代教育评价。建立学生立体评价模式是实现立德树人根本任务的必然要求。中共中央、国务院印发的《深化新时代教育评价改革总体方案》(简称《总体方案》)要求:"创新评价工具,利用人工智能、大数据等现代信息技术,探索开展学生各年级学习情况全过程纵向评价、德智体美劳全要素横向评价。"

我们需要紧扣立德树人根本任务,突出评价目的的育人性,关键要突出评价的教育作用、推动作用、导向作用和贯通作用;要坚持"现实的人"哲学观点,尊重评价对象的具体性,尊重学生人格的完整性、学生表现的日常性、学生成长的动态性和学生发展的差异性;建立网络平台服务体系,确保评价证据的全息性,比如,建立学生评价网络平台。创新智能评价方法技术,提高评价手段的智能性,比如,开发学生评价专业工具和智能评价技术。综合发挥评价服务功能,强化评价结果的生产性,让评价服务于学生、教育实践、教育改革、教育治理和社会。[②]

---

① ② 刘云生.学生立体评价的探索构想[J].人民教育,2020(21):17—21.

第二节 本质溯源：多维度的学生评价问题剖析

传统基础教育学生评价观侧重知识技能的考查，过于强调选拔甄别等评价功能，忽视了对学生个体的非智力、整体发展性等内在意义的观照，这种窄化的评价观违背了学生身心发展的基本规律。深度剖析当前学生评价问题的表现和深层原因，有利于学校对症下药找到改革学生评价的合理路径。

一、重统一轻差异，评价理念落后

促进学生全面而有个性的发展是基础教育的重要使命。全面发展是指学生在德智体美劳等多方面全面和谐发展。但在实际的学生评价过程中，全面发展易被片面理解为均质或者同质发展，所有学生被同一标尺进行"全面"衡量，造成了学生发展的趋同，也给大部分学生带来了过量的学习压力。究其根本原因，一部分在于工业革命的影响，工业革命带来了大规模的生产和标准化的教育模式。为了适应这种变化，教育系统开始注重培养学生的基本技能和知识，以满足工业生产的需要。此外，标准化测验的发展和过度使用进一步加重了对统一的追求。还有一部分在于中国文化对共性的强调，儒家思想中的"和"理念，强调的是人与人之间的和谐共处，而不是个体间的竞争和差异。这种思想倾向在教育中的体现，就是注重培养学生的趋同意识，而非过分强调个人的独特性和差异。

多元智能理论提出，个体的多种智能不是以整合的方式存在，而是

第一章 绪论

相对独立的,各自有着不同的发展规律并使用不同的符号系统,以不同方式和程度有机地组合在一起。即便是同一种智能,其表现形式也不一样。正是这种在个体身上体现的智能差异性,使得人与人之间存在不同的差异。因此,在对学生进行评价时,应在充分考虑个体独特性因素的基础上实施"个性化"评价,以实现学生的全面发展和拥有自我本质为前提,使学生的成长呈现出多样化、个性化和差异性的发展轨迹。

二、重智育轻四育,评价内容不全

"智育"是教育教学最重要的组成部分,但是如果在教育教学过程中过度重视智育的培养,忽视学生其他方面的培养,对学生的全面发展是不利的。由此会引发出学生评价内容被窄化的问题,易对学生的发展产生错误指向。在基础教育阶段,评价内容往往偏重于学生的认知能力、文化水平以及知识技能的考核,仅仅依赖对这些内容的测试与评估,来划定学生的成绩优劣,并以此作为衡量学生综合能力的唯一标准。在应试教育之下,"高分低能"甚至"小镇做题家"等某种程度上意味着重知识、重分数的词层出不穷。

知识技能是学生评价的基础内容,但不能成为学生评价的全部。正如美国教育评价专家威金斯所言,学习目标分为"知道熟悉的""着重知道和理解的""需要持久理解的"三类,其中最核心的就是需要持久理解的。"持久理解"中的理解,就是一种能创造性地、灵活地在具体问题情境中或问题中使用个体知识的能力。[1]学生评价内容应该尝试从实践层面遵从全面性原则,多维度地对学生展开综合考查才能较为客观地反映其真正实力。因此,学生评价更应该关注学生学习结果是他们对知识的融会贯通和灵活运用,是学科实践的能力;还应把学生的心理特点、个性特长以及品质特征等影响问题解决的重要因素纳入学生评

---

① [美]Grant Wiggins,Jay Mc Tighe.理解力培养与课程设计:一种教学和评价的新实践[M].么加利译.北京:中国轻工业出版社,2003:7.

价的内容范畴。换句话说,学生评价的核心内容应该指向学生的关键能力与必备品格。

三、重结果轻过程,评价形式单一

当前学生评价往往过分关注最终的考试分数或成果,而忽视了学生在学习过程中所付出的努力、所展现的进步以及所遇到的问题。一方面,传统的应试教育观念深入人心,使得教育者、家长和学生都过分追求高分,而忽视了学习过程的真正价值。另一方面,社会对学校的评价标准也往往以升学率、高分率等结果为导向,这也进一步强化了重结果轻过程的倾向。重结果轻过程的另一个因素是学生评价主要依赖于传统的笔试等考试形式。传统的笔试等考试形式便于量化评价,易于操作和管理,因此被广泛应用。

首先,需要转变评价观念,从过分追求分数转向关注学生的全面发展。我们要认识到学习过程的重要性,注重培养学生的综合素质和能力。其次,需要建立多元评价体系。在传统的笔试等考试形式外,应引入更多的评价方式,如课堂表现、作业完成情况、实践操作、项目完成、团队合作等,以全面反映学生的综合素质和能力。基于不同的评价方式,我们要制定科学、合理的评价标准和方法,确保评价的公正性和准确性。同时,也需要对评价者进行培训和指导,提高他们的评价能力。

四、重甄别轻诊断,评价功能失调

当前的学生评价体系过分强调对学生学习成果的甄别与选拔,而忽视了对学生学习过程中的问题进行诊断与指导。这种评价方式往往只关注学生的最终成绩,而忽视他们在学习过程中遇到的困难与需求,导致学生的学习问题无法得到及时解决。由于过分强调甄别功能,评价的改进、激励、发展功能得不到充分发挥,这不仅限制了学生个人能力的全面发展,也影响了教育质量的整体提升。评价功能的失调还可能导致学

第一章 绪 论

生产生厌学情绪,影响他们的学习兴趣和积极性。

其背后原因在于,长期以来,应试教育观念深入人心,导致教育者、家长和学生都过分追求高分和升学率,而忽视了学习过程的真正价值和学习的真实目的。学习的首要目的是帮助学生积累知识,理解世界运行的规律,掌握各学科的基本原理和核心概念;除了知识学习,学生还需要通过实践、实验和项目化学习等方式培养各种技能,如批判性思维、问题解决能力、沟通协作能力等;通过学习,学生可以培养自己的兴趣爱好,发现自己的潜能,形成积极的价值观和人生观……应该重新审视学习的目的,从过分追求分数的狭隘视角中解放出来。我们应该关注学生的全面发展,注重对学生学习过程的评价和反馈,及时发现并解决学生在学习过程中遇到的问题。

第三节 系统变革：多层级的文件政策支持引领

为扭转不科学的教育评价导向，保障教育发展的正确方向，使得各地区、各部门切实落实立德树人根本任务，中共中央、国务院于2020年发布新中国第一个关于教育评价系统改革的文件《深化新时代教育评价改革总体方案》(简称《总体方案》)，将"改革学生评价""改革党委和政府教育工作评价""改革学校评价""改革教师评价""改革用人评价"并列为五大重点任务。《总体方案》要求，"创新评价工具，利用人工智能、大数据等现代信息技术，探索开展学生各年级学习情况全过程纵向评价、德智体美劳全要素横向评价"[①]，指明了学生评价改革的范式走向——学生立体评价。为落实《总体方案》要求，从国家到省市区的教育部门发布了与之匹配的政策文件，为学校层面的操作实践提供了有力支持。

一、国家理念引领

从2021年开始，教育部先后印发《义务教育质量评价指南》(简称《评价指南》)、《义务教育课程方案和课程标准(2022年版)》、《基础教育课程教学改革深化行动方案》等文件，为各地市、各部门推进义务教育阶段的学生评价改革做方向引领。

[①] 中共中央、国务院.深化新时代教育评价改革总体方案[EB/OL].http://www.moe.gov.cn/jyb_xxgk/moe_1777/moe_1778/202010/t20201013_494381.html.

（一）评价指南：指明评价改革方向

2021年，教育部等六部门联合印发的《评价指南》覆盖了县域、学校、学生三个层面，以促进学生全面发展为目标，构成了完整统一的义务教育质量评价体系。《评价指南》站在社会主义办学的视角，从价值导向、组织领导、教学条件、教师队伍、均衡发展五个部分构建了县域义务教育质量评价指标体系，明晰了新时代好教育的核心要求；沿循学生全面培养的思路，从办学方向、课程教学、教师发展、学校管理与学生发展五方面构建了学校办学质量评价指标体系，描绘了新时代好学校的核心目标；站在学生全面发展的高度，从学生品德发展、学业发展、身心发展、审美素养、劳动与社会实践五个维度构建了学生发展质量评价的指标体系，详述了新时代好学生的核心表现。

学生发展质量是义务教育质量评价的核心。《评价指南》通过指标体系对学生全面发展的内涵进行了系统诠释，并明确了具体要求，对于引导学生追求全面发展、教师和学校谋求全面育人具有重要的指导意义。《评价指南》明确指出了评价学生全面发展质量的考查要点，如身心发展方面，要求关注学生身心素质的提升，"保持自尊自信、自立自强、乐观向上、阳光健康的心态，合理表达、控制调节自我情绪；能够正确看待挫折，具备应对学习压力、生活困难和寻求帮助的积极心理素质和能力"等。[①]在评价方式上，《评价指南》提出了多种评价方式相结合的理念，包括结果评价与增值评价、综合评价与特色评价、自我评价与外部评价以及线上评价与线下评价等。

（二）课标跟进：研制学业质量水平

2022年，教育部印发义务教育课程方案和语文等16个课程标准（2022年版）。《义务教育课程方案和课程标准（2022年版）》（简称《新课标》）突出落实立德树人根本任务，强调育人为本，明确了"三有"培养目标。基于义务教育培养目标，《新课标》将党的教育方针具体细化为本课

---

① 辛涛.学校如何落实《义务教育质量评价指南》的关键任务[J].人民教育,2021(11):57—60.

程应着力培养的学生核心素养,体现正确价值观、必备品格和关键能力的培养要求。例如,英语课程明确了语言能力、文化意识、思维品质和学习能力等培养要求。

《新课标》建立了以发展核心素养为导向的义务教育质量评价内容体系和一体化与多元化相结合的评价体系。《新课标》结合学习内容分别制定了不同学段学生学业成就的具体表现,让学生素养具体化、鲜明化。各课程标准针对"内容要求"提出"学业要求""教学提示",细化了评价与考试命题建议,注重实现教、学、考的一致性,增加了教学、评价案例,不仅明确了"为什么教""教什么""教到什么程度",而且强化了"怎么教"的具体指导。具体来看,在评价内容上,《新课标》把学生核心素养的发展状况与学习态度、参与程度、内容掌握程度等并列;在评价方法上,重点关注课堂评价、作业评价、单元评价、跨学科主题评价和期末评价。

(三)行动方案:发挥评价牵引作用

2023年,教育部办公厅印发《基础教育课程教学改革深化行动方案》(简称《行动方案》),提出将"教学评价牵引行动"作为深化课程教学改革的重要举措,"注重核心素养立意的教学评价,发挥评价的导向、诊断、反馈作用"。《行动方案》强调改进和完善学生评价,以学生综合素质评价引导育人方式变革。其实施路径是"以评促教、以评促学,促进学生全面发展",关键是教师内化核心素养导向的评价理念。在重新审视知识、技能测评价值的基础上,更加强调学会学习、责任担当、实践创新等不易测评内容的重要价值,以教学评价促进教育教学系统的重构。还要充分利用人工智能和大数据技术,加强过程性与增值性评价,"科学设计探究性作业和实践性作业,探索设计跨学科综合性作业"。

另一个任务是提升教师教学评价力,改进日常教学评价的质量,发挥教学评价应有的价值。这就意味着教师需要充分认识教学评价的性质和价值,理解其独特价值产生的原因。具体来说,教师需要明确教学评价的要素和要求。教学评价质量的核心要素是效度、信度和难度。教

第一章 绪论

学评价能够科学地引领行动的技术前提是评价效度聚焦教—学—评一致、评价信度定位于"为了学习",评价难度立足最近发展区。①

二、省市政策支持

(一)评价指导意见

2021年12月,浙江省教育厅印发《关于小学生综合评价改革的指导意见》(简称《指导意见》)。这是浙江省首次发布小学生综合评价改革的指导意见。省级层面发布教育评价改革的总体方案及具体指南,为区域、学校教育评价改革提供具体指导。值得一提的是,此次《指导意见》中所提到的"综合评价"与"综合素质评价"并不完全相同。简单来说,以往的"综合素质评价"指学校组织地对学生各方面素质和能力进行的综合评价,并不包括学业水平。但"综合评价"不仅在评价内容上包含了学业评价,体现综合性,而且在评价方式与评价结果的运用上,也全面体现多元、综合的特点。

《指导意见》明确指出,小学生综合评价内容包括品德表现、学业水平、运动健康、艺术素养、劳动与实践五方面,并且取消了传统的百分制,实行"等级加评语"的评价方式,淡化学校之间和个体之间的横向比较。《指导意见》的其他四个改革重点分别为"完善学习过程评价与考试结果评价有机结合的学业考评制度""注重以校为本,激发学校评价改革活力""融合平台建设,赋能评价改革实现减负增效""协同推进学校评价改革,优化区域教育质量管理方式"。《指导意见》还提供了小学生综合评价操作建议和小学生发展综合报告单基本样例。

(二)改革逐步推进

近年来,为解决小学教育中客观存在的过度关注考试分数、过度依赖纸笔考试、过度进行横向比较等问题,浙江省一直积极探索小学生综

---

① 任春荣.提升教师评价素养发挥教学评价促进作用[J].人民教育,2023(21):60—63.

合评价改革。2017年,省教育厅就确定了上城、西湖、海曙、平阳、东阳、江山、温岭7个县(市、区)为试点县(市、区),研制了小学各学科分项等级评价操作手册,初步建立支持小学综合评价改革的区域工作机制。

自《指导意见》发布后,小学生综合评价改革的普及面进一步扩大。小学生综合评价被视作深化教育评价改革,落实"双减"政策,促进浙江小学教育高质量发展系列措施之一,全省小学在2023年秋季全面展开了评价改革,涌现出了许多典型案例。有区域层面的整体推进,比如,作为2022年浙江省综合评价改革试点县,龙泉提炼了"精准'画像',为区域评价改革描绘样态蓝图""科学'立规',为学校评价改革提供'行动标尺'""利用信息技术专业评价平台,搭建区域智能评价模型和学校特色评价模型""探索不同学段差异实施的策略,形成低、中高学段不同主题的测评新样态"等实践经验。有指向五育的学校实践经验,比如,莲都外国语学校的"五常德育"评价体系。

三、上城区域实践

区域层面学生综合评价改革存在着顶层设计、推进机制和实践样板都相对薄弱的问题。上城区以问题为导向,从宏观、中观、微观三个不同层面破解小学生评价改革难点,形成了"整体规划、区校联动、以校为本"的特色实践路径。

(一)提供整体解决方案

上城区教育评估与监测中心通过走访,了解到区域内学校之间的综合评价工作存有较大差距,采取了措施,一方面鼓励优势学校继续其原有的特色并扩大影响力,一方面与优势学校联合研制提供"141"整体解决方案。"141"改革方案中,第一个"1"是一个实施方案,2022年9月,《杭州市上城区小学生综合评价改革实施方案》出台;"4"包括1个报告单样例、1套不同学段的评价参考标准、1个评定方法和1个数字化应用管理办法;第二个"1"则是上城区学生综合评价数字化平台。

其中,《杭州市上城区小学生综合评价改革实施方案》以顶层架构的视角,明确区域小学生综合评价工作的指导思想、基本原则、评价内容、评价方法、操作建议等内容。

《杭州市上城区小学生发展综合报告单》从品德发展、学业发展、身心发展、审美素养、劳动与社会实践五方面呈现五维合一的评价体系,应用A/B/C等级与学业述评结合的形式呈现学习结果,还将态度兴趣、项目学习、爱好特长纳入评价内容。《杭州市上城区小学生综合评价参考标准》针对小学生综合评价的五方面提供具体的评价参考标准,分别是概念界定、评价维度、评价等第、行为标准和评定方法,并按照一至二年级、三至四年级、五至六年级分段呈现。

此外,区域的"@成长"数字平台提供了学生综合评价工作的数据共享与业务治理的一体化服务系统(图1-3-1),集成与优化多方数据,完善教育评价大数据仓系统,重塑"区域—学校—学生"三级紧密

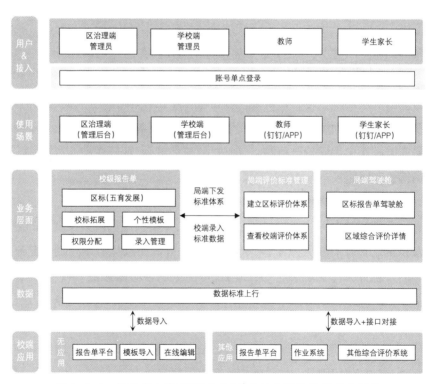

图1-3-1 杭州市上城区"@成长"学生综合评价数字平台框架

联动的教育评价新形态,动态追踪并保留学生的成长轨迹,从更全面的角度评估学生表现,指向了"过程留痕、发展有径、成长可视、未来可期"的应用目标。①

"141"整体改革方案在保证区域共性要求的基础上,也为学校预留了自主发展特色的空间,鼓励学校结合自身的培养目标、课程体系、学生活动,形成校本化的学生综合评价方案。

(二)共享实验学校经验

上城区通过区校联动的机制,形成了共建共享学生综合评价改革资源圈。首先,评定了30所教育评价改革实验学校,以区域教育评价创新项目研究基地建设为契机,专设"小学生综合评价改革"项目,引入高校学者和省市专家,助力学校评价改革的切实落实和经验辐射。其次,每个实验学校结合学校实际,选择各自的改革攻坚主题,并与同一主题的学校建成评价研究联盟。当有了实践成果后,区域通过内部研讨、大型活动、汇编成册、线上推送等多种方式进行推广,做到"共创共享、一校研发、全区推广"。

上城区创新探索"分类攻关、众筹建设"的新举措,组织区域学校分别围绕德育评价、智育评价、体育评价、美育评价、劳育评价等主题进行区域内部的专题研讨活动,以校为本集合评价实践智慧。比如,2022年11月,上城区举行小学生综合评价改革研讨会(智育评价专场),杭州市时代小学、杭州濮家小学教育集团、杭州市崇文小学、浙江师范大学附属丁蕙实验小学、杭州市澎博小学、杭州市景和小学、杭州采荷一小教育集团等学校分享了应用数智化评价、过程性评价、表现性评价、发展性评价等不同评价方式的学科探索。而后,在2023年浙江省小学生综合评价改革培训会上,主会场活动专设"上城经验"环节,实现了从区域到省域的反哺迭代。

区测评中心从2023年4月开始在官网微信公众号推出尚评"微讲

① 伍小斌,邵晓婷.整体规划　区校联动　以校为本:浙江杭州上城区推进小学生综合评价改革的思考与实践[J].基础教育课程,2023(17):4—10.

第一章 绪论

坛"栏目,以微课形式展现校本评价实践创新经验。比如,尚评"微讲坛"第17期发布了《走向自主:差异视域下学生德育评价新实践》,介绍了杭州市天长小学的经验。该校理清"德育活动"与"德育评价"的关系,依托"天长大脑"数据平台激励学生自主设立目标、自主沉淀经历、自主评价过程,形成个体独一无二的成长路径和评价结果,为区域学校提供了可复制的样本。区测评中心还将学校的实践经验编制成《尚评》丛书,发放给区域内的每一所学校,为每一所学校实施校本特色方案提供便利。

第二章

指向素养的评价框架建构

2023年5月,教育部办公厅印发《基础教育课程教学改革深化行动方案》,提出:注重核心素养立意的教学评价,发挥评价的导向、诊断、反馈作用,丰富创新评价手段,注重过程性评价,实现以评促教、以评促学,促进学生全面发展。评价是课程实施质量的保障,牵引各方力量向着"发展素养"的方向努力。

杭州市时代小学积极响应"深化行动",在约定"共性与个性相融、过程与结果并重、定性与定量结合、自评与互评补充、基础与拓展兼顾"五大评价原则的基础上,构建及实施学玩相融、全面赋能的素养评价体系,确定品德表现、学业水平、运动健康、艺术素养、劳动与实践五方面的评价内容,采取多角度观察、多元化解读、多主体激励的评价策略,推行全员参与、全程评价。借助学业素养地图、习惯养成手册、身心健康指数、素质数字档案等多样化的评价载体,真实全面地记录学生的成长轨迹,以"分项等级+评语"的方式反馈评价结果,体现评价的激励诊断功能。充分利用人工智能和大数据技术,研制应用程序"爱心小叮当"对学生的心理健康情况进行评估,搭建综合评价数字化平台"时代星"自动合成学生六年素养发展综合报告书,提升评价的数据化、个性化。时代小学力争以评价为主线,把党的教育方针、国家课程方案、学生发展核心素养、学科核心素养等贯穿育人全过程,培育学生良好个性,促进学生全面发展。

第一节 基于"双新",确立学校素养评价目标

2022年4月,教育部印发《义务教育课程方案(2022年版)》和各学科的课程标准。此次修订结合义务教育性质及课程定位进行系统性设计,以核心素养为导向开展课程建设,将党的教育方针具体化细化为各课程应着力培养的学生核心素养,在课程内容结构、学业质量标准等方面都有较大变化。

在新的历史时期,学校以习近平新时代中国特色社会主义思想为指导,准确理解和把握党和国家关于教育改革的各项要求,积极回应"高质量发展基础教育"的时代需求,以促进学生全面而有个性的发展、健康快乐成长为目标,深入梳理、整合提升、全面优化现有评价体系。

一、解读义务教育培养目标

《义务教育课程方案(2022年版)》提出:义务教育要在坚定理想信念、厚植爱国主义情怀、加强品德修养、增长知识见识、培养奋斗精神、增强综合素质上下功夫,使学生有理想、有本领、有担当,培养德智体美劳全面发展的社会主义建设者和接班人。

(一)"三有"培养目标的时代性

当今世界正处于"百年未有之大变局",科技革命蓬勃发展,这就对人才培养提出了新的要求。以"有理想、有道德、有文化、有纪律"的四有新人为核心的2001年版义务教育培养目标的内涵需要有新的发展和深化,而"三有"培养目标以"有理想、有本领、有担当"的时代新人为表征,

就是对四有新人的进一步概括和提升。两者一脉相承,又与时俱进,为新时代新人的成长指明了新方向,提出了新希望,引领和培育具有坚定理想信念、出色才华本领、高度责任担当的时代新人。比如,"全球化+信息化"的背景下,特别是自媒体时代之后,义务教育学校的孩子们接触到的思想观念形形色色,更需要学校的引导和培育使其具备坚定的理想信念。同样,也需要学校结合发展科技的时代诉求培育学生的科学素养。

(二)"三有"培养目标的科学性

培养目标对核心素养提出要求,提供依据和动力,对核心素养起决定性作用。核心素养为"三有"培养目标提供支撑。《义务教育课程方案(2022年版)》和课程标准指出,为落实培养目标,义务教育课程要遵循"聚焦核心素养,面向未来"的基本原则。"让核心素养落地",是此次义务教育课程方案修订的工作重点,继《中国学生发展核心素养总体框架》和"普通高中各学科核心素养"之后,义务教育各学科核心素养于2022年正式发布。这是自2003年经济合作与发展组织(OECD)发布核心素养的总体概念框架后,我国历经数年通过广泛开展基础理论研究、国际比较研究、教育政策研究、传统文化分析、课程标准分析、实证调查研究、专家访谈等系列研究逐步完善的素养落地系统工程的研究成果,符合中国特色社会主义新时代的人才培养需求。

(三)"三有"培养目标的基础性

基础教育需要设计一体化的人才培养规格,但不同学段的培养目标又要有所侧重。"三有"培养目标为了打好普通高中培养目标的扎实基础,更加强调学生全面的、综合的、基础的素质。在《普通高中课程方案(2017年版2020年修订)》中,培养目标表述为"具有理想信念和社会责任感,具有科学文化素养和终身学习能力,具有自主发展能力和沟通合作能力"[①],主要从理想信念、文化素养、关键能力三方面进行建构。从内涵上看,义务教育和普通高中培养目标保持一致;从要求上看,义务教育

---

① 中华人民共和国教育部.普通高中课程方案(2017年版2020年修订)[S].北京:北京师范大学出版社,2020:2—3.

第二章 指向素养的评价框架建构

023

培养目标更具基础性。以"有本领"为例,主要关注学生通过学习初步掌握适应现代社会所需的知识与技能,具有探究能力和创新精神,掌握基本的生活技能,掌握基本的健康知识和适合自身的运动技能,具有健康的审美情趣和初步的艺术鉴赏、表现能力,具有基本的合作能力、团队精神。表述中的"初步""基本"等词充分彰显了义务教育阶段的基础性特征;从内容维度上看,德智体美劳全面覆盖,凸显综合性、全面性特征。

(四)"三有"培养目标的系统性

教育目的、教育方针、培养目标、核心素养与课程目标一起构成了一个从思想到行动的关联概念连续体,要全面贯彻落实义务教育培养目标,必须理解培养目标及其关联概念。我国长期以来以"培养社会主义建设者和接班人"为根本教育目的,以"全面发展"为根本教育方针。受到教育目的和教育方针的指引和规范,我国义务教育培养目标具有坚持"培养社会主义建设者和接班人"和坚持"全面发展"的鲜明特征。核心素养是培养目标的下位概念,是培养目标质量规格的具体化,为培养目标内涵规定的素质结构提供支撑作用。[①]课程目标是培养目标在课程层面的体现,这些是培养目标质量规格素质结构的主体。除了课程目标,培养目标还涵盖不少非结构化的教育活动,比如,一般的校园生活和环境设施等,是培养目标质量规格或素质结构的组成部分或配套资源。为落实义务教育培养目标,义务教育学校需要加强学校层面的毕业生形象建设和学段目标建设,推进以素养为纲的教学目标和学习目标建设,重视课程架构优化以及匹配非结构化的教育活动。

二、梳理学校课程实施目标

杭州市时代小学自2000年创办以来,以学生素质发展为目标,坚持"开发潜能,发展个性,学玩相融,全面发展"的办学理念,构建了"素养本

---

① 吴刚平.有理想、有本领、有担当:义务教育培养目标解读[J].全球教育展望,2022(5):3—13.

位"的课程体系,努力促进学生德智体美劳全面发展,健康快乐成长。学校教师"蕙质兰心,与时俱进",理念新、工作实、口碑好。在家校政社的协力合作下,不断践行"时代学子个个棒,只是棒得不一样"的教育理念,不为成绩,却仍在各个区域学科统测、艺术竞赛和体能素质测查中稳居头部方阵。时代学子的全面发展,赢得了老百姓的好口碑,连年都是区域内幼升小的热门学校。学生的全面发展,美誉度的连年攀升,激励学校不断探寻课程方案的最优化。

围绕提升育人质量、增强办学活力、优化课程结构、深化评价改革的主要任务,学校课程方案制定了四个实施目标。

(一)落实立德树人,培育时代新人

以习近平新时代中国特色社会主义思想为指导,全面贯彻党的教育方针,落实习近平总书记关于培养担当民族复兴大任时代新人的要求,培养有理想、有本领、有担当的德智体美劳全面发展的社会主义建设者和接班人,生动展现时代学生"五个人人"未来画像的外在形象:爱思考、善表达、能实践、会合作、勇担责。

(二)提升育人质量,增强办学活力

优化学校育人蓝图,构建"五育"并举的课程体系。强化课程实施主体责任,高质量实施课程方案,科学构建学玩成长路径,积极探索符合时代要求、学科特点和学生成长规律的教育教学模式,深入推进"人人天天"计划,适应儿童青少年成长环境的深刻变化,应对人才培养的新挑战,提升办学品质。

(三)健全课程结构,优化组织形式

以国家课程为主体,地方课程和校本课程为拓展补充,灵活安排课时,探索跨年级、长短课等方式加强学科之间的联系和整合,以课程落地推动跨学科学习。规范课程管理和实施,增强课程适应性。基于素养本位的时代课程和课堂研究成果,提升国家课程的育人实效,增强地方课程、校本课程与国家课程的协同育人。

(四)加强教学管理,创新评价方式

依据核心素养发展水平,面向全体学生、结合课程内容、指向五育融

合,形成与学业质量标准相匹配的综合评价方式,借助多样化的评价方式,实现教、学、评的一致性。梳理出清晰的"时代少年"综合评价体系,形成学校素养评价2.0方案,搭建数字化平台"时代星",渐进式推动智慧评价的常态化应用。

三、确立学校层面的学生素养目标

本校一直在研究"培养什么样的人""怎样培养"的问题。本校所在的上城区把区域学生发展目标定为"学业上乘,身心健康,品质优秀,素质全面"。在2015年之前,本校层面把它校本化为"身心健康,品德优良,学得扎实,玩出名堂"。2015年素养本位的课题研究启动后,我们提出,让学生"学会关爱、学会学习、学会游戏"。事实上,它们是一脉相承的。我们认为,品德发展占首位,身心健康是基础,所以学生需要学会热爱祖国、关爱他人、爱惜自我。还有,让儿童以游戏的方式参与劳动学习、加深实践体验。这与国家层面在新时期"培养德智体美劳全面发展的社会主义建设者和接班人"的目标和"五育并举"的手段别无二致。

(一)爱思考

"思考"是指针对某一个或多个对象(信息)进行分析、综合、推理、判断等,是借助语言、表象、动作来理性认识客观现实,揭示事物(信息)内在联系和本质特征的思维活动。"小学生思维发展的基本特点是以具体形象思维为主要形式逐步过渡到以抽象逻辑思维为主要形式;但是这种抽象逻辑思维在很大的程度上仍然是直接与感性经验相联系的,仍然具有很大成分的具体形象性。"[①]"爱思考"的素养目标意味着学生能够热爱并享受这样的思维过程。[①]

培养学生从具体形象思维向抽象逻辑思维过渡,从而提升其发现和解决问题的能力,批判与反思的能力以及自我觉察、反省、评价与调节的元认知与适应力。具体而言,要培养学生学会提问、关注联系、合理推

---

① 朱智贤. 儿童心理学[M].北京:人民教育出版社,1980.

理、审辩批判、自我反思等能力。

(二)善表达

"善表达"是指学生善于将内在的思想、感情或态度外化为文字、语言、图形、图像、声音或形体动作等信息形式的行为。在不同学科中，信息表达的形式可以是不同的，表达的内容可以是主观的，也可以是客观的。比如，学生可以用一段文字、一幅画或一首歌来传递个人的想法与感受，也可以用一些图形、图表来表示数据关系。表达是学生思维外化的一个重要表现，学会表达是学生学会学习的基础能力。

培养学生各种基于客观世界与主观感受的表达能力。具体而言，我们要让学生在表达心向上愿意说、在表达内容上有话说、在表达条理上有序说、在表达情感上乐于说，还要培养学生在创新表达上善于说的能力。

(三)能实践

"实践"是指学生能动地改造和探索现实世界一切客观物质的学习活动。对本课题而言，"能实践"指的是课堂的学习实践，实际上就是指"做中学"。(学习)实践是学生认识的来源和认识发展的基础，学生在课堂上阅读、观察、尝试、操作、运用等都是在"做中学"，一般通过实践掌握的知识大多属于方法性知识，包括学科方法和学习方法。

培养学生动手操作、运用知识、综合学习、问题解决、探究创新的能力。具体而言，我们可以通过游戏化学习、项目式学习、STEAM学习等方式，让学生在"做中学"。

(四)会合作

"会合作"就是学生个体之间或群体之间为达到共同目的，彼此相互配合的一种联合行动、方式。合作能力具体包括：会倾听、尊重和理解组员的意见；学会向组员做出必要的妥协，并掌握妥协的灵活性、原则和意愿；能够与组员承担共同责任，协同工作；能珍视每个团队成员的个人贡献。合作学习要具备以下要素：积极互赖、同时互动、人人尽责、善用技能、小组自治。合作是人际交往中十分重要的方式，特别是在全球化进程中，如何与不同文化背景的人群合作更是一种必备的能力。我们认为,合作既是一种学习内容,也是一种学习方式。在日常课堂教学中,我们都将渗透合作学习的元素,创造更多机会让学生在合作中成长。

培养学生"人人为我,我为人人"积极互赖、人人尽责的合作意识,也要培养学生倾听、认可、接纳等合作交往技能。

(五)勇担责

每一个时代都有其独特的使命与担当。对新时代的少年来说,他们肩负着更为重要的责任。在学习各项本领、充实自己的同时,他们更应该勇于担当。这种担当不仅仅是对个人行为与表现负责,更是对国家与民族未来的担当。他们需要传承中国文化,让千年的文明瑰宝在新时代焕发出新的光彩;他们需要传播中国精神,让世界感受到中华民族坚韧不拔、自强不息的力量;他们还需要传递中国理念,为构建人类命运共同体贡献中国智慧。新时代的少年,是国家的未来,是民族的希望,他们应以更加坚定的信念、更加昂扬的斗志,勇担时代重任,书写属于他们的辉煌篇章。

第二节 融合五育，制订素养评价实施方案

2023年5月，教育部办公厅印发《基础教育课程教学改革深化行动方案》，涉及课程方案落地规划、教学方式变革、教学评价引领、专业支撑与数字赋能等多方面的举措，意在推进核心素养导向育人蓝图的转化实施。对一所学校而言，在明确学生发展的素养目标之外，也需要建立相匹配的课程，变革教学与评价的方式，并加强数字赋能。

自2015年开始，杭州市时代小学便专注于转化实施核心素养导向的育人蓝图：明确素养目标，迭代形成了"人人勇担责""人人善表达""人人能实践""人人爱思考""人人会合作"（后简称"五个人人"）的学生素养发展目标；重组课程结构，调整建成了包含基础性课程和拓展性课程的素养课程；变革教学方式，探索实践了意义学习、研究性学习、项目化学习等多种学习方式。基于此，我们研究学习上级部门发布的评价文件精神，完善学校的素养评价实施方案，确定了"五育"全要素评价内容，变革了"唯纸笔化"的评价方式，形成了"四位一体"的评价队伍，从而更好地发挥评价的引领作用，实现深化课程教学改革的目的。

一、以全面发展为根本，确定"五育"全要素评价内容

制订素养评价实施方案，首先要解决"评什么"的问题，其本质上是要回答"培养什么人"的问题。表面上看，学校的培养目标是我们确定评价内容的最主要影响因素。杭州市时代小学的学生素养发展目标是"人人勇担责""人人善表达""人人能实践""人人爱思考""人人会合作"。事

第二章 指向素养的评价框架建构

实上,"五个人人"是学校层面基于对《义务教育课程方案(2022年版)》和课程标准(后简称为2022版课程方案和标准)中义务教育阶段培养目标的理解和学科核心素养的凝练而建设的毕业生形象和学段目标。究其根本,回答"评什么"的问题需要分析最新教育政策,审视国家教育方针的变化,以实现现阶段的培养目标要求。

(一)全面发展的内涵演变

"社会主义建设者和接班人"是我国长期以来对教育目的的比较稳定的表述,有着清晰的历史发展轨迹。"全面发展"是教育方针具体化的表述关键词,它在保持稳定的同时,也随着时代发展适时调整和丰富其中的内涵。

自新中国成立开始,"培养全面发展的人"便成为我国教育方针的重要内容。1952年3月,教育部颁布的《小学暂行规程(草案)》规定:"小学实施智育、德育、体育、美育全面发展的教育。"[1][2]之后,劳动教育受到了关注,美育被弱化,德智体三育作为全面发展的核心内容。邓小平根据时代的需要,提出了"四有"新人理论,从理想、道德、文化、纪律四方面对社会主义新人提出合格建设者和可靠接班人的发展目标,这是对德智体全面发展育人思想的丰富。[3]

江泽民强调:"与生产劳动和社会实践相结合,培养德智体美全面发展的社会主义建设者和接班人。"[4]新中国初期提出的德智体美四育再次被推上了历史舞台。党的十八大报告提出:"培养德智体美全面发展的社会主义建设者和接班人。"这一方针政策在十九大再次被强调。

2018年9月,全国教育大会上提出德智体美劳五育并举的人才培养

① 何东昌.中华人民共和国重要教育文献(1949—1975)[M].海口:海南出版社,1998:142.

② 中央教育科学研究所.中华人民共和国教育大事记(1949—1982)[M].北京:教育科学出版社,1984:38.

③ 傅海燕.从新中国成立到党的二十大:全面发展教育政策的演进及其启示[J].教育史研究,2022(4):11—18.

④ 中央文献研究室.十六大以来重要文献选编(上)[M].北京:中央文献出版社,2005:31.

要求。至此,在我国几代领导人的坚持下,德智体美劳的作用和关系得到充分认识,继2015年美育被纳入人才培养的法律范畴后,劳动教育也被纳入教育法。2021年4月,新修订的《中华人民共和国教育法》第五条提出:"教育必须为社会主义现代化建设服务、为人民服务,必须与生产劳动和社会实践相结合,培养德智体美劳全面发展的社会主义建设者和接班人。"2022年,党的二十大报告又一次提到五育并举的人才培养体系,明确它为最新的教育方针。

(二)素养导向的五育内容

与以往的教育方针相比,"五育并举"不仅意味着培养内容在数量上发生了变化,在质量上也发生了转变,与国际趋势接轨,体现出素养导向。

教育目的、教育方针、培养目标、核心素养和课程目标构成了一个从思想到行动的关联概念连续体。观2022版课程方案和标准可知,国家将教育方针细化成核心素养,并以之为统领,构建素养型课程目标,保证核心素养的落地。2022版各学科课程标准还列出学业质量水平标准和核心素养分项学段特征,便于义务教育学校针对不同学段重构评价内容。

评价内容是落实评价目标的关键载体,是变革评价方法的基础支撑。《深化新时代教育评价改革总体方案》提出了要完善德育评价、严格学业标准、强化体育评价、改进美育评价、加强劳动评价,针对五育评价存在的问题做方向引领和内容规定。基于此,本校结合2022版课程方案和标准、所在区域制定的各学科年段评价标准、学校课程设置以及实际学情,明确了品德发展、学业发展、身心发展、审美素养、劳动与社会实践五方面的评价内容和标准。其中,品德发展包括学生品行日常表现和道德与法治学科表现;学业发展评价包括语文、数学、英语和科学等的学科素养发展水平以及项目化学习情况;身心发展评价不仅涉及体育课程学习,还包括学生的心理素质、日常体育参与情况、体质监测和专项运动技能测试等内容;审美素养考查学生学习音乐、美术等艺术类课程和参与学校组织的艺术实践活动情况以及1—2项艺术技能等;劳动与社会实践评价将参与劳动教育、信息科技课程学习和生产劳动与社会服务等综合

第二章 指向素养的评价框架建构

实践情况纳入学生综合素质评价档案。

在评价实施过程中,本校教师则会依据学生的认知能力、发展规律统筹评价内容。比如,语文学科会从评价学生的阅读积累量逐步发展到评价学生的语言应用能力、迁移创新能力、复杂情境中问题解决的能力;还会结合学生的兴趣、优势设计调整评价内容,如在非纸笔测评中设计两个相似难度但展现学科内不同领域能力的评价任务供学生选择测试。

二、以多元评价为原则,变革"唯纸笔化"的评价方式

传统的评价范式推崇知识至上,主要通过终结性的标准化纸笔测试来甄别学生的学习结果,功能窄化,无法满足核心素养培育的要求。核心素养是学生通过教育而形成的适应个人发展和社会发展需要的必备品格、关键能力和正确价值观。要了解学生的核心素养达成情况,需要变革唯纸笔化的评价方式,必须依托多样的评价任务,以可视化的、具体的任务判断学生的学习程度,才能更有效地评价学生的学习成果。

(一)纸笔测评的利弊分析

经过几千年的演变,学生评价走过了考试制度时期、教育测验时期,进入了如今的学生评价时期。作为学生评价的主要载体,纸笔测评曾在人才选拔方面发挥了重要作用,并在工业社会大规模生产时期发展为标准化纸笔测验,具有评分标准化、经济又便利的优势。传统的纸笔测评主要采用选择题、判断题、填空题等封闭性题目,通常只有一个正确答案或者说参考答案,教师可以依据评分标准和答案迅速客观地判断学生的回答情况。我们可以利用这些题目有效评价学生对事实信息、基本概念和技能的掌握情况,但却不能用来检测学生的核心素养,比如,问题解决能力、批判性思维、创造性思维、科学探究技能等综合能力。

但这不代表检测学生的素养就要完全排斥纸笔测评。事实上,合理设计的纸笔测评可以结合封闭性题目和开放性问题对学生的素养进行检测。例如,世界经合组织(OECD)于2000年启动的国际学生评价项目

(PISA)便是运用纸笔测评检测各国学生的阅读素养、数学素养、科学素养等学科素养以及全球素养,其结果受到了一致认可。

纸笔测评的效用与学生评价的目的有关。目前来看,学生评价可以分为三个阶段或类型,分别是"对学习的评价""为了学习的评价""评价即学习"。传统的终结性纸笔测评属于"对学习的评价",采用标准化测评的方式给学生进行分数或等级评定,通常还会进行排名,适用于升学考试。"为了学习的评价"可以理解为形成性评价,采用定性与定量结合、前测与后测对比、正式与非正式评价互补以及多评价主体参与等多种评价形式,收集学生学习过程的证据,在学习过程中不断促成发展。"评价即学习"同样注重学习过程,但更强调学生不仅是学习主体,也是评价主体,教师要引导学生规划学习,设定学习目标、监控学习过程和反思学习结果,并为新学习目标做准备。自然,许多学习结果的测定需要应用纸笔测评。评价(包括纸笔测评)的作用重大,如果运用得当,就能够起到促进学习的作用,否则会适得其反。

(二)多元评价的操作方式

为了更有效地实施素养导向的学生综合评价,本校在充分学习《浙江省教育厅关于小学生综合评价改革的指导意见》的基础上,根据学校实际、年段特点以及学科特征,采用了适切多样的评价方式,多维度地描述学生的成长过程和学习成效,将评价与学习融为一体,旨在促成学生的核心素养发展,并激发学生的自主学习意识。

加强过程评价,基于五育评价内容特点分类评价。采用学科分类评价,语文、数学、英语和科学等学科重在探索基于课程标准的分项等级评价,引导学生参照标准改进学习;道德与法治、体育与健康、音乐、美术等学科适当分项,重在关注学生的过程表现,考查学生的日常行为习惯、运动技能和艺术技能;信息科技、劳动和综合实践等主要采用课程修习记录、学习过程表现和作品展示等评价方式。日常教学中坚持以形成性评价为主,从课堂参与、随堂练习、课后作业、活动体验等方面对学生进行评价指导;同时倡导表现性评价,鼓励创设真实情境让学生亲历学科实践,比如,让学生在国庆朗诵会和TED演讲中展现表达素养,在英语情景剧中演出的英语素养。

改进结果评价,结合学生发展规律与成长需求多头推进。一方面,优化终结性评价的形式与内容:在一至三年级持续推进期末情境游园式或项目学评式非纸笔测评,从单学科实践性测评走向跨学科实践性测评,不断探索实践性测评的优化路径;结合学科内容优化作业设计,形成与分项评价相适切的作业体系,提高单元评价和期末评价的命题质量,注重情境性、开放性,体现素养导向联系生活、面向未来。另一方面,改进评价结果的呈现和运用:采用分项等级评价、写实记录和述评等方式描述学生各方面的水平与发展,坚持定性与定量相结合;利用人工智能、大数据等现代信息技术助力评价结果的运用,在学习过程中引导学生基于阶段性结果自我反思。

三、以多方参与为基础,形成"四位一体"协同评价队伍

(一)评价主体多元化的改革现状

在传统学业评价体系中,教师是评价的唯一执行主体,集评价的设计者、实施者、监督者、结果的使用者等角色于一身。随着课程改革的推进,人们逐渐认识到这种单一主体的评价不能满足学生发展需求。比如,教师是社会发展需求的代表者,会倾向于把统一的教育目标、课程标准作为评价标准,学生和家长等对于学生个体发展的价值需求可能会被忽视,那么全面而又个性的发展就难以实现。于是,出现了评价主体多元化的实践探索。

然而,由于"学而优则仕"传统文化心理的影响、操作性评价理论的欠缺和相应评价机制的缺失,各评价主体参与评价的意识较弱、方式机械、效果欠佳。[①]主体多元化的实然表现多为"主体价值趋同""主体意识薄弱""主体权责不明"。因此,社会上出现了"孩子满分仍然被家长批评""教师之外其他主体形同虚设""家长批改作业"等极端化的现象。

---

① 任娟.发展性学业评价之多元评价主体的研究[D].西南大学,2013:27—31.

我们需要建立一种"和而不同"的多元评价主体体系,让教师、学生、家长、社区人士根据不同评价内容采用不同的结构形式协同合作,对学生的学习过程和各方面获得的发展进行价值判断。

(二)协同评价队伍的建立要点

首先,学校牵头成立学生评价委员会,主要由学校行政领导、外聘的评价专家及教师、学生、家长、社区人士的代表组成。行政领导主要负责委员会的统筹协调,外聘专家提供技术咨询与辅导,其他四方代表主要参与评价委员会的决策与监督工作,并负责监管和反映问题与意见。学生评价委员会还需负责制订总的学生评价方案。

其次,结合评价内容和评价方式,明确不同主体的权责。在协同评价过程中,教师应提升学生评价能力,让他们成为系统主导力量,在日常课堂教学中开展客观、常态、真实有效的学生发展评价实践,在学业评价方面发挥主要作用;学生可以从两个层面发挥作用,一方面,进行自我评价以弥补外部主体评价的不足,在态度、兴趣等方面提供更精确的评价反馈;另一方面,进行日常行为表现方面的同伴评价增强评价结果的真实性。教师协调和指导家长以适度深入的方式参与学生发展评价,提供学生在校外的学习情况以及行为表现信息;社区人士则在学生参与校外综合实践活动方面提供评价信息。

第三节　面向学生，完善素养评价报告单

一、素养评价报告单的设计理念

杭州市时代小学按照《浙江省教育厅关于小学生综合评价改革的指导意见》《杭州市上城区小学生综合评价改革实施方案》，依照浙江省小学生发展综合报告单基本样例、上城区小学生综合素质报告单(样例)和各年段评价参考标准，本校《学玩相融　快乐成长》素养评价报告单按照品德发展、学业发展、身心发展、审美素养、劳动与社会实践五个维度，力求体现"五育并举"理念，通过更为科学、合理、全面的综合素质评价方式，努力呈现小学生在校学习和在社会生活的整体面貌和发展变化，对学生发展进行综合画像，绘就成长轨迹，体现个性特长，通过分项等级、图谱、述评等多种评价方式，从两页的报告单到丰富的报告册，为后续的成长指导提供佐证和方向，促进学生"学玩相融"、协调发展。本校素养评价报告单遵循以下四个要点展开：

图 2-3-1　《学玩相融　快乐成长》素养评价报告单样例

(一)坚持育人为本,建立评价体系

全面贯彻党的教育方针,尊重教育规律和学生身心发展规律,落实立德树人的根本任务。本校坚持育人为本的理念,结合学校"学得扎实、玩出名堂"的办学特色,建立了科学的综合评价体系。综合评价体系以学生的全面发展为目标,评估学生在学业、思维、情感、艺术和实践等领域的发展情况,建立了完善的综合评价体系。通过科学的评价指标和准则,建立完善的评价体系,旨在引导学生积极参与学习、培养创新能力和综合素养,为学生的全面成长提供有力支持。育人为本的理念在实践中深耕生根。

(二)基于课程标准,学科分项等级

各学科以课程标准为依据,围绕核心价值观、必备品格和学科关键能力,从认知、情感、社会性等方面建立健全评价标准,优化学科分项等级评价,凸显分项等级评价的诊断改进功能,准确把握学生在各个学科领域的表现,并为教学提供针对性的指导。通过学科分项等级评价,可以更全面地了解学生在不同学科中的优势和改进的方向,基于课程标准和校情实际优化评价分项、评价细则,有针对性地制订个性化教学方案,实现对每个学生的精细化教育,有效地提升学生的学科素养,推动学生学科能力的全面提升。

(三)倡导多维多样,聚焦发展过程

浙江省小学生综合评价改革旨在发挥全员育人的机制作用,多元的评价主体多维度地描述小学生的成长过程和学习成效,聚焦学生个体发展,注重评价过程的引导,使评价成为促进学生学习、导向更好发展的重要手段。因此在评价过程中,本校鼓励学生通过观察、探究、实践等多种方式参与学习,注重培养学生的创新思维、问题解决能力和团队合作精神,关注学生的学习过程和成长轨迹,注重培养学生的学习兴趣和有效的学习策略,引导学生积极主动地参与学习,培养学生的自主学习能力,实现了综合评价的导向作用。

(四)融合家校政社,实施多元评价

在完善素养评价报告单的设计理念中,融合家校政社,实施多元评

价是至关重要的一环。本校促进家校沟通与合作,让家长参与到评价过程中,如由家长移动端上传本学期最能展现成长时刻的照片作为报告单封面,共同关注学生的发展。本校积极引导社会资源的参与和政策的支持与整合,如在"劳动实践"板块中融入研学旅行与项目化学习等模块,为学生提供更广阔的发展平台。由此输出并生成的素养评价报告单作为综合个性画像,可以使家校各方共同了解学生的发展情况,共同制订有效的教育方案,促进学生的全面发展。同时,本校还将建立健全的评价结果记录和管理系统,实现评价结果的长期跟踪和分析,为学生的长期发展提供支持和指导。

二、素养评价报告单的评价方式

素养评价报告单作为学生成长发展状况的阶段性评估,基于对核心素养的全面培养及新课标的相关要求,学科教师将从分项等级评价、项目达标评价、成长争章评价、综合报告评价四方面全面呈现学生的全年发展状况,采用递等式的综合评价方案,以"终结性评价+过程性评价""量化+表现性评价"的方式让学生和家长更加清晰地了解学生的成长过程,设计创制了"雷达图",根据不同等级的占比,可以对标学生长远发展目标,分析出下一步需继续努力的方向。

(一)分项等级评价,诊断改进基础学科

以往报告单在结构上存在局限性:重基础课程,轻拓展性课题;评价维度上比较单一,重终结性评价,轻过程性评价等。为了深入贯彻新一轮课程改革和综合素质评价改革的精神要求,学校依托"学玩课程""灵动课堂",对照课程标准,采用分项等级评价的方式,由各学科教研组对标新课程标准,分项评价,将素养要求具体化、可视化,聚焦学生能力,发挥评价的指导功能,旨在诊断学生在各个基础学科上的表现,为师生的教与学提供改进的方向。

(二)项目达标评价,多措嵌入能力培养

在改进纸笔评价的同时,实施表现性评价,研究实践性评价,关注学生真实进步,注重学习过程观察、记录和分析。注重低段学生的非纸笔测评实践,通过项目达标的方式进行评价。通过设计富有实践性的项目活动,考查学生的动手能力、实际操作能力和解决问题的能力,接受评价与反馈,更好地了解学生的综合实践能力和实际应用能力,培养学生的实际操作能力,推动学生的综合素养发展。

(三)成长争章评价,引导行为习惯养成

成长争章评价内容涵盖学生的品德、行为表现、学习态度和个性成长等方面,通过设立争章目标和标准,采用绝对评价、相对评价和个体内差异评价相结合的方式,关注学生成长和发展的整个过程,引导学生积极参与学习和活动,培养自律、责任感和团队合作意识。评价结果将作为学生个人发展的参考,激励学生不断成长,培养他们积极向上的学习态度和良好的行为习惯。

(四)综合报告评价,输出综合个性画像

综合报告单综合考虑学生在品德发展、学业发展、身心发展、审美素养、劳动与社会实践等方面的表现,并结合个人特长和特点进行全面评价。报告单以清晰、客观的方式呈现学生的综合素养和能力,为学生、教师和家长提供全面的评价结果和发展建议。这样的评价方式有助于促进学生的个性发展,推动每个学生发挥潜能,实现德智体美劳全面发展。

三、素养评价报告单的内容框架

依照上城区小学生综合素养报告单(样例)和各年段评价参考标准,本校1—6年级学生五育综合素质评价报告册按一级指标、二级指标和三级指标的框架逐步细化。一级指标包括品德发展、学业发展、身心发展、审美素养、劳动与社会实践五方面,都清晰地呈现在报告单上,力求体现"五育并举"理念。语数英科等课程重点探索基于课程标准的分项等级评价,音美体等课程关注过程性评价和实践评价,劳动、信息技术、综合实践活动等课程以经历表现和成果作品等评价为主,使项目

评价更有针对性、实效性和生命力。

(一)品德发展

"品德发展"板块主要针对学生的品德、学习、生活等方面,包含日常行为表现、"我做过的最令自己满意的事"、成长花语等内容。

日常行为表现	自我评估	他人评估	日常行为表现	自我评估	他人评估
爱祖国	☆ ☆ ☆	★ ★ ★	担责任	☆ ☆ ☆	★ ★ ★
讲文明	☆ ☆ ☆	★ ★ ★	守规则	☆ ☆ ☆	★ ★ ★
有爱心	☆ ☆ ☆	★ ★ ★	有理想	☆ ☆ ☆	★ ★ ★
我做过的最令 自己满意的事	本学期我参加了区火炬银奖的挑战,全方位地考核磨炼了我的意志,促进了我的成长;认识了许多极其优秀的队员,向他们学习了许多美好而珍贵的品质,"一山更比一山高!"				

图 2-3-2 《学玩相融 快乐成长》素养评价报告单"品德发展"样例

1. 对"日常行为表现"的评价,参照区域报告单样例,在"爱祖国、担责任、讲文明、守规则、有爱心"五个区指标的基础上,自定义增加了"有理想"这一指标,体现时代学子在核心价值观方面的发展情况。这六个指标,参照区域评价参考标准,按"三星级"评价,分为"自我评估"和"他人评估"两种形式评定,参照区域评价参考标准进行评价。

2. 六个指标也是学校用核心素养校本化评价替代以前的品行表现评价,结合学段、年级段学生的年龄特点,结合学校的课程体系、活动项目等现有资源,以及学校的地理位置、社区资源和当地文化,在低段"日常行为表现",品行行为的描述倾向于"具体、细小",通常采用行为表现性描述;在中、高段,品行行为描述倾向于"抽象、宏观",通常采用价值取向性描述,将日常行为表现基本要点评价标准可视化、可操作化。

表2-3-1 《学玩相融 快乐成长》素养评价报告单
"低段日常行为表现"细分类目

一至二年级日常行为表现	
爱祖国	爱国情怀:了解党史国情,珍视国家荣誉,崇敬英雄模范;尊敬国旗、国徽,升国旗时肃立、脱帽、行注目礼(队礼),会唱国歌,声音洪亮
	民族精神:传承中华优秀传统文化,理解民族传统节日的含义,了解家乡的发展变化
	少年志气:少先队员规范佩戴干净、整洁的红领巾;服从队的决议,不做有损集体荣誉的事
讲文明	言语文明:讲普通话,会用礼貌用语及体态语;不撒谎,不讥笑、戏弄他人
	游戏文明:课间游戏活动有秩序;不推搡追逐打闹、大声喧哗,合理控制运动量,避免影响下节课的上课质量
	形象文明:在校规范穿着整洁校服,经常洗澡,勤剪指甲,勤洗头,早晚刷牙,饭前便后要洗手
有爱心	热爱校园:尊重同学,互相问候不欺侮;尊敬师长,见到教职工主动行礼,遇到客人大方问好
	热爱家庭:记住父母、长辈和兄弟姐妹的生日,听从父母和长辈的教导,主动为家庭做力所能及的事
	热爱自然:爱惜粮食,用餐不剩饭菜;节约资源,水龙头随手关紧,不用灯时随手熄灭;维护环境卫生,自觉进行垃圾分类
担责任	自我责任:控制好自己的情绪,不任性;注意安全,防火、防溺水、防触电、防盗、防中毒,不做有危险的游戏
	班级责任:认真值日,积极参加班级活动,认真完成班级任务;同学间相互尊重,学会合作
	社会责任:阅读、观看健康有益的图书和网上信息,不参加封建迷信活动;敢于斗争,遇到坏人坏事主动向老师、家人报告

第二章 指向素养的评价框架建构

素养本位的时代评价

一至二年级日常行为表现	
守规则	课堂规范:课前准备好学习用品;上课专心听讲,大胆提问,回答问题声音清楚,不随意打断他人发言
	校园守则:按时上学,不迟到,不早退,不旷课,有病有事要请假,放学后按时回家;参加活动守时,不能参加要事先请假
	公共秩序:认识并遵守交通标志、标线和信号灯;在公共场所不拥挤,不喧哗,礼让他人;不做法律禁止的事
有理想	学森精神:乐于科学探索,积极参与"学森课"、科技节等活动,在科技方面培养自己的爱好,每学期了解三位以上科学家故事
	冠军精神:坚持锻炼身体,培养两项运动兴趣;认真做广播体操和眼保健操,积极参加有益的文体活动,遇到困难和挫折积极面对
	工匠精神:勤动手,自己能做的事自己做,积极参加学校组织的各种非遗、劳动和社会实践活动,每学期了解一种非遗知识

表2-3-2 《学玩相融 快乐成长》素养评价报告单

"中、高段日常行为表现"细分类目

三至六年级日常行为表现	
爱祖国	爱国情怀:热爱祖国,热爱人民,热爱中国共产党。尊敬国旗、国徽;升降国旗脱帽、肃立,少先队员行队礼;有感情地唱国歌,声音洪亮
	民族精神:熟记并践行核心价值观;关心国家大事,珍视国家荣誉;敬仰国家英雄,瞻仰烈士陵园等相关场所保持肃穆
	少年志气:少先队员规范佩戴干净、整洁的红领巾;服从队的决议,积极参加少先队活动
讲文明	言语礼仪:不讲脏话粗话,不随意打断他人讲话;使用礼貌用语,讲话注意场合,态度友善;尊重世界各地文化差异,在国际交往中真诚友好,大方自信
	网络礼仪:合理使用网络,浏览健康内容,不过度使用电子产品;利用网络资源提高学习与生活质量,不沉溺网络游戏;以标准、文明的语言发表网络言论,传播正能量
	诚信礼仪:诚实守信,言行一致,答应他人的事要做到,做不到时表示歉意,借他人物品要及时归还;不说谎,不骗人,不弄虚作假,知错就改

三至六年级日常行为表现		
有爱心	热爱校园:团结同学,不以大欺小,不取侮辱性绰号,发生矛盾多做自我批评;尊重教职工,见面行礼或主动问好,回答师长问话要起立,给老师提意见态度要诚恳;遇到客人、长辈主动问候、交流	
	热爱家庭:体谅父母辛劳,关心照顾兄弟姐妹,积极承当力所能及的家务劳动;主动与父母交流生活、学习、思想等情况,尊重父母的意见和教导,不顶撞;每周共度美好家庭日	
	热爱社会:乐于奉献,有社会责任感,关心和帮助有困难的人;积极参加校内外公益活动和志愿活动	
担责任	自我责任:学会情绪调节,遇到挫折主动找人倾诉;掌握基本的自护自救方法;不接受陌生人赠予的物品;拾金不昧,抵制不良诱惑,不做有损人格的事	
	班级责任:认真做好班级工作,积极参加集体活动,有集体荣誉感;善于发现、乐于学习同伴的长处,分享彼此的成长进步	
	社会责任:不进入网吧等未成年人不宜入内的场所;见义勇为,对违反社会公德的行为要进行劝阻,发现违法犯罪行为及时报告成年人;有维护民族团结、祖国统一和国家安全的责任意识	
守规则	课堂规范:课前做好准备;上课专心听讲,学会倾听他人意见,不抢答不哄笑;带着问题进课堂,敢质疑多提问,勇于发表不同见解	
	校园守则:按时上学,不迟到,不早退,不旷课,有病有事要请假,放学后按时回家;参加活动守时,不能参加要事先请假	
	公共秩序:在公共场所兼顾他人,乘公共车、船等主动购票,自觉排队;主动给老幼病残孕人士让座,公共场所靠右行走;学法遵法守规则,学会运用法律方式维护自己的权益	
有理想	学森精神:乐于科学探索,积极参与"学森课"、科技节等活动,在科技方面培养自己的爱好,将科技报国精神融入自身理想	
	冠军精神:坚持锻炼身体,发展一项运动特长,每天运动一小时;认真做广播体操和眼保健操,积极参加有益的文体活动,培养健康身心	
	工匠精神:勤动手,自己能做的事自己做,积极参加学校组织的各种非遗、劳动和社会实践活动,每学期掌握一种非遗技艺	

第二章　指向素养的评价框架建构

3.在"日常行为表现"中,学校淡化他人评价,突出自我评价。从操作层面来看,他人评价缺乏严谨性和科学性。一位老师、一个同学的评价很难代表老师群体和同学群体;很多评价主体,尤其是同伴和班干部缺乏评价鉴定能力,大多数是基于主观感觉下结论。因此以自评为主,结合"我做过的最令自己满意的事",引导学生对照条目反思自己的过程性表现,激励学生逐步形成学习自驱力和责任感的习惯。

4."成长花语"将区域报告单样例中最后一页的"班主任寄语"进行迭代调整,同样突出自我评价,由班主任这一主观客体拓展至自己、同伴或家人。此栏设字数限制,采用输入评语模板的形式,导入后台,呈现这一栏信息。

(二)学业发展

"学业发展"板块包含道德与法治、语文、数学、英语、科学五项学科的分项等级评价内容,共一页。五项学科的评价既有共性,又有个性,共同呈现学科的诊断性和结构性。共性项目为态度习惯、分项学习水平、学习总评水平、进步情况。个性项目为各学科"分项"中具体的指标,参照区域报告单样例,道德与法治学科按照认知水平和实践能力两个指标分项;语文学科按照识字写字、阅读鉴赏、表达交流、梳理探究四个指标分项;数学学科按照知识技能、数学思考、综合应用三个指标分项;英语学科按照视听表达、读写素养、语言实践三个指标分项;科学学科按照科学观念、科学思维、探究实践三个指标分项。

1."态度习惯"一栏,由教师进行评定,具体参照区域各年段评价参考标准,均按照"ABC"等级填写。

2."学科分项"由教师依据学生过程性学业情况和期末监测情况,采用"ABC"等级制评定。分项等级评价标准,由"道法"语数英科组在区域评价参考标准基础上进行细化,为各年级教师评定提供更具操作性的办法和依据,呈现学生各学科内部模块、能力水平表现等结构性数据。

课程	态度习惯	学习水平		
		学科分项	分项评定	学习总评
道德与法治	A	认识水平	A	A
		实践能力	A	
进步情况	你越来越善于发现,能很快地掌握新学的知识和规则,是一个热爱学校的好孩子,活动册总是完成得又快又好			
语文	A	识字写字	B	B
		阅读鉴赏	C	
		表达交流	A	
		梳理探究	A	
进步情况	"那些不急不躁,朝着既定目标砥砺奋进的人,才能在日积月累中抵达梦想的彼岸。"希望你今后在学习上多问、多练、多探索。相信你定能成为更优秀的学生			
数学	B	知识技能	B	B
		数学思考	C	
		综合应用	B	
进步情况	课堂上的你总是有着不一样的想法,灵感不断。这学期的数学书写有了很大的进步。期待接下来的你脚踏实地,继续前行			
英语	A	视听表达	A	A
		读写素养	B	
		语言实践	A	
进步情况	你在课堂上的表现活跃,经常主动参与各种课堂活动。你乐于与同学合作,共同完成任务。在小组活动中,你和同学积极对话,这让你的口语能力得到了提升			
科学	A	科学观念	A	A
		科学思维	A	
		探究实践	A	
进步情况	★ ★ ★			

图2-3-3 《学玩相融 快乐成长》素养评价报告单"学业发展"样例

3."进步情况"一栏,由学科老师会同家长统计汇总学生各学科获奖情况,结合本学期综合表现进行填写。对有进步的学生,可以写具体进步情况的细节描述;对没有获奖也没有进步的学生,可以写诸如"希望再接再厉,争取更大的进步"的激励语。

(三)身心发展

"身心发展"板块主要包括学生身体素质和心理素质两部分,通过对行为表现、身体发展、体育与健康课程、体质健康测查与运动技能五项内容进行评价,促进学生形成健康的体魄,发展良好的心理适应能力。

项目	自我评估	他人评估	项目	自我评估	他人评估
运动习惯	☆ ☆ ☆	★ ★ ★	认识自我	☆ ☆ ☆	★ ★ ★
同伴交往	☆ ☆ ☆	★ ★ ★	情绪管理	☆ ☆ ☆	★ ★ ★
师长沟通	☆ ☆ ☆	★ ★ ★	家庭责任	☆ ☆ ☆	★ ★ ★

身高	体重	BMI指数(正常范围18.5～23.9)	视力		龋齿
148.6厘米	41.7千克	18.9	左:5.00	右:5.10	0

课程	学习态度	学习水平	项目	水平
体育与健康	A	A	体质健康测查	A

	过程表现(述评)
运动技能	经过一个学期的学习,顺利地完成了体育学科的各项练习和测试,恭喜你!你对每一个细节都十分关注,追求完美,展现出极高的敬业精神,再接再厉,再创辉煌

图 2-3-4 《学玩相融 快乐成长》素养评价报告单"身心发展"样例

1.对照上城区区域报告单样例,学校将运动习惯、认识自我、同伴交往、情绪管理、师长沟通、家庭责任作为行为表现的指标,按照"三星级"进行"自我评估"和"他人评估","自我评估"由学生自评,"他人评估"由班主任评定。在参照区域评价参考标准的基础上,由学校心理辅导团队对参考标准进行细化,为学生和班主任提供评价依据。

2. 体育与健康课程通过学习态度和学习水平,结合课堂表现进行评价。运动技能则着重于学生的个性特长,对过程表现和进步情况进行述评,由学科老师会同家长统计填写相应模板,导入后台生成信息,一年级学生以评星形式开展。

(四)审美素养

"审美素养"板块包含艺术即美术和音乐两门学科的分项等级评价内容。两门学科的框架板块保持一致,横向维度分为评价项目、评价分项和评价等级,纵向维度分为学业水平和艺术技能。对区域样例中"学习过程、学习水平"两个分项进行"ABC"等级评定,通过对三个分项再细化,明确各分项是通过哪些指标评定的,让家长和学生一目了然,为下一阶段学习指明方向,艺术技能则作为学生个性化发展指标进行述评。

课程	学习态度	学习水平	课程	学习态度	学习水平
艺术(音乐)	A	A	艺术(美术)	A	A
艺术技能			过程表现(述评)		
美术	你是听话的男孩,画画大胆,只有踏踏实实地完成每一笔,涂好每一块颜色,就一定有优秀的作品出现				

图2-3-5 《学玩相融 快乐成长》素养评价报告单"审美素养"样例

1.艺术(美术)学科中的"学习态度"分为工具准备、课堂表现等多方面;"学习水平"主要指单元及期末考核(学力展评)情况;艺术(音乐)学科中"学习态度"分为聆听习惯、课堂参与两方面;"学习水平"主要指单元及期末考核(学力展评)情况。美术和音乐学科均在区域评价参考标准的基础上,按年段制定更为细化的、可操作的分项等级评价参考标准。

2."艺术技能"关注学生个体特长,分为艺术成果展示、艺术素养及专长培养、艺术类实践活动或优秀作品发表、艺术等级等多方面,同时也是对特长过程表现的述评及成果展示。其通过学科老师会同家长统计填写相应的模板,导入后台后自动呈现。

(五)劳动与社会实践

"劳动与社会实践"板块包含信息科技、劳动、综合实践活动、地方课程、劳动实践周、研学旅行、校本课程和项目化学习共八项内容。

第二章 指向素养的评价框架建构

课程	过程表现	学习（成果）水平	课程	过程表现	学习（成果）水平
信息科技	/	/	劳动	A	A
综合实践活动	A	A	地方课程	/	/
劳动实践周	A	A	研学旅行	A	A

课程	过程表现（述评）
校本课程	陈翰哲，你的硬笔书法整洁规范，字形美观，书写速度较快，字的整体结构紧凑，平稳匀称，继续加油
项目化学习（秋之月）	精致好看的月亮灯，是爸爸妈妈对你的爱，看到你介绍时甜甜的微笑，我们心里也很温暖

图2-3-6 《学玩相融 快乐成长》素养评价报告单"劳动与社会实践"样例

1.对学生劳动、信息科技课程的评定，按过程表现、学习（成果）进步情况进行"ABC"等级评定，参照区域评价参考标准，进行分项细化评价。综合实践活动、地方课程按照过程表现、学习（成果）进步情况进行"ABC"等级评定，评价标准由综合实践组制定。劳动实践周、研学旅行作为机动板块按实际情况调整，评价标准由劳动组制定。

2.校本课程和项目化学习（样例学期主题为"秋之月"），提高了班级活动和社团活动的地位和价值，由班主任会同指导老师统计学生的学习情况，导入后台生成信息，输入激励性评语。

第三章

指向学科素养的过程性评价

　　评价是教育教学中非常重要但又最容易让人忽视的一环，容易给人造成虎头蛇尾的印象，而本校重视指向学科素养的过程性评价，这是给予教师和学生监督和强化作用的方式，更是为了以评促学，以评导学，实现教学相长的良好手段。因此，本校在实施过程中，多次强调评价不是目的，而是手段。让评价更加公正，发挥其真实价值，让被评价者也能成为评价者，希望所有的评价都能去"评价化"，不要让为了评价而评价成为一种习惯，从而提高学生的理解力、内驱力，提高教师教学过程的教学力，形成有过程、有激励、有反馈的评价机制，发展学生的各学科核心素养，力求展示可视化的学科评价，希望对学科素养过程性评价的改进与发展有启发意义。

第一节 关注素养发展进程的 学科评价

一、语文学科评价实践

(一)评价目标确立原则

在语文课程改革的背景下,评价目标的确立显得尤为重要。这一目标的设定不仅关系到语文教学的方向,更直接影响到学生语文核心素养的培养。以下是对评价目标的具体探讨。

1.发展性原则:以学生语文核心素养发展为最终旨归

随着语文课程的不断改革,教学评价的目标也应随之调整。其核心在于,评价不再仅仅是对学生知识掌握情况的检验,更应关注其语文核心素养的发展。这包括学生的语言构建与运用、思维发展与提升、审美鉴赏与创造、文化传承与理解等多方面。评价目标的确立,应以此为出发点和落脚点,确保教学活动和评价机制都能为学生的全面发展服务。

语文评价内容素养从多方面考查来凸显其全面性。文字表达中是否能运用丰富的词汇和句式,以及是否能够恰当运用修辞手法等;阅读鉴赏时学生对文本的理解能力,包括理解文章的主旨、细节和隐含意义,以及评价学生能否从文本中提取信息、进行推理和批判性思考;学生对文学作品的了解和欣赏能力,包括文学常识、文学史、文学流派、作家风格等方面的知识,并能够对文学作品进行分析和解读。在文化素养方面评价学生对中国传统文化的了解和理解,包括经典名著、传统节日、中国文化传统等方面的知识,并能够将这些知识与现实生活相结合。批判性思维能力评价学生对文本、观点、价值观的分析和评价能力,包括学生能否提出有逻辑性和合理性的观点,并能够用合理的论据和论点来支持自己的观点。

依据《义务教育语文课程标准(2022年版)》和《小学语文综合评价指南》,按照日常生活、文学体验、跨学科学习三类语言文字运用情境,从识字与写字、阅读与鉴赏、表达与交流、梳理与探究等语文实践活动维度整体考查学生文化自信、语言运用、思维能力和审美创造的发展水平,将学生学习语文的兴趣、态度与习惯、方法与策略、情感态度价值观等融入各分项中,以描述学生语文学业成就的关键表现,体现阶段性学习结束时学生核心素养应达到的水平。

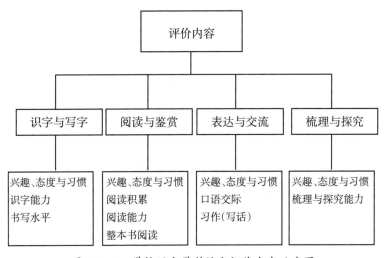

图3-1-1 学校语文学科综合评价内容示意图

总的来说,语文评价内容素养通过考查学生的语言表达能力、阅读能力、文学修养、文化素养和批判性思维能力等方面,以凸显其全面性。

2.一致性原则:坚持"教—学—评"一体化原则

在评价目标的设定过程中,要坚持"教—学—评"一体化的原则。这意味着评价不再是孤立于教学和学习之外的存在,而是与教学和学习紧密相连、相互促进。评价目标的设定应充分考虑到教学内容、教学方法以及学生的学习需求和学习特点,确保评价能够真实反映学生的学习情况,同时也为教学提供有力的反馈和指导。

语文评价标准的清楚性和可测性是确保评价结果客观、公正的关键。同时,评价标准能够体现学生之间的差异性,准确衡量每个学生在语文学科中的能力和水平。首先,语文评价标准明确、具体,并能够被量化或具体操作,以方便评价者进行评判。设立针对不同年级学生的词汇量、阅读速度、句子结构复杂度等指标,将其转化为具体的评分体系。这样,评价者可以根据评分标准对学生的表现进行客观评价,减少主观性评价的干扰。其次,评价标准全面覆盖语文学科的各方面。语文学科不仅仅是纸上得来、细腻玩味的文字表达,还包括了对文学作品、传统文化、语言规则等方面的理解和应用。因此,评价标准涵盖学习技能、知识掌握、思维能力等多方面,以全面反映学生在语文学科中的能力发展。同时,为了体现学生之间的差异性,评价标准需能够适应不同层次和水平的学生。不同年级的学生在语文能力上有所不同,因此评价标准考虑到这些差异,并对不同层次的学生设定相应的评价要求,这样可以确保评价结果能够真实地反映每个学生在语文学科中的实际水平。另外,为了减少评价标准产生的不确定性和不一致性,还应对评价标准进行多次修订和验证,逐步完善和优化评价标准,确保其科学性和有效性。

语文学科评价应贯穿语文学习全过程,依据评价指南中各年级的学业质量要求和分项等级评价标准,收集课堂关键表现、典型作业和阶段性测试等数据,体现基于标准、关注过程、注重多元的特点,全面考查学生在语文实践活动中的核心素养水平。

表3-1-1　语文学科分项等级评价

（节选）

评价分项		评价途径与实施		
		课堂关键表现	典型作业	阶段性测试
识字与写字	一年级	1.观察学生学习汉字的兴趣、态度与习惯、书写姿势等情况。 2.根据学生课堂书写姿势的具体表现进行记录，每个单元记录一次，由教师评定	1.记录学生语文作业本、单元练习中识字与写字典型练习等级，由教师评定。 2.语文作业本每课记录一次，单元练习每单元记录一次。 3.语文作业本各单元成绩合成一个等级，与各单元练习等级合计为典型作业成绩	1.记录学生期末阶段性练习中识字与写字部分的等级，由教师评定。 2.记录学生两次书写比赛的等级（美文抄写赛和限时默写赛），由教师评定
	二年级	1.观察学生学习汉字的兴趣、态度与习惯、书写姿势等情况。 2.根据认读字词（《语文课堂作业本》第二题）的具体表现进行记录，每单元记录一次，由教师评定	1.记录学生语文作业本、单元练习中识字与写字典型练习等级，由教师评定。 2.语文作业本每课记录一次，单元练习每单元记录一次。 3.语文作业本各单元成绩合成一个等级，与各单元练习等级合计为典型作业成绩	1.记录学生非纸笔测试中识字与写字部分的等级，由教师评定。 2.记录学生两次书写比赛的等级（个人硬笔书法作品展示和书写比赛），由教师评定。 3.记录学生查字典比赛的等级，由教师评定

素养本位的时代评价

评价分项		评价途径与实施		
		课堂关键表现	典型作业	阶段性测试
识字与写字	三年级	1.观察学生学习汉字的兴趣、态度与习惯、书写姿势等情况。 2.根据学生的字词识写的具体情况进行记录(看拼音写词语一课一练),每单元记录一次,由教师评定	1.记录学生语文作业本、单元练习中识字与写字典型练习等级,由教师评定。 2.语文作业本每课记录一次,单元练习每单元记录一次。 3.语文作业本各单元成绩合成一个等级,与各单元练习等级合计为典型作业成绩	1.记录学生期末测试中识字与写字部分的等级,由教师评定。 2.记录学生两次书写比赛的等级(美文抄写赛和限时默写赛),由教师评定
阅读与鉴赏	三年级	1.观察学生主动阅读与理解、积极思考与分享、乐于倾听与交流的阅读兴趣、态度与习惯情况。 2.根据书本上记录的每课学习小结的具体情况进行记录,每单元记录一次,采用自评、互评、师评的方式	1.记录学生语文作业本、单元练习中阅读与鉴赏典型练习等级,由教师评定。 2.语文作业本每课记录一次,单元练习每单元记录一次。 3.语文作业本各单元成绩合成一个等级,与各单元练习等级合计为典型作业成绩。 4.根据整本书阅读的具体表现进行记录,每单元记录一次,采用自评、互评、师评的方式。 5.根据整本书阅读的具体表现进行记录,每单元记录一次,采用自评、互评、师评的方式	1.记录学生期末测试中阅读与鉴赏部分的评定等级,由教师评定。 2.记录学生课内外诵读比赛的等级(课文诵读赛和古诗文背诵赛),采用互评、师评的方式

评价分项			评价途径与实施		
			课堂关键表现	典型作业	阶段性测试
表达与交流	口语交际	一年级	1. 观察学生耐心倾听、自信交流、乐于表达、主动合作等学习兴趣、态度与习惯的情况。 2. 根据口语交际课用普通话礼貌表达的具体表现进行记录，每学期记录三次，由教师评定	采用分组模拟情景的方式，记录学生三次口语交际等级，采用自评、互评、师评的方式	记录学生非纸笔测试中口语交际部分的评定等级，由教师评定
		二年级	1. 观察学生耐心倾听、自信交流、乐于表达、主动合作等学习兴趣、态度与习惯的情况。 2. 根据课本四次口语交际课倾听与表达的具体表现进行记录，每学期记录四次，采用自评、互评、师评的方式	采用分组模拟情景的方式，记录学生四次口语交际等级，采用自评、互评、师评的方式	记录学生非纸笔测试中口语交际部分的评定等级，由教师评定
		三年级	1. 观察学生耐心倾听、自信交流、乐于表达、主动合作等学习兴趣、态度与习惯的情况。 2. 根据口语交际课与他人分享交流的具体表现进行记录，每学期记录四次，采用自评、互评、师评的方式	记录学生四次口语交际等级，采用自评、互评、师评的方式	记录学生非纸笔测试中口语交际部分的评定等级，由教师评定

第三章　指向学科素养的过程性评价

素养本位的时代评价

评价分项			评价途径与实施		
			课堂关键表现	典型作业	阶段性测试
表达与交流	习作（写话）	一年级	1.观察学生耐心倾听、自信交流、乐于表达、主动合作等学习兴趣、态度与习惯的情况。 2.根据学生写前说话的具体表现进行记录，每学期记录两次，由教师评定	记录学生两次单元写话等级，由教师评定	1.记录学生期末阶段性练习中表达与交流部分的评定等级，由教师评定。 2.记录学生在《时代》校刊及其他刊物发表或获奖的情况，颁发特色证书
		二年级	1.观察学生耐心倾听、自信交流、乐于表达、主动合作等学习兴趣、态度与习惯的情况。 2.根据学生写前说话的具体表现进行记录，每学期记录两次，采用分组互评、轮流师评的方式	记录学生两次单元习作等级，适当采用自评、互评方式，最终由教师评定等级	1.记录学生期末阶段性测试中表达与交流部分的评定等级，由教师评定。 2.记录学生在《时代》校刊及其他刊物投稿的情况，颁发特色证书
		三年级	1.观察学生耐心倾听、自信交流、乐于表达、主动合作等学习兴趣、态度与习惯的情况。 2.根据学生收集习作资料的具体表现进行记录，每单元记录一次，采用自评、互评、师评的方式	记录学生八次单元习作等级，适当采用自评、互评方式，最终由教师评定等级	1.记录学生期末测试中表达与交流部分的评定等级，由教师评定。 2.记录学生在《时代》校刊及其他刊物发表或获奖的情况，颁发特色证书

总的来说,清晰、可测的语文评价标准能够提高评价的客观性和公正性,为学生提供真实准确的评估结果。与此同时,评价标准也体现了学生之间的差异性,能够全面地评价每个学生在语文学科中的能力和水平。这样可以帮助学生针对评价结果进行有针对性的提高,并促进语文教学的个性化发展。

3.多维性原则:多维度多元素满足学生多样化需求

(1)制定多元化的评价标准:为全面评价学生的语文核心素养,需要制定多元化的评价标准。这些标准应涵盖学生的知识掌握、能力发展、情感态度等多方面,确保评价结果的全面性和准确性。

(2)采用多样化的评价方法:为更好地评价学生的语文核心素养,需要采用多样化的评价方法。这包括传统的笔试、口试等方法,也包括表现性评价、过程性评价等新型评价方法。通过多样化的评价方法,可以更全面地了解学生的学习情况和发展状况。

(3)强化评价与教学的互动:评价与教学应相互促进、相互补充。在教学过程中,教师应根据学生的学习情况及时调整教学策略和方法;同时,评价结果也应为教学提供有力的反馈和指导,帮助教师更好地了解学生的学习需求和发展状况。

(4)注重学生自我评价和同伴评价:在评价过程中,应注重学生自我评价和同伴评价的作用。通过自我评价和同伴评价,可以帮助学生更好地认识自己的优点和不足,激发其学习动力和自我提升意识。同时,同伴评价也可以为学生提供更多的学习资源和交流机会。

总之,在语文课程改革的背景下,评价目标的确立应以发展学生语文核心素养为最终旨归,并坚持"教—学—评"一体化原则。通过制定多元化的评价标准、采用多样化的评价方法、强化评价与教学的互动以及注重学生自我评价和同伴评价等策略与建议的实施,可以更好地实现评价目标,为学生的全面发展提供有力保障。

(二)评价过程实施策略

在语文课堂中,评价的实施应与教学和学习相互融合,形成有机的整体。教师在课堂教学中需要关注学生的学习情况,设定明确的学习目标,并通过恰当的教学方法和任务设计来促进学生的有效学习。同时,通过实施多样化的评价方式和工具,及时了解学生的学习成果和学习过程,为教师提供信息反馈,帮助调整教学策略。

1.明确评价标准,提供恰当示例

《义务教育语文课程标准(2022版)》中明确提出:在小组合作、汇报展示过程中,教师应提前设计评价量表、告知评价标准,引导学生合理使用评价工具,形成评价结果;引导学生内化评价标准、把握评价尺度,在评价中学会评价。

为了使学生能够充分受益于评价,首先他们需要明确什么是好的表现。研究者Orsmond等人指出,仅仅进行简单的讨论不能够使教师和学生对评价标准达成一致的理解。研究实验证明,当在介绍评价标准并提供具体示例时,学生不仅能够在互评过程中更好地应用这些标准,而且也能够产生更高质量的学习成果。因此,在展示评价量表和评价标准时,教师应该除了口头告知和说明外,还应该使用一些示例来帮助学生更好地理解评价工具,并明确好的表现是什么。

例如,六年级上册《十六年前的回忆》这一课课例中,教学一开始,教师就出示了评价表,把"评价"的权利交给学生,让学生做评价的主人。本课的学习评价单主要分为三个板块,一是学习兴趣与课堂表现,二是阅读鉴赏与表达,三是评价留言。第一板块主要考查学生在课堂上的学习习惯表现,引导学生在学生互助、合作学习的实践中,应用各种实际学习方法,从而实现自主学习和合作实践能力。第二板块是考查学生在知识能力上的表现,明确学生的学习内容,并为学生提供相应的学习方法选择,促进语文阅读要素的提升。第三板块的评价留言,使其成为动态化的学习评价,有效地促进了教师与学生、学生与学生之间更好地学习和合作;评级等级的呈现让学生更全面地认识自我,调动学习的积极性,提升自身的学习能力,为学生的可持续学习奠定了基础。

表3-1-2 《十六年前的回忆》评价量表

《十六年前的回忆》评价单			
评价员(组长)： 朗读员： 记录员： 发言员：		自评	他评
学习兴趣与课堂表现	主动探究		
	个性表达		
	认真倾听、记笔记		
	补充发言		
阅读鉴赏与表达	1.能通过朗读、解说、表演等多种途径了解人物形象		
	2.关注外貌、神态、言行的描写，体会人物品质		
	3.形成大观点，能有理有据地表达		
	4.倾听他人表达时，有情感共鸣，也有辩证思维		
评价留言：			

2.基于统编教材,实施项目学评

小学语文项目化学习是一种以学生为中心,以语文学科知识能力为核心,通过真实的活动项目来驱动学生综合运用所学知识解决问题、形成成果的教学方式。这种方式旨在帮助学生建构知识、发展素养、提高终身学习的能力。它具备重视个性化学习、提倡团队式学习、崇尚联系性学习、鼓励创造性学习等特点,使得学生在参与项目的过程中能够全面提升语文能力和综合素质。

统编小学语文教材为项目化学习提供了丰富的资源,如整本书阅读、综合性学习、单元整组设计等。这些内容要素紧密围绕语文核心知

第三章 指向学科素养的过程性评价

识,指向学生的能力发展,为项目化学习提供了坚实的基础。在交际语境下,教师可以根据教材内容、学生学情以及学习任务,设计具有挑战性和实践性的项目化学习活动。这些活动可以包括课堂内外的微项目化学习、学科项目化学习、跨学科项目化学习以及超学科项目化学习等多种形式。

通过参与这些活动,学生能够在真实的交际语境中运用所学知识,解决实际问题,形成具有实际应用价值的成果。在这个过程中,学生不仅能够巩固和拓展语文知识,还能够提升口语表达、倾听理解、合作交流等语文核心素养。同时,他们还能够获得思维的发展和能力的提升,为未来的学习和生活打下坚实的基础。

因此,小学语文项目化学习是一种富有创新性和实效性的学习方式,它能够在交际语境中最大限度地体现新型学习范式的本质特征,为学生的全面发展提供有力支持。如何基于统编教材设计并实施项目化学习,催生深度学习,提升学生的语文核心素养,校语文组从三方面进行了实践探索。

(1)真实情境为依托

项目学评强调设计真实性的任务,强调把学生的学习过程设计到复杂的、有意义的项目情境中,通过学习者的自主探究和合作来解决问题,从而学会或理解隐藏在问题背后的知识,帮助学习者养成挑战和解决现实世界问题及自主学习的能力。这里所说的真实性,一方面体现在以解决真实世界的实际问题为目标,但我们更为看重的是另一种层面意义上的真实,就是设计的项目学评能够真实地反映出学生的实际水平。

以真实情境为依托的项目学评设计是重点,也就是项目设计的主题是什么。起初我们的认识理解也存在一定的误区,以为设计一个活动,或者切换一个场景,跨越一个区域,就是真实的情境,就是项目学评的设计。现在我们更为注重直接利用身边的真实的现实生活,以学生现实的生活为真实的情境,契合时下的教育主题、文化传统来进行主题设计,现今形成了6个相对成熟的情境主题。

表3-1-3　语文组各年级真实情境评价任务

年级	主题	教材链接
一年级	春天在哪里	统编语文教科书一年级下册第一单元、第二单元"日积月累"
二年级	精养一朵花,守护纯色	统编语文教科书二年级下册第一单元"春天"
三年级	春游去哪儿玩	统编语文教科书三年级下册第一单元口语交际《春游去哪儿玩》、第一单元习作《我的植物朋友》
四年级	春茶知多少,你问我答探茶去	统编语文教科书四年级下册第二单元"快乐读书吧""十万个为什么"
五年级	以"茗"之名,循着茶香去旅行	统编语文教科书五年级下册第三单元《遨游汉字王国》
六年级	茶之初、茶之道、茶之悟	统编语文教科书六年级下册第六单元《综合学习:难忘小学生活》

(2)学科融合为基点

项目学评重视学科的整合,学评内容的设计并不是单一的学科类知识,更注重强调知识与知识之间、学科与学科之间的综合,需要借助多学科知识进行对信息的综合分析与处理。我们在"春天的茶"项目活动中,一个主题下面会分设多个内容板块,每个板块又对应主题设计不同的问题任务,学生需要用已经学会的学科知识来解决。

在任务清单(表3-1-4)里,我们看到学生需要运用数学学科的统计与概率知识对数据进行收集处理;需要用科学学科来解决问题;需要运用美术学科的艺术鉴赏与创造力进行创造发挥;需要用语文学科的阅读理解表达能力进行演讲或创作。这样的过程尤其需要学生团队协作,合作互助,共同来商议解决问题。

第三章　指向学科素养的过程性评价

表3-1-4　学科融合任务清单

年级	活动内容列举	整合学科
一年级	第二站　春景我来画	语文、美术
二年级	第三站　春天记录写作团	语文、美术
三年级	第三站　春天文化馆	语文、美术、科学
四年级	第四站　问茶整理室	语文、科学
五年级	第三站　茶叶王国档案馆	语文、数学、美术
六年级	第一站　茶之初	语文、美术、音乐、信息技术

(3)精准评价为关键

项目学评中如何精准评价至关重要,针对每个不同的任务,我们要明确建立评价的标准、评价的方式。为此,我们会将每一个板块内容,比如,项目分类、合作要求、任务分解、目标达成等一一细化,并据此评价(表3-1-5)。如五年级活动主题下的板块四标准。当然,活动最后的综合性评估,还要结合评价单中的星级数量进行综合评定,最终记录在综合素质评价手册之中。基于真实情境问题的非纸笔评价改变了学生的学习方式,由个体学习发展为团队学习,激活学生的知识积累,激发学生的创造性思维,学生的行为态度、合作与宽容、自信心在这样的真实情境场域中得到进一步发挥。

表3-1-5　各年级细化评价标准

春之探秘第六关　我来评一评

项目	评价标准	自我评价	同伴评价	教师评价	家长评价
任务完成	完成任务时,有条理,会合理安排				

项目	评价标准	自我评价	同伴评价	教师评价	家长评价
展示交流	展示作品的时候,能对作品加以解读				
合作分享	在诗歌吟诵中,能配合小组认真完成				

优秀3 ★,良好2 ★,合格1 ★

第五站　汇报展示团

　　每个人的眼中,有不同的春色,请自信大方地将你眼中的春天告诉我们吧!朗诵汇报现在开始。

　　附评价量表:

评价维度	自我评价	小组评价	教师评价
能正确、流利地朗读文章	☆ ☆ ☆ ☆ ☆	☆ ☆ ☆ ☆ ☆	☆ ☆ ☆ ☆ ☆
能用优美语句描写春天景物	☆ ☆ ☆ ☆ ☆	☆ ☆ ☆ ☆ ☆	☆ ☆ ☆ ☆ ☆
能有感情地朗诵自己的作品	☆ ☆ ☆ ☆ ☆	☆ ☆ ☆ ☆ ☆	☆ ☆ ☆ ☆ ☆

春茶评价馆

项目	评价标准	自评	他评	师评
阅读书目	认真阅读相关书目,能从书中提取有用的信息			
资料的搜集与整理	能运用恰当的方式搜集资料,并有序地整理出来			

第三章　指向学科素养的过程性评价

素养本位的时代评价

项目	评价标准	自评	他评	师评
展示交流	能清楚地交流自己搜集的问题,并做出解答			

第六站　茶叶王国评价馆

项目	评价标准	自我评价	同伴评价	教师评价	家长评价
制订计划	小组分工明确,计划安排合理				
搜集资料整理资料	搜集资料的方法运用恰当,成果丰富,资料整理翔实完善				
展示交流	对整理后的资料进行分享,小组展示充分,有条理				
报告答辩	答辩过程中,全组分工明确,对所写报告熟悉,充满自信,研究结论有发现,有新意				

第四站　茶叶王国评价馆

项目	评价标准	自我评价	同伴评价	教师评价	家长评价
制订计划	小组分工明确,计划安排合理				

项目	评价标准	自我评价	同伴评价	教师评价	家长评价
搜集资料 整理资料	搜集资料的方法运用恰当,资料整理翔实、完善、有条理				
展示交流	对整理后的资料进行分享,小组展示充分,团队协作意识强				
多元展现	通过丰富多彩的展示形式,呈现春茶与"我"的成长之间的联系,有发现,有感悟,有创新,效果佳				

(三)评价效果

实施语文分项等级评价后,我们获得了显著的成果,具体体现在以下三方面:

1.语文学业水平大幅度提升

通过实行语文分项等级评价,学生的语文学业水平得到了显著的提高。在对比实施评价前后的学生成绩数据时,我们发现学生的阅读理解、写作表达等关键能力的平均分数和优秀率均有了明显的增长。这一变化不仅体现了语文分项等级评价在准确反映学生语文学习情况上的优势,也证明了其对于激励学生深入学习语文、提高语文成绩的积极作用。评价体系的针对性和实效性得到了充分验证,为学生的全面发展奠定了坚实的语文基础。

2.语文素养得到全面提升

语文分项等级评价不仅关注学生的学业成绩,更注重培养学生的语文素养。在评价过程中,我们鼓励学生广泛阅读、深入思考、精准表达,

第三章　指向学科素养的过程性评价

培养他们的语言感知、运用和创新能力。学生在这一过程中,不仅提升了基本的听、说、读、写能力,还形成了批判性思维、创新性思维等高阶语文素养。在面对各种语文学习任务时,学生能够更加自如地运用自己的语文素养,展现出较高的语文综合能力。

3.实践应用能力显著增强

语文分项等级评价还着重强调学生的实践应用能力。我们通过设计各种实际情境下的语文应用任务,如文学创作、新闻报道、演讲辩论等,鼓励学生在实践中学习、在应用中提升。学生在完成这些任务的过程中,不仅锻炼了自己的实际操作能力,也提高了解决实际问题的能力。以"春天记录写作团"活动为例,学生们积极参与采访、写作、编辑等各个环节,他们的语文实践应用能力得到了全面的锻炼和提升。这一成果不仅增强了学生的实践应用能力,也为他们未来的社会生活和职业发展奠定了坚实的语文基础。

二、数学学科评价实践

《义务教育数学课程标准(2022年版)》(以下简称"2022年版课标")指出,教师需要创设多元化的课程评价措施,带领学生在各种任务驱动中激发自我的参与力,唤醒学生的智慧学习力,最终带动学生理解知识,内化到自己的知识体系,发展数学核心素养。教学评价,是在系统地、科学地和全面地搜集、整理、处理和分析教育消息的基础上,对教育的价值做出判断的过程,目的在于促进教育改革,提高教育质量。目前,教育评价有广义和狭义两种。广义的教育评价包括对教育活动一切方面的评价;狭义的教育评价主要是对学生发展的评价,又称为学生评定。2022年版课标在对学生学习过程中的素养及其能力结构做了细致的划分,让施教者能在其影响下获得评价的系统参照,这与素养相对应,便于教师灵活运用。

(一)基于核心素养理念下的小学数学教学课程评价目标

根据小学生的心理特征和年龄特点,有效课堂的评价方式应该是别具一格,灵活多变的。在评价过程中,教师要逐步转变角色,从考官的角色逐渐转变到与学生合作,共同完成评价角色。凡是能达到检测目的,有助于激励学生学习和增强学生自信的评价,教师都可以使用。小学生喜欢有新意、生动活泼的课堂活动和评价方式,我们在课堂教学中要考虑到这些特点,老师在了解教学目标和内容的基础上,明确评价的内容和方式,尽量使评价和教学相吻合,使评价成为教学过程的有机组成部分,从而使评价在教学中有效实行。

1.反哺教学过程,提升学生核心素养

评价是小学数学不可或缺的重要内容,它能对教学全过程和结果进行有效的监控。通过评价能使学生在数学课程的学习过程中不断体验进步与成功,认识自我,建立自信,促进学生综合语言能力的全面发展;通过评价,教师能获得数学教学的反馈信息,对自己的教学行为进行反思和适当的调整,促进教师不断提高教育教学水平。

2.建构立体教学,实现教学评一致性

2022年版课标的各个年龄段阶段目标不等于各年龄末期学生发展的一个终极结果,“各年龄段典型表现”不是标尺,不是目标的分解或细化,是期望,是了解学生的参照。在进行学生成长性小学数学评价的过程中,不能把2022年版课标当作唯一标准。教师应在描述、分析、计划中重视学生的学习品质,思考如何帮助各年龄段学生在原有水平上提高和发展。

3.打造评价生态,构筑评价现代范式

教师应该明确学习的主体是学生,重视学生个人的独创和自主,最大限度地促进学生个性的和谐发展。单纯为学习而学习的做法,让练习离开了具体的语言大环境,导致数学启智课堂缺乏深度、温度和热度。教师应站在学生的角度去思考:哪些知识点学生已经掌握,不需要学习了,哪些知识孩子是一知半解的,哪些训练点需要加强,哪些重难点需要重点突破,学生喜欢用怎样的方式来学习,低年级学生注意力的“吸力点”在哪儿。教师要积极倾听学生的心声,了解学生的真实起点,正确把握学生特点,投生所好,选择孩子喜欢的方式对知识点和训练点进行有机地组合和嫁接,力争学习的轻负高效,并能时刻有欢声笑语。

(二)基于核心素养理念下的小学数学教学课程评价策略及实施

教师要将2022年版课标与小学数学评价相结合。相反,如果将小学数学与活动主题相结合,评价便具有片面性,教师则无法促使学生获得全面发展。所以,学生的评价应是整体的,我们在评价中不能割裂看待各素养及目标,应树立整体观念,融合各素养组织评价。评价学生发展的主体不一定是教师,在小学数学评价中,自我评价、同伴互评能体现学生间的相互关注、评价、欣赏、认同与接纳。2022年版课标指出要重视学生的学习品质,而反思就是一种帮助学生正确认识自我、促进发展的重要学习品质。教师和家长结合2022年版课标就可以大致判断出学生的最近发展区,提高学生的积极性,保护学习欲望。

1.关注真实学情,设计评价依据

在2022年版课标引导下,教师需要学会关注学情,进行多维课堂观察,以评促教,实现教评一致性。当前,关于评价内容和评价方式非常丰富,包括书面测验、口头测验、活动报告、课堂观察、课后访谈、课内外作业、成长记录等。我们区域中,在课堂观察方面有很多的实验项目设备,做过很多的实践研究,拥有良好的研究环境。评价依据不仅要关注学生知识技能的掌握,还要关注学生对基本思想的把握、基本活动经验的积累;不仅要关注学生分析问题、解决问题的能力,还要关注学生发现问题、提出问题的能力。评价结果的呈现与运用:第一学段的评价应以定性的描述性评价为主。在课堂上,我们主要看教评一致性,上课前,教师会预先进行前测,学生在课前对百数表的内容有初步感知,已经达成了;学生能通过自主探索的方式来验证找到的规律是否正确;不同水平的学生都能获得发展,比课前水平高。

在《找规律填数》一课中,数学教研团队就设计了自主探索的过程,从发现规律到验证规律。教师引导学生设计制作罗盘,提炼出规律。根据前测,对70%的学生来说,脑中已经有罗盘,再灵活运用规律。教师设计环节利用实物展示,帮助30%的学生,也能顺利找到藏宝点。让不同层次的孩子都能实现目标。在作业与课堂交互的环节,这四个图形也对应了不同的层次,正方形指向单一规律的应用,五角星对应两条规律的组合运用,三角形对应设计简单路径的运用,圆对应多条路径的组合运用,帮助学生到达更高的发展水平。同时,也从罗盘3×3的九宫格中,扩展到了4×4,也可以是5×5,就是n×n的模型,当n是10的时候,就是整张百数表,也即掌握了整张百数表的规律,也能快速根据规律找到数字了。

整节课的活动环节,都请学生自评,评价自己的掌握程度。全部理解明白是笑脸,完全没有明白是哭脸。调查发现大部分学生在课堂中的学习体验都很好,有三位同学觉得自己没有学会,这就是我们课后需要个别了解、辅导的学生,实现了精准教学。我们还设计了课后问卷,这三个问题也与教学目标对应起来。根据学生的自评,教学目标1的达成度是77.4%,教学目标2的达成度是80.6%,教学目标3的达成度是87.1%。这是从学生的自我评价出发,从实际的作业水平出发评价掌握程度。教师选择最有代表性的一题练习进行分析,只有三位同学出现了错误,其他均全对,这三位同学就是这种类型,需着重个辅的学生。

前测应用档案袋评价也可称为学生学习成长记录袋评价。档案袋用于收集学生作业,通常为学生的较好作业。在他们的学习过程中,学生从所完成的作业中,选出比较特殊的几份,并且对所学到的东西和学习的方法加以反思。学习档案可以展示学生在努力学习后所取得的进步和成绩,同时学生也可以思考他们学到了什么和他们是如何学习的这一过程,学生增强了对自己能力的自豪感和自信心。学习档案也为老师、家长提供了学生进步的记录。

2.立足分层阶梯,关注评价标准

评价标准对应2022年版课标要求做出细致的罗列。作为一项评价工具,每一条表现水平都被清晰地解读,可以让教师熟知指标内容,横向指向学生群体发展水平与年龄变化;纵向指向一条指标由多个维度构成。评价标准并不是为了评判学生是否达标,而是为了呈现学生个性化的成长轨迹,让教师和家长在评价过程中逐渐呈现出"有个性、有能力"的学生形象。

审视现在的数学课堂,不少老师在设计评价活动时往往不顾学段特点,不管是低段还是中段,设计的都是一个模式。笔者认为数学教学要根据学生的认知水平和数学学习特点,从能力发展的角度出发,遵循不同学段的不同训练形式规律,让学生由初步感受上升到逐渐领悟,由感性认识上升到理性认识。

表3-1-6　一、二学段细化评价标准

教学学段	学习能力发展	评价的训练形式
第一学段	感知—积累	轻讲重读,加大动手力度,形成初步的数感
第二学段	理解—内化	读悟结合,说写结合,进行数学的理解和感悟

笔者创编数学绘本,是将抽象的评价标准变为具体可操作的一种方法。低段老师创编了《快乐的动物园》,憨态可掬的小动物中蕴含着估测、比较等数学知识;中年级老师创编了数学绘本《生日宴会》,以生日Party为情境,为我们讲解了重量、周长等数学知识,还绘制了数学绘本《烧烤大Party》,从"准备材料""货比三家""精打细算",到"使用会员卡""环保小贴士",每页内容中都蕴藏着有趣的数学知识。

3.基于课堂行进,动态融入支架

数学教育评价是教育的重要组成部分,是对学生成长的辅助手段。在正确的评价下,学生可以获得自我认知的变革,同时在家庭和学校之间形成互动媒介。在2022年版课标下带来评价的现代化,而不是盲目判定学生是否达标。如果教师只注重小学数学的美观性,忽视"如何促进学生发展",只会让小学数学评价流于形式。小学数学的最终目的是促进学生发展,教师应在学生一日生活中及时捕捉学生的闪光点,以评价为手段,既了解学生现有水平,更关注其发展的速度、特点和倾向,以学生的成长经历推动学生个性化发展。

数学绘本在阅读中需要合理组织,才能激活学生的数学阅读力。教师需要结合学生的年龄、学生的数学基础,在各种创意化的评价方法下,激活学生的数学思维,实现数学学习的正能量积累,从而获得数学智慧的萌芽。基于此,教师们尝试针对数学绘本阅读导读进行改变,探索以"四色作业记录卡"为载体的多重导读策略。四色记录卡采用四种颜色制作而成的小卡片,引领学生以记录卡上的内容为线索,进行同步作业设计,辅佐数学绘本阅读,并以涂鸦的方式用图画、符号、文字等快速简洁地记录感受和想法。

表3-1-7 "四色作业记录卡"具体指向

红色"收获"作业卡	作业中,供学生记录自己游戏时的心情与感受,评判自己或他人的数学绘本阅读成果
蓝色"挑战"作业卡	作业中,供学生记录自己解惑的过程,与同伴分享自己的数学绘本阅读经验,展示自己的挑战过程
绿色"计划"作业卡	作业中,供学生记录自己在数学绘本阅读时的新想法,如打算尝试某种新玩法或需要增加某种新材料等
黄色"问题"作业卡	作业中,供学生记录自己或同伴在数学绘本阅读过程中出现的新问题、新困难,从而向老师和同伴发起求助

　　学生根据自己的兴趣爱好,在自由选择、自主探索、自发交往和发展的阅读活动中,对自己数学绘本阅读活动过程及作业结果逐一展示,其中包括教师情感的体验、同伴以及师生互动的交流和讨论解决问题的过程,最终提高数学绘本阅读的自我作业完成能力和展示阅读能力。

　　4.调整细节差异,提升评价效度

　　2022年版课标的实践,我们明确了小学数学评价是针对学生成长、进步、努力,进行多层面的材料收集,再对学生的发展和成就进行评估的过程。评价应以过程性评价为主,适当地、辩证地兼顾结果性评价。小学数学评价作为多功能的学生发展评价工具,其中应包括学生成长与教育活动、同伴评价与自我评价、家长评价与对话、阶段性评估四大组成部分。

统计主要是数据处理,即根据现有的数据用点来描述,了解它的分布情况,并进行分段,把各段的情况用统计表的形式反映出来。结合课程目标,统计又有了新的要求。需要让学生经历问题调查的过程,要让学生经历调查问卷的设计,把调查的结果用统计表(复式)的形式表示出来,制作成条形统计图(单式或复式),对图中的信息进行比较与分析,并做出一些初步的统计推断。

如在参与亚运会志愿者服装的调查表设计中,调查统计志愿者的身高,绘制统计图,根据身高匹配对应的服装尺码,提出合理的进货建议。亚组委打算进1000件志愿者服装,服装尺码与身高对照情况如下表:

	小码	中码	大码	加大码
标签	165 cm	170 cm	175 cm	180 cm
适合身高/cm	163~167	168~172	173~177	178~182

进货前,亚组委从志愿者中随意抽取了200名男性调查了身高,统计结果如下表:

身高/cm	163以下	163~167	168~172	173~177	178~182	182以上
人数/人	3	27	74	68	23	5

(1)根据统计表制作条形统计图。制作完成后,你有什么发现?

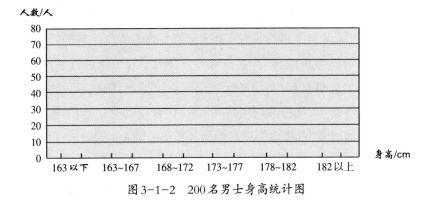

图3-1-2 200名男士身高统计图

（2）你对进货的尺码有什么建议？每种尺码的服装各进多少件比较合适？

（3）统计结果对亚组委今后有什么作用？具体评价过程如下：

学生对照每一个星级的评价标准，通过自评和他评，能更清晰地了解到主题活动中呈现的数学性、科学性和创造性的内涵。在主题活动中，生生合作，生生互评，向自己的同伴借智慧，借鉴同学的长处，有助于下一次主题活动时，更好地提升学习。

表3-1-8 主题活动评价标准

	☆☆☆	☆☆	☆	自评	同桌评	小组评
数学性	能根据数据正确、美观地绘制条形统计图	能根据数据正确地绘制条形统计图，缺乏美观性	根据数据不能正确地绘制条形统计图	☆☆☆	☆☆☆	☆☆☆
科学性	能对数据进行科学合理的分析，得出合情合理的结论	能对数据进行较为科学合理的分析，得出结论	对数据不能进行科学合理的分析，结论不合理	☆☆☆	☆☆☆	☆☆☆
创造性	能对亚组委提出非常有价值的合理建议	能对亚组委提出合理建议	不能对亚组委提出合理建议	☆☆☆	☆☆☆	☆☆☆

在学生已经接触过简易统计表的基础上,教师引导学生根据所学知识,尝试按照情境自主进行设计,并结合相关的图形自己来进行科学分析。通过引导学生积极参与,学会从各方面入手对数据进行系统分析,然后在数据的处理过程中,引导学生学会系统整理,积累不同的数据并处理分析。当学生对统计图表的分析到一定程度的时候,数学核心素养就有了一定的提高,自己也会灵活参与各种统计图表的设计。

(三)基于核心素养理念下的小学数学教学课程评价效果

通过学习2022年版课标,提升了教师评价学生的客观性,学习以课标为依据,以学生发展为证据,对学生的学习方式、学习过程、学习品质进行关注,了解学生在各方面的发展水平和进步,对学生进行纵向评价。通过数学评价立体地深入探究,教师开始有意识地关注学生探索的过程,真正地审视2022年版课标中隐性评价标准。

1.以评促学,提升教师的教学调控力

学生在学习活动中不断地取得成就并受到奖励,这有利于培养学生乐观、进取和勤奋的人格;反之,儿童则容易形成自卑心理。因此教师在评价学生时,需时刻注意以表扬、奖励为主,批评、惩罚为辅。不过这并不意味着教师可以滥用表扬、批评或者可以对学生的错误睁一只眼闭一只眼。奖励虽然能增强学生的学习动机,但如果使用不当也可能会降低学生的学习动机或使学生变得骄傲,因此要注意使用的分寸。教师应为每个学生建立一份学习档案,将每期学生的自评、互评、教师评价、家长评价进行汇总并做出学期综合性评价。

2.以评润能,改善学生的学习自信力

学生的能力因为与自信水平息息相关,能力的提升可以增强学习自信;学习自信反过来也能促进能力的提升。皮格玛利翁效应及教学实践证明:让每位学生都能得高分,都有机会得高分,能让学生感受到自我的价值,体验成功的喜悦,可以激发其学习数学的兴趣,提高学习的积极性。比如,规定满分为100分或者5星,实际操作时可以超过100分或5星。如在星级评价时,可用不同形式代表不同等级,可有代换式,如依次向上的顺序为:奖励一次得一颗星星,得两颗星星换一颗红星,得五颗红星换一面红旗,得五面红旗换一朵红花或笑脸;也可每表现好一次得五角星中的一角,直到得满五角,奖励其一颗纸星星。星星评价法较为实用,一是因为操作简单,二是因为它的独特之处:全面性和全程性。它为每一个学生提供了获得成功的机会。无论是谁,都希望被肯定;无论是谁,身上都有闪光点。星星评价法能促进学生积极学习的态度,并且让他们亲眼看见自己的进步。

3. 以评提智,优化教学的一体化进程

在一次次评价反馈的过程中,教学相长,提升智慧。课堂评价是教与学的双向评价,在对学生进行全面评价的同时,它能促使教师更全面、更深入和更细致地对自己的教学行为进行反思,并进行适当的调整,还能促进教师不断提高自身的教育教学水平。对于学生,既对自己学习过程的评价形成责任感,又增加了学习数学的兴趣。运用课堂教学评价,可以培养自己正确的学习观,树立自信心,促进学生的发展。老师在使用评价时,应该多表扬。对于接受慢的学生,老师要找到闪光点来表扬;对于接受快的学生,不应该因为他一直表现好而忽视表扬。这样使每个孩子都能享受到被赏识的快乐,享受到成功的喜悦,让他们在快乐中不断发展,不断成长。千里之行始于足下,让我们本着发挥学生主体地位等原则,在平时的教学中对课堂教学评价进行更深更细的探索。

践行2022年版课标,更好地优化了评价活动的实施。本校通过聚焦小学数学评价的思考与探究,保证了教师的用心和专业并改变了教育观念;学生感受到了家长和老师对自己的关注和期待,并努力朝着家长与教师期待的方向发展;教师检视了专业知识,促进教师自我反思,在看到学生的成长和家长的肯定后,收获了职业幸福感。

三、英语学科评价实践

(一)评价目标

随着《义务教育英语课程标准(2022年版)》的颁布,通过"教—学—评"一体化促进学生英语核心素养的发展显得尤为重要,而评价目标的设定会在很大程度上影响学生英语核心素养的发展。以下是本校英语学科评价目标的探索。

1.以英语学科核心素养发展为本

随着义务教育英语课程标准的不断改革和推进,英语教学应进一步发挥其育人功能,培养和发展学生的语言能力、文化意识、思维品质和学习能力等核心素养。评价目标旨在促进学生全面、健康而有个性地发展,最终落实立德树人的根本任务。

2.坚持"教—学—评"一体化原则

评价目标的设定应坚持"教—学—评"一体化原则。评价目标和评价方式应与课程目标保持一致,评价结果应为后续的教学决策提供依据。教师要提供针对性强的描述性评价结果和及时、准确地反馈,促进学生的学习。

3.多元评价方式促进动态增值

教学评价应采用多种评价方式和手段,体现多渠道、多层次、多方式的特点,将形成性评价与终结性评价相结合。评价主体多元化,评价全面、准确和灵活,从而促进英语学科素养动态增值。

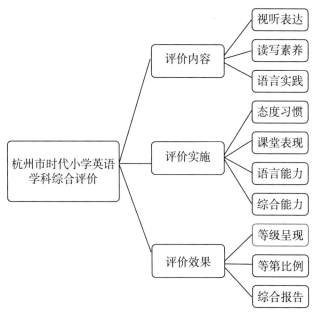

图3-1-3 本校英语学科综合评价框架图

(二)评价内容及标准的制定

立足浙江省《小学生综合评价改革的指导意见》和新课程标准的英语学业质量水平要求，将视听理解、口头表达、阅读理解、书面表达和综合语言实践五方面整合成视听表达、读写素养和语言实践这三大维度。视听表达是指学生运用英文进行沟通和交流的能力，主要分为视听理解和口头表达两部分内容。读写素养是指学生阅读与写作能力，主要分为阅读理解和书面表达两部分内容。语言实践是指学生融会贯通所学知识，在校内外的学习活动中进行创造性的实践。

评价标准是以核心素养为主要维度，结合课程内容，对学生学业成就具体表现进行的整体刻画。本校评价标准以学生在语言能力、文化意识、思维品质和学习能力等方面的核心素养及其年级目标为基础，从学生应达成的素养角度描述整个年级的学业具体评价标准。部分评价标准示意图如下：

视听表达	视听理解	A	理解基本的日常用语，听懂日常指令，并及时做出反应；在图片和动作的提示下，能听懂简单的故事并做出反应；观看简单的音视频材料，理解大意，每段视听时间不少于60分钟
		B	理解基本的日常用语，听懂简单指令，在图片和动作的提示下，基本能听懂的故事，并做出反应；观看简单的音视频材料，理解大意，每段视听时间不少于45分钟
		C	理解大部分日常用语和指令，在老师帮助下能听懂故事的大部分内容；观看简单的音视频材料，理解大意，每段视听时间不少于30分钟
		D	对大部分日常用语和指令，不能及时做出反应；在图片和动作的提示下，不能听懂故事的大部分内容；观看简单的音视频材料，理解大意，每段视听时间不少于30分钟
	口头表达	A	能围绕相关主题，运用所学语言，进行简单交流，表达情感和喜好；语言达意，语调优美；能演唱所学的简单英文歌曲；能声情并茂诵读音视频材料，模仿录音正确朗读课文；能流利地描述事件或讲述小故事
		B	能围绕相关主题，运用所学语言，进行简单交流，语言基本达意，语调正确；能跟读所学的简单英文歌曲；能跟读音视频材料，正确朗读课文；能口头描述事件或讲述小故事
		C	能围绕相关主题，运用所学语言，进行简单交流，语言表达偶有错误；能演唱大部分所学的简单英文歌曲；偶有错误；口头描述事件或讲述小故事有困难
		D	不能围绕相关主题进行简单交流，表达时经常有误；只能演唱少部分所学的简单英文歌曲；不能正确跟唱音视频材料正确朗读课文；口头描述事件或讲述小故事有较大困难

图 3-1-4　评价标准局部图（1）

读写素养	阅读理解	A	能通过阅读语篇，理解大意，获取关键信息；能联系上下文，推测未知信息；能熟练运用一定的阅读策略和技巧，对信息进行分类归纳；能坚持课外阅读累计超过5000词
		B	能通过阅读语篇，理解大意，获取基本（部分，不能获取）信息；能联系上下文，大致推测未知信息；能运用一定的阅读策略和技巧，对信息进行大致分类归纳；能坚持课外阅读累计超过4000~5000词
		C	能通过阅读语篇，理解大意，获取部分信息；能在帮助下运用一定的阅读策略和技巧，对信息进行大致分类归纳；能坚持课外阅读累计超过3000~4000词
		D	通过阅读语篇，无法理解大意，获取相关信息；不能联系上下文，不会推测信息；能在帮助下运用阅读策略和技巧，无法对信息进行分类归纳；能坚持课外阅读累计超过低于3000词
	书面表达	A	能准确使用图片，按要求就图片、标点符号，进行得体描述；能正确使用大小写字母、标点符号，拼写正确，句子形式正确；格式规范，书写美观，内容具有完整性、逻辑性和丰富性
		B	能准确使用图片，按要求就图片、标点符号，进行大概描述；能正确使用大小写字母、标点符号，拼写正确，句子形式基本正确；格式较为整齐，书写较为整齐，内容具有完整性、逻辑性
		C	能准确使用图片，在帮助下按要求就图片、主题或范例等所给信息，进行部分描述；能基本正确使用大小写字母、标点符号，拼写正确，句子形式基本正确；格式基本规范，书写较为整齐，内容比较完整
		D	描述不清，不能按要求就图片、主题或范例等所给信息进行描述；大小写字母不分、标点符号使用明显错误，拼写错误多，句子形式不正确；格式不规范，书写潦草，内容不完整

图 3-1-5　评价标准局部图（2）

(三)评价策略及实施

立足新版《义务教育英语学科课程标准（2022年版）》，以区域评价方案为指南，英语组老师树立科学的英语评价观，多维度描述学生的成长过程和学习成效,加强过程性评价和实践操作评价。我们试图从不同角度以不同的方式,探讨促进学生发展的评价策略。在实施评价时,我们重视多种评价方式的有机融合。评价方式灵活多样,主要的做法是将过程性评价与结果性评价、形成性评价与终结性评价、纸笔化测试与表现性评价相结合。教师使用多元的评价方法:如日常观察、过程记录、展示分享、量表评估、纸笔测试,非纸笔测试等。我们还坚持将过程性评价融入英语教学的全过程。英语学科中,本校的过程性评价主要包括学习态度习惯评价、课堂评价、英语知识能力评价、综合实践活动评价。

1.态度习惯评价策略

态度习惯评价是对学生的英语学习的习惯养成、英语学习的态度进行评价指导和改进。根据1—6年级学生的年龄特点和心理特征,我们制定了各年级学生需要养成的学习习惯和应该具备的学习态度。从学习兴趣、课前准备、课堂表现和课后活动几方面进行考查评价,激发学生的英语学习兴趣,引导学生做好充足的课前准备。课堂上能够认真倾听,积极主动参与课堂活动,努力做到指读,先听后模仿,大胆自信地表达,养成正确的英语学习习惯。课后能主动复习学习内容,完成相关的诵读活动,为高年级的英语学习做好准备。

对照《义务教育英语课程标准(2022年版)》一级和二级学段学习能力指标,我们在设定高年级的态度习惯评价准则时,在调整低段的态度习惯的基础上,还把书写态度习惯、自信表达、使用工具学会自主学习等设为评价的一部分,充分尊重学生的认知水平和年龄差异特征。主要借助"我的成长"记载卡来帮助学生养成良好的英语学科学习习惯,让学生在成长反思中形成正确的学习态度。

本校英语老师尝试在不同年级制定和设计不同类型的学生成长评价卡。低年级的成长卡往往采用感官性较强的方式,如图画、画星、涂卡、爬表格等,充满童真趣味。

班级:＿＿＿＿＿＿		姓名:＿＿＿＿＿＿	学号:＿＿＿＿＿＿	
U1 Lesson 1	U1 Lesson 2	U1 Lesson 3	U1 Story Time	单元评价
☆☆☆	☆☆☆	☆☆☆	☆☆☆	我:
				家长:

每读完一课时,请将相应的星星涂满,请家长在星星下的方框里签字。
★听录音,然后跟读、指读
★★能够独立朗读、指读,朗读正确,能模仿录音
★★★能模仿录音,朗读,指读熟练,流畅,生动

图3-1-6 低年级单元听读评价单

　　高年级的学生更具学习自主性,教师在成长卡的评价设计上往往给学生留有更多的自主发挥空间。例如,本校六年级英语老师在学期初带领学生应用KISS工具,激发学生成为学习的主人。教师在学期初送给每个学生一本笔记本,引导学生在封面做学期KISS计划。具体做法是:学生对自己的英语学习进行分析,确定优点和不足,并且近期想在哪些方面进行提高,根据学生的反思(部分可以是教师建议),每个月进行一次计划复盘。学生根据自己的实际情况制定目标,设定英语学习的评价标准,并通过复盘实现自我反思与改进,逐渐增强学习的自主性。(KISS是一种行动计划工具,K代表KEEP —— 保持:过去做得比较好的事情,新的一学期要坚持下去;I代表IMPROVE —— 改善:过去已经在做,但是仍有进步空间的事情;S代表STOP —— 停止:终止一个坏习惯;第二个S代表START —— 开始:开启一件全新的任务,拓展自己的可能性。)

　　2.课堂表现评价策略

　　(1)课堂即时评价。课堂是实施教学的主要阵地,也是评价发生的重要阵地。在英语课堂上,即时评价是教师最常使用的评价,包括教师评价和学生评价。恰当、即时、鼓励性的即时评价能够给予学生积极向上的能量,激发他们的创造性和批判性思维。我们采用的即时评价的方

式多样,有口头评价、体态评价、小组评价等。考虑到一至六年级学生的知识水平和年龄特征,教师采取即时评价的方式也不同。比如,低年级的学生,教师使用到的口头评价尽量简单,表情会夸张一点,经常会使用到"Great!""Good job.""Well done.""Super.""Nice.""Excellent."等概括性较强的简单用语,同时教师还常常佐以适当的体态评价,如摸摸学生的头、轻拍学生的肩膀、竖起大拇指、鼓掌等。让学生接收到教师给出的即时评价,以此激励他们的学习。对于高年级的学生,即时评价的方式则会更加具有针对性,让评价更加具体。教师往往会采用完整的句子进行评价。比如,"What a great idea!""You are so wonderful.""You did a really great job." "You can read this part so well. I am so proud of you." "Thanks for your lovely idea. But I think It will be better if you can..."等。对于年级越高的学生,评价激励和诊断作用固然也很重要,但我们更要发挥评价促发展的作用,以评价促进学生高阶思维和批判性思维的发展。针对英语不同语篇的学习,我们会有相应的评价表,比如,听说课,我们侧重对学生的口语交际、语音语调、大方表达进行评价;阅读课型,我们重视学生阅读策略的提升和阅读思维的发展;故事拓展课,我们会从故事理解、故事演绎、情感表达等方面进行课堂的师评、互评和自评。

(2)课堂观察记录。为了使过程性评价更具数据说服力,教师在课堂上采用的另外一种评价方式是课堂观察记录。学期伊始,教师对全体学生进行课堂观察记录内容说明,并约定教师登记的准则和方式。教师记录的内容多以概括性评价为主,辅以针对性的具体评价。比如,发言特别有想法和创意;表演投入,情感丰富;发言不够自信;参与活动还不够积极等。根据课堂具体情况,教师利用下课前的一两分钟时间进行课堂观察记录评价的反馈,让学生大概了解自己在这一节课(或者学习周期)的优点以及可以改进的地方。高段也会让学生参与自我观察记录,涉及内容有课前准备、课堂表现和课后作业等多方面。

学号+姓名：_____　　六年级下　英语　第_____周学习情况反馈

项目	内容	自评 （做到的请打钩， 未做到的请注明）		
课前准备	学习材料			
课堂表现	1.认真倾听			
	2.积极思考			
	3.得体表达			
	4.合作学习			
	5.做好笔记			
作业情况	1.认真书写			
	2.按时上交			
	3.及时清订			
家长留言				

图 3-1-7　高年级学习情况周反馈单

3.学业水平评价

英语学科的核心素养包括语言能力、思维品质、文化品格和学习能力四方面。语言能力就是用语言做事的能力，涉及语言知识、语言意识和语感、语言技能、交际策略等。《义务教育英语课程标准（2022年版）》要求我们培养学生的综合语言能力，通过语言能力的学习发展其他核心素养。因此，对学生学业水平的评价成为重要的一个部分。

为了更好地落实对学生语言能力的考查和评价，本校教师以单元为一个评价周期，通过课堂评价、作业练习评价（课堂小练笔和单元练习）、学生自主评价、家校共评等方式设计单元语言能力评价表。教师通过课堂情况记录、作业数据反馈以及家校联合评价对每位学生形成一个单元的语言能力评价，以此帮助学生发现单元语言能力上存在的优点和不足，及时反思并做出学习方法和策略的调整，以便提高下个阶段的学习。

比如，本校教师为每个单元的语言能力发展设计一份评价单，内容包

第三章　指向学科素养的过程性评价

括:态度习惯、视听表达、读写素养和语言实践,涵盖单元核心词汇、重点句型、语法知识、语音知识、书写技能等。如下图所示:

Unit 1 Keeping Healthy

Class_____ Name_____ No._____

	视听表达	读写素养	语言实践	总评	等级
分项等级					

图 3-1-8　单元学业水平评价单

通过单元学业水平评价单,我们可以对学生每单元的知识掌握情况有比较全面的了解和把控,教师进行等级制的评价,学生对自己的单元学习情况进行自主评价,同时家长对学生进行评价,通过多元的评价方式,促使学生进行反思,从而能对学习过程中的自主学习方法、效果等进行正确评价并调整学习策略,便于后期学习的改进。

4.综合能力评价策略

学生英语学科核心素养的很多内容很难通过简单的语言知识进行评价,因此需要采用多元的评价方式。我们不仅需要收集学生的学习结果,更需要明白学生学习的过程。将纸笔测试和表现性评价、过程性评价与结果性评价、形成性评价与终结性评价相结合是科学的评价发展需要。

为了给学生提供更多的语言运用机会,我们鼓励学生积极参加各类英语实践活动,使学生通过真实的语言体验,参与、实践发展英语学科核心素养。比如,本校一年一度的丑小鸭英语节,每学期的四季课程学科项目化学习、学科综合实践类活动、低年级期末非纸笔测试活动,还有区域书画比赛、英语戏剧节、市区校主题演讲比赛等。我们把学生核心素养的发展融入综合实践活动中,在活动中以动态、多元、发展的目的对学生进行评价。

本校每年的丑小鸭英语节都有不同的主题。活动的流程为:动员—申报—准备—参赛—评选—展评—表彰的流程,根据活动主题和流程,我们设定相应的活动评价单。例如,本校开展的"重走学森路"英语节主题活动评价单。

表3-1-9　单元学业水平评价单

杭州市时代小学丑小鸭英语节"重走学森路"			
	3 ★	2 ★	1 ★	感到困难
我知道活动主题和参与形式				
我积极主动参与活动				
我使用工具、认真准备参赛内容				
我知道了哪些钱学森爷爷的故事				
我最喜欢的作品是(原因):				

又如,"四季课程之秋天的果"学科项目化学习,五年级新起点英语教材第四单元主题 Shopping Day,主要学习内容为与购物有关的话题,会询问和回答物品的价格,能读懂与购物有关的对话,并且能在相应的语境中运用购物的交际用语。根据《义务教育英语课程标准(2022年版)》要求,五年级学生要学会应用文写作,如活动通知、活动安排与计划、宣传海报、规则、问卷等语篇类型。在语用知识内容上,需要在具体语境中,如购物、打电话、问路等,与他人进行得体交流。语言技能内容要求在老师的指导下起草和修改作文,书面表达中正确使用标点符号,用词准确,表达通顺,格式规范。教师设计三个单元子任务来达成素养项目化实践活动目标:策划果园之行通知(notice),水果介绍(fruits and health),水果市场(shopping),每一个子任务都有相应的活动评价表。以任务一为例:

表3-1-10　任务一:A plan to the fruit garden（评价单）

评价内容	自我评价	小组评价	老师评价	备注
我知道英语通知单的格式				
我设计出了通知单				
我对通知进行了哪些优化				
我对通知单很满意				

结合英语学科,本校开展丰富的综合实践活动,每次活动我们把对学生的素养评价融入其中,发挥评价的激励、促进作用。坚持评价与教学目标相融合,内容与形式相结合,充分体现教—学—评相一致。

(四)评价效果的呈现

基于评价方案的实施,本校英语学科评价结果融可视化、科学性和综合性为一体。

1.等级呈现。评价采用分项等级、客观记录或文字描述的方式进行,充分体现激励诊断的功能。用四个等级来体现学生的学业水平,同时用文字描述的形式记录分析学生的学习过程,尊重学生差异。

2.等第比例。分项等级评价的等第比例根据评价内容的难易程度及学习激励的需要来确定。如要进行学科总评,等第比例由学校根据本校实际确定优秀比例,实行总量控制。

3.综合报告。学校对学生的评价手册进行改革,建立网络评价平台,运用人工智能、大数据等现代信息技术,建立学生成长记录档案,全面呈现学生发展状况和努力方向,同时也为教师调整教学策略提供了依据和方向。如下图所示,本校期末六年级某班级学业分布柱状图。

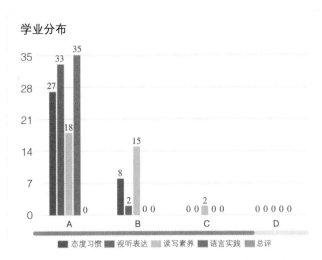

图3-1-9　本校期末六年级某班学业分布柱状图

本校英语组通过评价内容多维设计,评价主体多元实施,评价工具多样研制的评价系统,让学生体验英语学习的进步,提升学生的学习参与感,促进学生英语学习的兴趣和内驱力,在评价体系构建的过程中逐步改进。评价工作费时耗力,但又十分重要。教师对各种评价工具的运用、对评价量表的分析和反思需要做到熟练和有方法,不断完善评价体系,注意评价的量和度,是我们需要继续努力的方向。

四、科学学科评价实践

教学与评价是课程实施的两个重要环节。评价不仅监测教学效果,而且与教学过程相结合,以确保和促进学生的发展。小学科学教育的目的不仅是让学生掌握一定的科学知识,形成一定的科学观念,更重要的是促进学生科学思维、探究实践和态度责任的发展。评价一直是教育教学中的一个难题,而小学科学分项等级评价的相关研究更是凤毛麟角。因此,对小学科学分项等级评价的探索与实践,迫在眉睫。

(一)科学分项等级评价的目的

在新课标理念下,小学科学分项等级评价应坚持遵循"学评一致"的理念,将学习评价贯穿于学生科学学习的全过程中,充分突显评价的育人功能。①

1.变甄别为诊断与改进

让一般的人变得优秀,让优秀的人变得卓越,让不行变可行,才是评价的至高境界。小学科学分项等级评价是基于《义务教育科学课程标准(2022年版)》,将学习评价渗透在学习的各个活动要素中,进而精确掌握学情,挖掘学生潜能,促进学生主动发展的一种评价新方式。②

分项等级评价,以学生发展本位为出发点与归宿,以"浅看当下望将来"为评价立意,全面系统立体地对学生进行评价,细化分项内容,填补缺失领域,构建完整的评价体系。分项评价可以在真正意义上实现评价的诊断、鉴定、判别、定义与激励的作用,在此基础上突显引领功能和价值取向,以期学有所评,评有所获,估有所长,建有所指,让评价始终走在学生发展的前面,保有学生发展的更多可能性。例如,课堂观察记录、项目化作业评价的方式可以真实地记录反映孩子的成长轨迹;实践能力测评、情景化测试等可以在任务驱动问题解决的过程中完成对学生的科学观念、探究实践和科学思维的立体式评价。

2.融评价与学习于一体

传统评价更多的是侧重于学业成绩的评价,小学科学分项等级评价构建了以培养核心素养为目的的评价内容,涵盖科学观念、探究实践、科学思维和态度责任四大素养,使评价更为全面立体,着眼人的整体发展。

因为分数评价和低结构的等级评价特点所致,传统评价更便于同伴之间的比较甚至实行班级或者年级的排名,大家所关注的往往是横向的充满不良竞争的"他较"。而分项等级评价因为评价分点布局,细化了评价的内容、创新了评价与呈现的方式,使得评估结果不易与他人进行比

① 金鑫,盛恬恬.基于"学评融合"的小学科学分项等级评价探索[J].江苏教育研究,2022(5B):54—57.

② 陈丽,施燕.学科分项等级评价的实践探索——以浙江省杭州市胜利实验学校为例[J].教学月刊(小学版数学),2022(07):15—17.

较,引导评价媒介使用者更好地进行自我审视与反思,进行深入的"我较"状态,纵向得出学生个体的成长增量与步伐,更有利于发挥评价的激励与指导功能,促使因评价导致的注重比拼到注重学生个体发展多样可能性的转变。

3.让评价更客观与精准

评价标准分为A、B、C三个等级,每个等级给出具体描述,便于操作。一般而言,A水平达到课程标准的高阶水平,视为优秀;B水平达到课程标准的中等水平,视为良好;C水平达到课程标准的低阶水平,视为合格。细致的划分等级,可以确保评价标准的清晰性和可测量性,从而客观地呈现出学生的学习状况。

此外,利用评价表单样式,方便教师以评价单为指导,及时记录各分项表现,力求精准地呈现学生学习全过程。表单既有定量评价(如课堂评价表、作业登记表),也有定性评价(如兴趣评价表、思维测评表和项目作业表),旨在使学生的成长趋势可视化,以便及时调整学习状态。

(二)科学分项等级评价的实施

小学科学分项等级评价依据《杭州市上城区小学生综合评价改革实施方案》,包括"学习兴趣""学习习惯""科学观念""科学思维"以及"探究实践"五方面,"学习兴趣"主要评价学生对科学学习的兴趣,也可评价学生对科学学习中的某些内容、某些学习活动的兴趣。"学习习惯"主要评价学生在学习科学时具有的如课前准备、认真倾听、器材整理、认真写作业等能够使科学学习效率提高的精神上的准备状态。"科学观念"是依据课程标准核心素养之一的科学观念目标,考查学生对教材要求的核心概念的掌握情况。"科学思维"是依据课程标准核心素养之一的科学思维目标,主要考查学生在模型建构、推理论证、创新思维等方面的达成情况。"探究实践"是依据课程标准核心素养之一的探究实践目标,考查学生在科学探究要素中探究技能的掌握和解决问题的达成情况。

在平时的操作中,"学习兴趣"和"学习习惯"的评价以过程性评价为主,较以往变化不大。而另外三个核心素养的落实,则需要从以往的终结性评价转向过程性评价。在实践过程中,我们巧用评价三表,落实科学素养:"科学观念"运用了"作业登记表"评价;"科学思维"运用了"思维测评表"评价;"探究实践"中每单元的项目化作业,通过"项目作业表"来评价。

1.运用"作业登记表",落实等级评价形成科学观念

科学观念是基础,也是实现其他核心素养的载体。作为核心素养的科学观念既包含对科学知识的认识,又包含对科学知识的应用。《义务教育科学课程标准(2022年版)》强调科学观念素养要培养学生学以致用的能力,特别是在新情境下运用所学知识解决问题的能力。

对于"科学观念"的评价,在实际实施过程中,主要包括过程性评价《科学作业本》、阶段性过关练习和终结性评价期末纸笔测查三类。这三类评价以学业质量标准作为检测的依据,设计学以致用的试题,考查学生迁移应用和在新情境下解决实际问题的能力,以体现素养导向,做到"教—学—评"一致。

在评价时,教师设有表格登记(如表3-1-11所示),方便查看学生的掌握情况,以便阶段性和期末统计。

表3-1-11 _____班科学"作业登记表"

学号	姓名	《科学作业本》			阶段性过关练习			期末纸笔测查	科学观念等级
		一单元	二单元	三单元	一单元	二单元	三单元		
1	……								
2	……								

备注:《科学作业本》单元正确率达到85%、75%、60%及以上,分别为A、B、C等,单课次A等标准为书写习惯良好;错误少于1处;1次完成订正。阶段过关练习,评定等级正确率同作业本单元评价。期末纸笔测查,视正确率而定等级。一学期共9个学习评价单位,达到7A及以上评定为A等,7B及以上评定为B等,7C及以上评定为C等。

学生的《科学作业本》封面上也贴有等级评价表,方便学生记录每一课的作业完成情况。

表3-1-12 　　　　　　　班科学"作业登记表"

可见的成长(三、四年级)

单元	1	2	3	4	5	6	7	8	单元	总评
一										
二										
三										

备注:学生《科学作业本》优秀记"A",良好记"B",合格记"C",订正通过后才赋予相应等级。

作业登记表除了登记作业成绩等级外,还需要及时记录学生作业中出现的问题,特别是比较典型的和带有普遍性的问题,以便及时进行全班讲评和个别指导,帮助学生掌握科学观念。

2.运用"思维测评表",设计梯度任务发展科学思维

科学思维的评价,是将隐性思维活动可视化的过程,这需要让学生置于一个具有科学元素的真实情境中,解决相关的问题,充分调动学生能力,才能展示科学思维的水平层级。[1]

与纸笔测试一般考查学生的科学知识、基本概念不同,科学思维的评测更多地需要通过论述、解释、方案设计、动手操作等试题,考查学生对科学概念的理解和解决问题的能力,因此应当融合在分析和解决实际问题的情境中去评测。

依据课程标准对科学思维的水平描述和探究实践的一般过程,我们设计了思维测评能力评价表,分观点表达、方案设计、实践运用和评价反思四个评价维度,针对高水平表现,设定评价内容,从而做出准确的评价

① 翁庆双,胡声伟.指向科学思维评价的试题命题立意探析——以2021年温州市初中科学学业水平考试第25题为例[J].物理教学探讨,2022(40):9—13.

第三章　指向学科素养的过程性评价

结果(如表3-1-13所示)。

表3-1-13 《运动和力》思维测评能力评价表

评价维度	高水平表现	评价内容	评价结果
观点表达	能对给出的情境进行深入思考,提出多种独特、科学合理的猜想或解决方向,能够合理预测可能出现的结果,对给出的观点进行合理质疑,表达清晰、精准	设计测量回形针重力的方法,能运用除法解决问题,并考虑到简便性	☆☆☆
方案设计	能结合实际情境和已有知识,设计出创新性、有原创性的解决方案,方案有效且可行,设计思路清晰、全面,表达方式多样、精确	1.设计思路正确(总重力减去借助物体重力),且可操作。2.方案设计与数据记录均体现重复实验	☆☆☆
实践运用	能选择合适的器材和多种形式的科学方法,获取有效信息,并能够灵活应用信息解决问题,方法多样,结论准确	1.每次使用测力计读数时,手都拿提环的位置。2.数值精准,且单位匹配	☆☆☆
评价反思	能够基于实验数据和分析结果,对方案进行深入分析和评价,提出创新性的改进和优化方案,并能够给出科学合理的解释,对探究过程进行深入反思和总结	对测力结果进行复盘,思考改进的方法	☆☆☆

  根据思维测评能力表,设计了表3-1-14的思维测评试题。该思维测评试题结合纸笔和实践测评,提供了一定的活动材料,让学生意识到自己在解决一个真实的任务,这样的评测就具有挑战性和吸引力。[①]

  ① 张忠华.基于实践指向的测评研究[J].湖北教育(科学课),2020(6):100—103.

表3-1-14 《运动和力》实践测评试题解析

一级指标	二级指标	试题内容	试题立意
操作理解	在理解的基础上正确操作器材,完成任务	测量1个螺母的重力: 请你利用该弹簧测力计测量出1个螺母的重力。 我测得1个螺母的重力为_____	这是基础活动,是教材内的活动,考查学生规范应用工具的能力
迁移应用	综合运用所学知识解决新情境下的实际问题	测量1颗钢珠的重力: 利用现有材料测量出1颗钢珠的重力。 (1)请你设计一种测量方法,用自己喜欢的方式简要地记录在方框中。 (2)用你设计的方法进行测量,在方框中记录相关数据。 (3)我测得1颗钢珠的重力为_____	这是拓展活动,考查学生面对实际问题如何解决的能力
		测量1个回形针的重力: 一个回形针的重力小于0.01N,用该测力计无法精准测量。请你想办法只利用回形针与该弹簧测力计,精准测量出1个回形针的重力。请用"图+文"的方式简单描述你的方法	这是测量钢珠活动的升级拓展活动,考查学生运用跨学科思维创造性解决问题的能力

从该例可以看出,通过提供有结构的材料,设计有梯度的实践任务,在真实情境中导向学生的思维创新和问题解决。教师通过该思维测评试题,从"操作理解"和"应用迁移"两个维度,对学生科学思维能力在观点表达、方案设计、实践运用、评价反思几个维度进行精准评价,从而有

效反映出学生在探究实践、科学思维等方面的水平,对仅靠纸笔测评反映学生科学素养提供了极好的补充。

3.运用"项目作业表",设计评价量规提升实践素养

探究实践是在了解和探索自然、获得科学知识、解决科学问题以及技术与工程实践过程中,形成的科学探究能力、技术与工程实践能力和自主学习能力。[①]

对于探究实践素养的考查,要设计便于探究和实践的任务,让学生运用所学的核心概念,使用相关材料和实验仪器,通过合理的过程,个人独立或小组合作解决所遇到的科学问题。在这样的立意要求下,项目化作业是目前较为合适的方式之一。

科学项目化作业不等于项目活动,它是一种以"项目"为载体,以自主、合作、探究为路径,检测学生对核心知识的理解和应用水平,并最终形成多样化成果的学习形式;也不等于常规性作业,它链接了真实的生活情境,实际上是一种深度学习。它强调基于真实的情境,解决真实的问题,发生真实的学习,旨在解决作业枯燥无味、思维较多停留于低阶层面等现实问题。[②]因此,我们在四年级下册每个单元都安排了1～2个单元的项目化作业(如表3-1-15所示)。

表3-1-15　小学科学四年级下册单元项目化作业安排表

单元	单元主题	聚焦主题	项目化作业内容
第一单元	植物的生长变化	植物种植养护	凤仙花种植手册
第二单元	电路	电路设计与应用	发光明信片设计师
			纸屋亮灯
第三单元	岩石与土壤	收集和鉴别岩矿	我的岩石和矿物标本

① 中华人民共和国教育部.义务教育科学课程标准(2022年版)[S].北京:北京师范大学出版社,2022:5.

② 刘茂勇.语文项目式作业:概念辨析和实践样态[J].教育视界,2022(32):18—21.

每个单元的项目化作业内容都设有活动单（如组图3-1-10所示）。

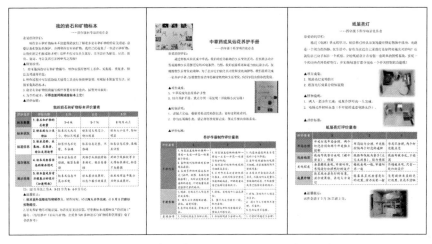

图3-1-10　小学科学四年级下册项目化作业内容组图

在每个评价任务中，会呈现不同的量规（如表3-1-16所示）来引领作业按时高质完成，同时通过评价引导学生怎么做才是对的，从而做到评学相促。不同于只简单评判是否达成目标的简单核查表，项目化作业将评分指标分配成具体分值，学生可以根据自身的实际情况进行对应的分值评价，并了解要想得到更好的评价可以从哪些方面进行改进等。这类分层式的评价量规分别将评价指标分为基础目标、提高目标和终极目标，可以让不同层次的孩子都找到自己能达成的目标及接下去需要努力的目标，有利于培养学生的层次思维。

表3-1-16　四年级下册电路单元《纸屋亮灯》项目化作业评价量表

评价 要素	★★★	★★	★	互评	师评
布局 合理	开关灯泡布局合理，两个灯泡分别由两个开关独立控制	布局较为合理，开关能控制两个灯泡的通断	布局不合理，两个灯泡能点亮	☆☆☆	☆☆☆

评价要素	★★★	★★	★	互评	师评
线路稳固	线路布线整齐美观（横平竖直），稳固	线路布线较为整齐（无交叉现象），较为稳固	线路布线杂乱，不稳固	☆☆☆	☆☆☆
美观程度	房屋精致美观，牢固耐用，有阅读灯和照明灯的设计	精致美观一般，牢固耐用一般	不精致美观，只有一处灯的设计	☆☆☆	☆☆☆
成果介绍	能呈现房屋亮灯的效果，演示效果佳，表达大方自信	能基本呈现房屋亮灯的效果，演示效果一般	没有提供房屋的亮灯效果，表达不清晰	☆☆☆	☆☆☆

(三)科学分项等级评价的效果

实施科学分项等级评价后,我们取得了显著的成效,主要体现在以下三方面:

1.科学学业成绩显著提高

通过实施科学分项等级评价,学生的科学学业成绩实现了显著的提升。在区域科学学业质量监测中,我们对比了实施评价前后的学生成绩数据,结果显示,学生的平均分数和优秀率均呈现出积极的增长趋势。这一成效不仅凸显了科学分项等级评价在精准反映学生学习状况方面的优势,也进一步证明了其对于激励学生努力学习、提升科学学业成绩的积极作用。评价体系的科学性和精准性得到了有效验证,为促进学生全面发展奠定了坚实基础。

2.科学思维得到全面发展

科学分项等级评价不仅关注学生的学业成绩,还注重培养学生的科学思维。通过评价,我们鼓励学生独立思考、分析问题、提出假设并进行实验验证。这一过程中,学生学会阅读、倾听、理解等基本能力,运用分析判断、比较归纳等初级科学思维,形成寻找证据、形成观点等高级思维方式。学生在面对区域学业质量监测时,能够更加从容地运用科学思维进行解决,提高了他们的科学素养。

3.实践能力得到有效提升

科学分项等级评价还注重培养学生的探究实践能力。通过设计具有挑战性的实验任务和项目作业,我们鼓励学生主动探索、动手实践,培养他们的实验设计和操作能力。在实施评价的过程中,学生积极参与实验活动,主动发现问题并寻求解决方案,他们的探究实践能力得到了有效提升。以"建造月球城市"模型项目化活动为例,学生们不再是被动的知识接受者,而是成了主动探索、勇于实践的小科学家。他们通过团队协作、创新思维和实际操作,成功完成了月球城市模型的建造,充分展示了他们的探究实践能力和创新精神。这一成果不仅提升了学生的实践能力,更为他们未来的科学研究和创新实践奠定了坚实的基础。

第二节　关注学习过程表现的学科评价

一、道德与法治表现性评价

评价是检验、提升教学质量的重要方式和手段。要充分发挥评价的诊断、激励和改善功能,促进学生发展和改进教师教学。学科教学评价主要涉及价值观念、学习态度、过程表现、学业成就等多方面,贯穿道德与法治课程学习的全过程和教学的各个环节,发挥以评促教、以评促学、以评育人的功能。在"双新"背景下,教育更加强调学生的综合素质和关键能力的培养。道德与法治表现性评价关注学生的全面发展,符合新时代教育的要求。道德与法治课程是培养学生核心素养的重要组成部分。通过表现性评价,可以更加准确地评估学生在道德认知、道德情感、道德行为等方面的表现,有助于培养学生的核心素养。道德与法治表现性评价鼓励学生参与评价过程,发挥学生的主体地位。通过自我评价和同伴评价,学生可以更加清晰地认识自己的优点和不足,促进自主学习和自我发展。

(一)评价目标体现思想性

道德与法治教育基于社会发展和学生成长的需要,以正确的政治思想、道德规范和法治观念对学生进行循序渐进的系统化教育,在道德教育中发挥法治对道德的促进作用,在法治教育中发挥道德对法治的滋养作用,使道德教育与法治教育相辅相成、相得益彰,培养学生成为担当民族复兴大任的时代新人。

道德与法治是义务教育阶段的思想政治课,旨在提升学生思想政治素质、道德修养、法治素养和人格修养等,增强学生做中国人的志气、骨气、底气,为培养以实现中华民族伟大复兴为己任的有理想、有本领、有担当的时代新人打下牢固的思想根基。课程具有政治性、思想性和综合性、实践性。

道德与法治学科以立德树人为根本任务,发挥课程的思想引领作用。以马克思列宁主义、毛泽东思想、邓小平理论、"三个代表"重要思想、科学发展观、习近平新时代中国特色社会主义思想为指导,引导学生理解和运用马克思主义的立场、观点、方法观察时代、把握时代、引领时代的意义,形成正确的世界观、人生观、价值观,践行和弘扬社会主义核心价值观,坚定理想信念,厚植爱国主义情怀,增进对伟大祖国、中华民族、中华文化、中国共产党、中国特色社会主义的高度认同,把爱国情、强国志、报国行自觉融入坚持和发展中国特色社会主义事业、建设社会主义现代化强国、实现中华民族伟大复兴的奋斗之中。坚持道德与法治课程的思想与价值引领,着力引导学生用理想之光照亮奋斗之路、用信仰之力开创美好未来,发挥道德与法治课程在落实立德树人根本任务中的关键作用。核心素养是课程育人价值的集中体现,是学生通过课程学习逐步形成的正确价值观、必备品格和关键能力。道德与法治课程要培养的核心素养,主要包括政治认同、道德修养、法治观念、健全人格、责任意识。它们都是在思想教育的统领之下的(如图3-2-1)。在道德与法治核心素养中,政治认同是社会主义建设者和接班人必须具备的思想前提,道德修养是立身成人之本,法治观念是行为的指引,健全人格是身心健康的体现,责任意识是担当民族复兴大任的时代新人的内在要求。

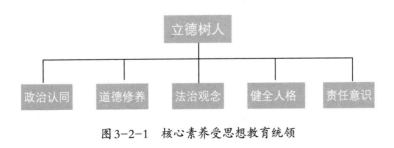

图3-2-1　核心素养受思想教育统领

（二）评价实施注重实践性

道德与法治课程评价要紧紧围绕学生核心素养,借助评价的引导作用,强化过程评价,促进学生的发展。

我们认为,只有注重实践性才能增强学生学习的理解与记忆。通过实践性教学,学生可以将道德与法治的理论知识与实际情境相结合,从而更深入地理解和记忆所学内容。实践往往比单纯的理论学习更能留下深刻的印象。只有在实践中才能培养学生解决问题的能力。实践性教学能够帮助学生将理论知识应用到实际生活中,从而培养他们解决实际问题的能力。为他们未来的学习和工作打下良好的基础。只有在实践中才能促进学生道德情感的培养。道德与法治课程不仅仅是传授知识,更重要的是培养学生的道德情感。通过实践性教学,学生可以更直接地感受到道德和法治的力量,从而更加自觉地践行道德准则。

根据《浙江省小学生综合评价的操作建议》,道德与法治学科从学习态度、认知水平和实践能力三方面进行评价。

1.学习态度评价数据化

学习态度主要评价学生参与课程学习活动的兴趣与习惯,需要通过对学生的外显的行为表现进行记录和汇总,实现具体化。

以五年级上为例,某一学期的学习态度评优有三个具体指标。指标一:一学期上课18周,共有36节课,评价手册确定认真做好开课前准备34次及以上,才能得优秀。指标二:全册共10课,10课的课内外作业均需按时完成。指标三:课堂学习认真投入,每一节课有2次以上发言。以上指标均以《学习活动册》记录、教师点名册记录为依据,具体、明确。

表3-2-1　学习态度评价标准

评价维度	评价等级	分项等级描述	评价方式
学习态度	优秀	1.34节课以上认真地做好课前准备,课内外作业10课按时完成。 2.能动脑思考,每一节课发言2次及以上,能专心倾听他人发言,能自觉参与合作讨论,认真客观评价同伴	点名册记录 《学习活动册》 记录自评、互评
	良好	1.30节课以上做好课前准备、参与学习活动,课内外作业9课按时完成。 2.能动脑思考,每一节课发言1次及以上,能专心倾听他人发言,能自觉参与合作讨论,认真客观评价同伴	点名册记录 《学习活动册》 记录自评、互评
	合格	1.27节课以上做好课前准备、参与学习活动,课内外作业6课按时完成。 2.能动脑思考,积极发言,能专心倾听他人发言,能自觉参与合作讨论,认真客观评价同伴	点名册记录 《学习活动册》 记录自评、互评

表3-2-2　道德与法治作业评价登记表

班级:五(4)班　　　　　　姓名:曾子路　　　　　　学号:1

课次	成绩	课次	成绩	课次	成绩	课次	成绩	课次	成绩
1		2		3		4		5	
6		7		8		9		10	
11		12		13		14			

表3-2-3　教师点名册记录评价表

学号	姓名	课前准备	课堂纪律	发言次数	备注
1					
2					
3					
4					

2.认知水平评价合理化

认知水平主要通过课内外认知作业质量考查学生对课程知识内容和价值观念的掌握情况。在评价实施中,注重知行结合,促进学生知、情、行和谐统一,尊重个性化发展。因此,我们利用学科配套《活动手册》落实对学生每一篇课文学习过程的记录评价,还开展大单元教学,以单元为单位对学生进行知识掌握、行为落实等方面的考核和评价。避免纸笔测试陷入死记硬背的缺陷,落实对学生知情意行的全面考核,确保评价的合理性。

图3-2-2　五年级单元小报制作及标准讲解

以三年级上为例,认知水平评价有两个项目。一是知识掌握度。全册共有16课,《活动手册》全对课文超过10课。二是二单元的"走近我们的老师小小故事会"拓展考核作业,得到同学30个以上大拇指。综合运用观察、考查、评议等方式,全面获取和掌握学生核心素养发展的相关信息,了解学生的学习态度和个性特点,考查其内在价值观的发展。这就保证了对学生认知中的情感、行为目标的考核,增强了评价的科学性、整体性。

表3-2-4　认知水平评价标准

认知水平	优秀	能够理解三年级道德与法治教材要求的道德修养标准,有规则意识,言谈举止符合基本的道德准则和规则;有做事认真、明辨是非、知错就改的品质;能够准确表达自己的观点和看法。《学习活动册》正确率全对10课及以上。二单元小小故事会《走近我们的老师》得到同学30个以上大拇指	《学习活动册》作业正确率情况;二单元小小故事会《走近我们的老师》
	良好	能够基本理解三年级道德与法治教材要求的道德修养标准,基本有规则意识,言谈举止符合基本的道德准则和规则;基本有做事认真、明辨是非、知错就改的品质;能够比较准确地表达自己的观点和看法。《学习活动册》正确率全对8课及以上。二单元小小故事会《走近我们的老师》得到同学25个以上大拇指	《学习活动册》作业正确率情况;二单元小小故事会《走近我们的老师》
	合格	能够知道三年级道德与法治教材要求的道德修养标准,初步有规则意识,言谈举止符合基本的道德准则和规则,具备一定的做事认真、明辨是非、知错就改的品质,能表达自己的观点和看法。《学习活动册》正确率全对6课及以上。二单元小小故事会《走近我们的老师》得到同学20个以上大拇指	《学习活动册》作业正确率情况;二单元小小故事会《走近我们的老师》

表3-2-5　三(2)班《走近我们的老师故事会》评价单

序号	姓名	评分标准	得分	汇总
1		1.内容真实,感人 2.声音响亮,表达流畅 3.有感染力	同学评（　）分 老师评（　）分	
2		1.内容真实,感人 2.声音响亮,表达流畅 3.有感染力	同学评（　）分 老师评（　）分	
3		1.内容真实,感人 2.声音响亮,表达流畅 3.有感染力	同学评（　）分 老师评（　）分	
4		1.内容真实,感人 2.声音响亮,表达流畅 3.有感染力	同学评（　）分 老师评（　）分	
5		1.内容真实,感人 2.声音响亮,表达流畅 3.有感染力	同学评（　）分 老师评（　）分	

三年级某班通过《走近我们的老师》故事会这一单元拓展考核作业,回顾与老师交往的经历,搜集素材,撰写材料,练习排练,让学生感受老师对自己的关爱,拉近师生之间的距离,增进师生间的情感。学习了如何与老师进行有效的沟通和交流的方法,这对学生们的成长和发展产生了积极的意义。

3.实践能力评价活动化

实践能力主要根据实践作业质量考查学生对课程实践要求的达成情况。《义务教育道德与法治课程标准》明确指出,要丰富学生实践体验,促进知行合一。教学要与社会实践活动相结合,加强课内课外联结,实现隐性课程与显性课程相配合。要鼓励学生探究、讨论,提高学生的价值辨析能力。要积极探索议题式、体验式、项目式等多种教学方法,引导学生在活动中参与体验,促进感悟与建构。我们觉得要特别重视学生在实践活动中的表现性评价。围绕学生道德与法治课程学习的实践性、体验性等特点,注重观察、记录学生在学习、实践、创作等活动中的典型行为和态度特征,运用成果展示、观点交流等形式,对学生的学习历程进行写实记录,丰富评价内容,提高评价的全面性、准确性。

以二年级《家乡物产养育我》为例,教师精心设计了为参加2023年杭州亚残运会的运动员推荐家乡特产的实践活动。课前引导学生以个人为单位充分调查"在哪里,发现了什么家乡物产",在课堂上以小组为单位进行讨论交流,推选出一个调查最多的学生代表小组发言。从调查到交流,课堂评价紧紧围绕家乡物产的"多"而展开。在"多"的基础上,通过交流感受家乡物产的"优"。两个活动从调查出发,以小组合作、交流的方式感受家乡物产的"多""全""优",从而升华热爱家乡的情感。

表3-2-6　项目式学习调查表

《家乡物产养育我》项目式学习小调查	
	调查员:
调查地点	发现的家乡物产
餐桌上	
商场里	

在课堂上教师出示参加杭州亚残运会的运动员为购买具有杭州特色的物产而烦恼这一真实情境,现场组织家乡物产推荐活动。每个学生充分交流想要推荐的物产以及理由,以小组合作的形式将推荐单合成一张推荐小报:家乡物产,我来荐。课后,教师将制作的小报收集起来,寄给亚组委,得到了亚残运会组委会的高度评价,也极大地激发了学生对家乡杭州的热爱。在优秀学习小组的评选活动中,提高了学生学习研究的水平,团队协作的意识和能力。

表3-2-7　项目式学习调查表

家乡物产推荐计划表

　　小朋友们,第19届亚运会于10月8日顺利闭幕,第4届亚残运会将在10月22日召开。有很多外地的运动员特别喜爱杭州,喜爱这里的山水,喜爱这里的人文,他们特别想带一些物产回去,和大家分享杭州的美好。作为杭州的小主人,请你和组员一起合作,制订一个"家乡物产推荐计划"为他们出谋划策

▶ 我们小组建议运动员叔叔阿姨可以买＿＿＿＿＿回家送给亲朋好友

▶ 我们推荐这个家乡物产的理由是：

1.＿＿＿＿＿＿＿＿＿＿＿＿＿＿＿＿＿＿＿＿＿＿＿＿＿＿

2.＿＿＿＿＿＿＿＿＿＿＿＿＿＿＿＿＿＿＿＿＿＿＿＿＿＿

3.＿＿＿＿＿＿＿＿＿＿＿＿＿＿＿＿＿＿＿＿＿＿＿＿＿＿

表3-2-8　《家乡物产养育我》优秀学习小组评价表

小组名		组长	
小组成员	分工	得分 (每人最高10分)	特别好的表现
作品得分 (最高60分)		总分(共100分)	

在实践能力的评价过程中,要坚持评价主体的多元化,充分发挥教师、学生(小组)、家长等不同评价主体或角色的作用,形成多方共同激励的机制,从各个渠道采取多种方式全面观察和收集学生在各种场景中的日常品行表现。各评价主体之间要充分沟通交流,这样才能真实、全面地了解学生学习实际情况,同时形成育人合力,增强学生学习的动力和信心。

表3-2-9　多主体评价评价表(节选)

一年级下册"道德与法治"过程性评价表

单元主题	学习内容	学习准备 优3★/良2★/合1★	课堂表现 优3★/良2★/合1★	认知作业 优3★/良2★/合1★	实践作业 优3★/良2★/合1★	
一 我的好习惯	1. 我们爱整洁	自己评: ☆☆☆	同学评: ☆☆☆	老师评: ☆☆☆	我的一分钟	家长评: ☆☆☆
	2. 我们有精神	自己评: ☆☆☆	同学评: ☆☆☆	老师评: ☆☆☆		
	3. 我不拖拉	自己评: ☆☆☆	同学评: ☆☆☆	老师评: ☆☆☆		老师评: ☆☆☆
	4. 不做"小马虎"	自己评: ☆☆☆	同学评: ☆☆☆	老师评: ☆☆☆		

(三)评价效果关注全面性

道德与法治课程评价要围绕发展学生核心素养,发挥评价的引导作用,改进结果评价,强化过程评价,探索增值评价。结果评价要全面关注知识、情感和行为的发展,关注学生在学校、家庭和社会生活中的品行日常表现。过程评价要更加关注发挥评价的激励和改进功能。增值评价要关注学生思想品行的发展和进步,注重对学生的激励。坚持学生自我评价、教师评价、同伴评价、家长评价和社区评价相结合,借助信息技术探索和优化纸笔测试、学生成长记录袋、日常行为表现记录卡等定性和定量多种评价方式,提升道德与法治课程评价的科学性与实效性。

1.促进学生全面发展

道德与法治表现性评价不仅关注学生的知识和技能掌握情况,还注重学生的态度、情感、行为等多方面的表现,特别是学习过程中的意志力、思考力的提升。这种评价方式有助于发现学生的潜力和特长,促进学生的全面发展。

2.增强学生的学习动力

道德与法治表现性评价尊重了学生这一学习的主人,课堂学习评价和单元主题实践学习评价相结合,鼓励学生探究、讨论,提高学生的价值辨析能力。在评价活动组织过程中,关注学生认知水平和接受能力,具有一定的感染力和说服力,能够引起共鸣,也极大地调动了学生学习的兴趣。通过表现性评价,学生可以及时了解自己的表现和不足,从而调整学习策略,提高学习效果。同时,正面的评价和鼓励可以激发学生的学习热情和积极性,增强学生的学习动力。在2023学年第一学期的学生调查问卷中,学生对道德与法治课的喜爱度从上一学期的95.4%上升到了98.1%。

3.培养学生的道德品质和社会责任感

道德与法治课程旨在培养学生的道德品质和社会责任感。表现性评价可以帮助学生认识到自己的行为和思想是否符合道德和法律规范,从而引导学生形成正确的道德观念和价值观,增强社会责任感。

4.提高教育教学的质量和效果

表现性评价可以为教师提供更为全面和客观的学生学习情况反馈,帮助教师及时调整教学策略,提高教学效果。同时,这种评价方式也有助于促进师生互动,建立良好的师生关系。在2022学年的家长满意度调查中,对道德与法治学科的满意度从上一学期的90.2%上升到了93.7%。

总之,小学道德与法治表现性评价要让学生在真实的场景中主动学习,深度沉浸学习过程,让学习真实发生,促进学生的能力发展。要帮助学生正确认识自我,增强信心,不断进步。要培养学生的正确认知和情感,成为有理想、有本领、有担当的时代新人。

二、体育学科评价实践

(一)体育评价当前存在的问题和亟待实现的目标

在"双减"和"双新"的背景下,我国义务教育正迈入新阶段,迫切需要完善教育评价体系。体育学科地位不断提高,但评价困局一直存在,需破冰前行。当前,体育评价的工具缺失、体育评价的体系偏差、体育评价的育人程度不够深入等都是体育评价存在的客观现象。该研究从创新体育评价工具,调整体育评价体系,完善体育评价育人作用出发,助力让评价回归体育教育重要一环,以评价促进生生有反馈,人人有成长。[①]

1.评价忽视过程,要增强学生"了解力"

体育评价存在单一性和绝对性,缺乏个性化,常关注单一的由速度、距离所反馈而来的单次运动成绩,而忽视学生通过努力运动和学习而产生的成长性、过程性评价及相关价值。

学生需具有"实时知情权",让过程性成绩形成一套能看得懂、记得住、可反思的评价体系,从而增强学生的自身"了解力"。

2.评价缺乏激励,要强化学生"内驱力"

体育评价常关注个人成绩与他人成绩的横向比较、个人成绩与标准的横向比较,而忽略了个体纵向成长性的比较与评价。体育评价多为教师主导,学生参与度不高,学生缺少扮演评价主体角色的过程。这也使得学生积极主动参与体育运动的内驱力不足,逃避运动往往就在内驱力不足的时候产生,并逐渐形成习得性无助。

体育教师应该逐步放权,让学生作为被评价者的同时也作为评价者

---

① 义务教育阶段体育课程评价的中国式现代化建设路径[J].沈阳体育学院学报,2023,42(02):25—32.

成为主体参与到评价中来,设立符合自身实况的评价体系和标准,形成正向激励,强化自身"内驱力"。

3.评价唯数字化,要完善教师"教学力"

教师唯数字化的体育成绩播报不能给予学生实时对比,评价本身的反馈机制职能也就被弱化了。其根本是数字成绩缺少识记标志而不具象化,低段学生没有将成绩记录做对比的习惯。

低年级学生处于具体运算阶段,离不开具体事物的支持。要以一种更具象化的手段或形式,辅助其得到概念,例如,使用线段和画面等方式,从而完善教师在教学过程中的"教学力"。

(二)"成长尺"的设计与实施

1."成长尺"的概念解读

"成长尺":指以小学体育中实际可计数、测量的指标类项目为基础,设计以"尺子"为原型的可供纵向回溯比较的过程性成绩的评价手段,以21天为周期,由学生从个性需求的选择和薄弱项目的选择出发自主制定阶段性目标和总目标,经过21天的锻炼记录,分析反馈自己是否成长并据此产生相应对策指导以更好地参与体育运动锻炼。同时,将各学科的知识内容融合为有机统一的整体,成为一种既是体育低段过程性可视化评价工具,又是一项跨学科主题作品。①

"成长尺"的实践操作不仅仅是为了单一的评价,不应只存在于为了评价而评价的目的之中。评价是促进更好地学和更好地教的一种手段,所以"成长尺"更注重于由评价引发的整个教育作用,崔允漷教授在《迎接新的教育评价范式》中有这样一段话:当前教育评价领域中关注最多的还是"为学习的评价"。布鲁姆的教育目标分类学表明教育者开始清楚地表达对一种专门为教育目标,且能被用于计划、教学、学习和评价这一循环圈中的评价的需求。②

---

① 中华人民共和国教育部.义务教育体育与健康课程标准[M].北京师范大学出版社,2022.

② 周文叶.中小学表现性评价的理论与技术[M].华东师范大学出版社,2022.

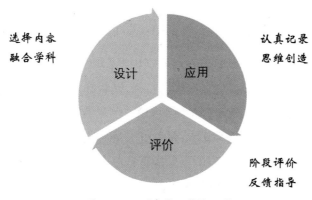

选择内容
融合学科

设计

应用

认真记录
思维创造

评价

阶段评价
反馈指导

图3-2-3 "成长尺"循环圈

"成长尺"的研究内容也遵循着其独特的"设计—应用—评价"三步走的教育循环圈,并从评价再次出发,实现学生再设计。

2.巧思设计,注重个性化的评价建标

设计计划由教师为主导,列出纲要,以学生为主体,设定目标。教师首先介绍"成长尺"的内容与要素,学生在教师的引导下选择内容,规划自己21天的锻炼目标,个体有个体的计划,个体有个体的目标,不存在大众普适性。

(1)内容筛选,因材施教立开端

根据国家体质素质测试要求针对水平一学生设定一分钟跳绳(协调能力)、50米跑(速度能力)、坐位体前屈(柔韧能力)三项为必测能力类项目,所以"成长尺"的设计初衷是针对体质素质测试项目进行有的放矢的可视化、过程性评价。学生根据个人需求选择对应的"成长尺",例如,学生对跳绳特别感兴趣或在跳绳项目上较为薄弱,都可以选择跳绳"成长尺"进行内容设计,后期教师也会因材施教,对其跳绳项目进行监测、评价、反馈、指导。

(2)要素细择,学玩相融丰内容

在学与玩之中融合学科知识,丰富"成长尺"内容。结合美术,选择"成长尺"的背景装饰物。结合语文,设计想象力丰富的目标评价词。结合数学,学习如何设计合理的坐标系,并提前给予学生们时间以练习,力求学生展现出最符合自身真实情况的"成长尺"。

（3）教师指引，关注个体正方向

教师引导学生展开思考：自己根据内容和要素选择设计的"成长尺"是否合理，能否达成阶段性目标和总目标，是否涵盖所需要素？

学生之间进行自我反思和小组讨论，"当局者迷，旁观者清"，有的时候自己对自己的成绩缺乏概念，而小组成员讨论过后，学生个体可以对自己所设计的"成长尺"设定的目标进行修改。

教师下场亲自指导，帮助学生修正方向。在教学研究的过程中，教师与学生一起开发个性评分规则，明确自评方法以促进表现。

师生合作，一起改善评价的"小刻度""小目标""终极目标"，让每一把"成长尺"的设计从不合理走向合理并逐步完善成为自我评价激励的好工具。

3.工具应用，注重多维度的能力综合

应用与教学一同发生，每一次体育学练以后就代表着需要进行一次对应的工具应用。

图3-2-4　学生的三大能力

学生在应用"成长尺"的过程中需要学习自我记录数据能力、自我检测变化能力、自我评价能力，这一过程培养学生的三大能力，让自己的坚持可视化，提升学生自主积极性。同时教师及时跟进指导，帮助学生丰富创新。

教师将评价从集权变为分权，从守门人变为分享者。这也是表现性评价作为评价学生综合运用已有知识进行实作与表现的必需能力。

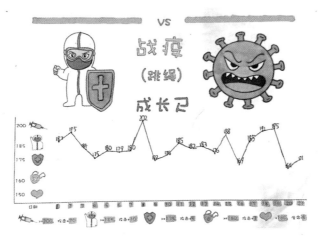

图 3-2-5 学生制作"成长尺"A

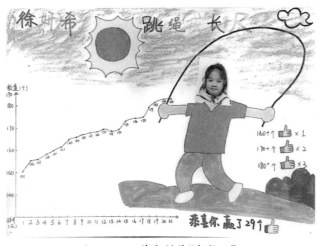

图 3-2-6 学生制作"成长尺"B

4.精准评价,结合反馈后的改进发展

评价是指挥棒,引导学生向着正确的方向不断前行,不断进步。没有评价的教育过程是不完整的,得不到反馈,就不能反思,也不能改进与发展。

(1)全纳教育思想,关注学生个体差异

当学生将21天"成长尺"每天的数据小点连成成长曲线,教师便可以分析一个学生在这21天的运动学习情况,给予针对性对策。

图3-2-7到图3-2-9罗列了三种类型的成长曲线,在经过21天的"成长尺"记录后,教师根据成长曲线评估学生运动情况,在课中进行一对一观察,课后一对一探究分析原因,教师答疑解惑,给予解决策略,学生纠正后再设计下一个21天"成长尺"计划。

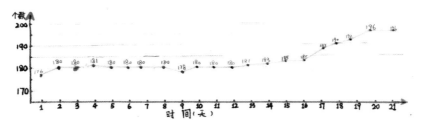

图3-2-7　稳步上升的进步型成长曲线

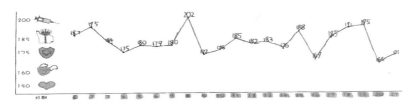

图3-2-8　波动较大的起伏型成长曲线

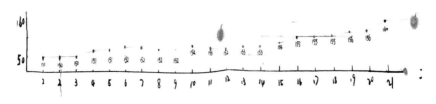

图3-2-9　进步缓慢的瓶颈型成长曲线

进步型:学生基础素质较好,成长迅速,"成长尺"激励效果显著,学生的运动内驱力得到提高,更加积极主动地参与体育运动,在后半阶段成绩会保持在高位中稳步发展。该类学生一般属于"强强"类型,在今后的运动学习过程中应该更多地关注学生是否会过早地进入倦怠期,指引其不断提高对自己的要求和目标,迫使学生不断有新的目标需要达成,不至于原地踏步,故步自封。另外,可以鼓励该类学生拓展"成长尺"类型,发掘运动项目的"成长尺"。对于该类学生不能一直使用表扬手段,偶尔需要激发其挑战高难度的欲望。

起伏型:学生基础素质一般,成绩不稳定。可能的原因一是日常运动时多时少,二是情绪调控能力差,运动过程一旦出现失误,后续运动节奏都会被打乱。这类学生属于"中中"类型,在今后的学习过程中要格外监督运动习惯的养成情况,必要时加强家校沟通,家校齐心助力成长。另外,要加强学生自我情绪调控能力,在课内外适当设立一些挑战和比赛,鼓励其积极参与,在比赛环境中逐渐适应和掌握情绪调控能力,树立正确的挫折观。

瓶颈型:学生基础较差或动作存在错误,这一类学生一般属于"弱弱"类型。该类型学生有可能是对体育运动兴趣不高,易产生逃避心理,也可能是因为错误动作而进步缓慢。对于该类学生我们要设置"互帮互助圈",在课内外有帮扶小老师给予帮助,一方面让"强强"类学生实现责任转化,角色递进,成为小老师帮助别人;另一方面"弱弱"类学生在小老师无微不至的帮助下进步会更加快速,同龄学生之间相互沟通相比师生之间沟通更少了一层距离感和角色落差。教师对该类学生要早发现、早诊断、早治疗,在课堂练习中及时指出错误动作并予以纠正。

从成长曲线出发关注各能力水平的学生,一一分类分方法指导,这既是全纳教育的中心思想,关注学生中最强的,也要关注学生中最弱的,也是新课标课程理念中关注学生个体差异的表现。

(2)信息技术,开展专属唯一评价

根据学生个体"成长尺"曲线,师生共同商讨适合学生个体的赋分机制并转换初始分(第0天)、最终分(第21天)、个体平均分,以信息技术为工具将三项体质素质维度建立量身定做的雷达数据图。

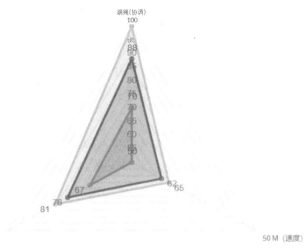

赋分\项目	跳绳（个）	50M（秒）	坐体（CM）
0分	≤60	12.6	6
20分	80	12.4	8.5
40分	100	12.2	11
60分	120	12.0	13.5
80分	140	11.8	16
100分	≥160	11.6	18.5

	初始分	最终分	平均分
跳绳(个)	70	100	88
50M(秒)	50	65	62
坐体(CM)	67	81	76

图 3-2-10　某生的赋分表与雷达数据图

　　由图3-2-10可知学生速度素质、柔韧素质、协调素质的变化。每一幅雷达图有专属唯一性质，不设立全班同学成绩的平均值，贯彻纵向比较，避免横向比较。

　　当雷达图反映一位学生的增长性有限或者形状不稳定，教师就可以继续追踪学生的锻炼情况，采集学生数据并基于数据情况对学生的运动锻炼情况进行分析，给予学生及时的评价与反馈。学生借助雷达图了解自己，品尝努力的果实，而不陷入与他人对比的焦虑和挫败感中。

(3)思维创造,实现有效渐进进步

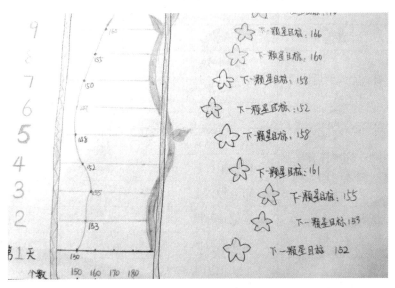

图3-2-11　评价目标每日调整

"成长尺"评价进行时也有学生发挥思维创造性,依据前一日的实际跳绳数量及时调整第二日的挑战目标,实现评价精准化,反馈及时化。在这一评价的过程中,学生就会日日有反思,在循序渐进之中稳步进步。

"成长尺"正是以这样一种"设计—应用—评价—再设计"的教育循环圈机制,促使学生更积极地参与到学与评之中。这种教育评价是一种支持学习的评价模型,它关注相对于自己而非他人的个体成就;检测能力而非智力;发生于相对不受控制的情境中,因此不能产生"人人都可通用"的数据,寻求最好而不是典型的数据,目的在于帮助学生而非惩罚学生。努力聚焦能力培养,努力聚焦学科素养,努力聚焦成长性价值,坚持全纳教育思想,借助信息技术开展,培养学生思维创造意识。

(三)"成长尺"的应用成效——锻炼的好习惯,用评价培养核心素养

1.学生运动能力显著提高,坚持"健康第一"

以水平一阶段90名男学生为主体进行前期调查问卷,了解其当前跳绳情况和体育作业完成的真实状况,见表3-2-10。

表3-2-10　前期体育作业调查

项目	分类值	有效样本人数(人)	比例(%)
一周内完成课后体育作业次数	0～1次	14	15.56
	2～4次	67	74.44
	5～7次	9	10.00
平均每次完成体育作业所需时间	15分钟以内	25	27.78
	15～30分钟	58	64.44
	30分钟以上	7	7.78
是否有记录体育作业成绩习惯	有记录习惯	45	50.00
	无固定习惯	45	50.00
现在每分钟跳绳成绩平均数	120个以内	8	8.89
	120～150个	61	67.78
	150个以上	21	23.33
是否喜欢完成体育作业	喜欢	76	84.44
	不喜欢	14	15.56

了解这90名男生的体育作业情况并根据"现在每分钟跳绳成绩平均为多少"的调查结果进行筛选,平均分组为3组以建立实验对照组研究监测,每组学生在各个分类值抽取样本人数基本等同,每组测试前平均成绩为每分钟139个。

A组:使用"成长尺"检测体育作业成绩。

B组:使用填表记录体育作业成绩。

C组:不使用任何方式记录体育作业成绩。

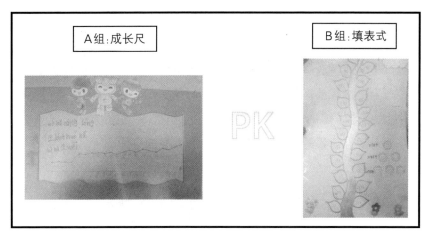

图3-2-12　对比三组学生的运动能力

由实验结果发现使用"成长尺"的A组学生的最终平均成绩比填表的B组学生更高,提升幅度也更大,而C组学生的平均成绩提高程度均不如A、B组,甚至在第11天时略有下降,呈起伏状。通过课堂测试得出的成绩记录单中同样能够反映出这一结论,说明这三组实验对照组能够反映对于学生运动能力提高的效果程度:A > B > C。"成长尺"显著促进学生运动能力的健康发展。

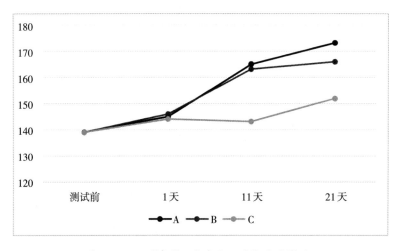

图3-2-13　"成长尺"对于运动能力的影响

2.学生健康行为得到优化,落实"教会、勤练、常赛"

多数学生的体育锻炼意识和习惯转好。针对低段284名学生进行的一次口头问卷调查得出结论:有270名学生认为"成长尺"的评价形式使自身产生更加想要锻炼的欲望,占比95.1%。学生的锻炼积极性得到提升,主动参与锻炼的内驱力得到发展,"成长尺"的评价方式使锻炼不再是一件无聊且劳累的事情,而是成为一件有趣的事情。

杭州市时代小学居家"吉尼斯"挑战活动记录公告:

挑战项目	挑战时间	最高纪录	获奖者
足球颠球	1分钟	56个	六(2)班 苏玉宸
呼啦圈	1分钟	190个	四(1)班 郑智涵
双飞跳绳	30秒	66个	四(4)班 陈宥歆
平板支撑	不限	10分钟	一(3)班 夏思齐
俯卧撑	1分钟	54个	三(4)班 陈泽栖
单脚蒙眼独立(双手抱胸)	不限	11分52秒	一(1)班 李贝九

图3-2-14 丰富多彩的体育活动

丰富多彩的体育活动吸引着越来越多的学生主动参与,"成长尺"工具使用后,低段学生身体素质得到提升,体育锻炼意识"养成ing",学生对自己更加自信,参与体育活动积极性更高。校园吉尼斯、跳绳达人秀、游戏节人人参与,人人挑战,参与率百分之百。从教会学生技术动作,到学生能够发散思维勤加苦练,再到能够积极主动参与到各项赛事活动中,逐渐养成"校内锻炼1小时,校外锻炼1小时"的习惯,培养"终身体育"意识。

3.学生体育品德更上一层楼,重视综合性的学习评价

学生体育精神得到发扬,原本一有小伤痛就选择逃避运动而请假的学生现在也会坚持力所能及的每日锻炼,他们不怕困难、坚持到底的体育精神得到发扬。同时"成长尺"中的数据也是学生根据实际情况实事求是地记录下来的,少了同伴间的横向比较,每一位学生都乐于自己跟自己掰手腕,于是乎,虚假谎报的数据也从源头上断了,这更好地让学生在潜移默化中学习到遵守规则、诚信自律的体育道德。教师也在课堂内外给予坚持、诚实的学生更多综合性的积极评价。

三、艺术学科评价实践

展示评价作为表现性评价的一个重要组成部分,在培育学生艺术素养中具有关键性作用。杭州市时代小学立足"天天有画展"系列活动,以展促评,创设丰富多样的画展形式,不仅为学生提供了一个展示自我、交流学习的平台,更在深层次上促进了学生审美感知、艺术表现、创意实践和文化理解等多方面的全面发展。

同时,画展作为一种直观、生动的展示方式,有效地弥补了传统纸笔评价在美术素养评价上的不足。那些难以用文字和分数来衡量的艺术感悟和创作能力,在画展的实现和欣赏过程中得到了充分的展现。在这种评价模式下,学生不再是被动的接受者,而是转变为积极的参与者,他们学会了如何欣赏美、发现美,更加懂得了如何用自己的方式去表现美和创造美,让评价活动变得更加全面、客观,也更符合艺术教育的本质和规律。

(一)评价目标

1.形成多元审美感知

学校美术作品展通过呈现不同年级、风格、主题和形式的美术作品,拓宽学生的审美视野。因作者就在自己身边,校园美术作品展天然具有亲和的魅力,能引发学生情感上的共鸣,从而引导学生深入感知、发现和体验艺术的多样性与丰富性。在各类美术作品展的长期浸润下,逐渐培养学生多元化和包容性的审美情趣,逐步形成独特的审美倾向,并能对作品进行个性化的赏析和评价,为日后进行更深入的艺术探索奠定基础。

2.提升艺术表现能力

学校美术作品展为学生提供了一个展示自我、交流创意的平台。面对众多优秀作品的挑战与激励,学生们勇于突破传统美术作业的思维框架,充分发挥想象力和创造力,在创作中尝试运用更为丰富的媒材、技法和表现形式。同时,作品展是学生对作品获得反馈的重要渠道,学生在一次次画展中经历"学习与创作→展示与欣赏→评价与收获评价→反思学习与再创作"的良性循环,其艺术表现能力和创新能力得到了锻炼和提升。

3.锻炼创意实践思维

画展的策划、组织和实施过程涉及多个环节和跨学科知识,为学生提供了宝贵的实践机会。在此过程中,学生需要从真实情境出发构思创作,学会主动发现问题、分析问题和解决问题,锻炼个体实践能力、协作能力和创意思维,为未来的艺术创作和职业发展打下坚实的基础。

4.铸牢文化自信意识

一个民族的艺术作品往往承载着本民族深厚的文化底蕴和共同的价值观念。通过创作和展示具有中华优秀传统文化和社会主义先进文化的美术作品,学生能够更加深刻地理解本民族的历史文化和精神内涵。同时,通过了解不同地区、民族、国家的文化传统,学生能拓宽文化视野,提升文化自信。优秀的美术作品展能激励学生更加自觉地成为中华文化的传承者和弘扬者,为中华文化的繁荣与发展贡献自己的力量。

(二)评价策略及实施

1.发动每个人,立足每一天

时代小学一直流传着一句话:"时代学子个个棒,只是棒得不一样。"时代美术组多年来一直坚持"天天有画展"的传统活动,旨在通过艺术作品的持续展示,深化学生对美术的理解和鉴赏能力,进而促进其艺术素养的全面提升。

在校园内多个重要位置,如校门口、美术教室及走廊等,均设有专门的学生美术作品展区。这些展区的作品大多来自学生课堂作业或美术社团作品,并且每周都会进行轮换,保证了学生不断欣赏到丰富多样的美术作品。同时,不管哪一天,每位学生都能在校园内找到属于自己的作品,即便没能轮换到在展区内布展的作品,也会在作业墙、班级教室等地进行张贴,让更多学生能得到优秀的证明,表达自己的个性。

每一次的作品展示都不仅是一个静态的陈列过程,更是一个动态的学习和思考过程。学生通过欣赏同伴们的作品,能够接触到不同的主题、风格和形式,从而拓宽自己的审美视野。在这个过程中,他们逐渐形成了个性化的审美观念,提升了自身的艺术素养。教师会在布展前开展引导学生对作品进行师生、生生间的赏析评价,并收集学生在布展、观展时的表现和反馈,如"对展示活动是否抱有积极态度""对不同理念的作品是否包容""欣赏评价时能否体现美术素养"等,并以此为基础开展质性研究,发现学生在纸笔作业中难以体现的问题和困难,进而为其提供有针对性的指导和帮助。

《义务教育艺术课程标准(2022年版)》指出:"评价反馈应注重及时性、生成性、针对性"。在这一背景下,时代美术组的教师们进一步提出了"课堂即画展"的教学理念。通过精心的情境创设、独特的作业形式和展示设计,将每一堂课的作业提交和展示环节都转化为一次即时的作品展览活动,让学生在完成作业的同时就能感受到作品被展示和评价的快乐。

这种教学模式不仅大大激发了学生的参与热情,还通过现场评述等环节推动了学生去主动思考和完善自己的作品。例如,在四年级上册的《眼镜的设计》一课中,学生设计制作了各具特色的眼镜作品,并在课堂上进行了一场别开生面的走秀活动;在三年级上册的《我驾神州游太空》一课中,教师结合时事热点拓展了作业形式,带领学生用自己的作品共同搭建起一个火星基地,同学们边搭建边思考讨论其中蕴含的科学原理和美学设计。这样趁热打铁的展评活动加深了学生的艺术体验,提升了学生艺术表现和审美表达的能力。

在各类校园活动中,时代小学也始终坚持"人人参与"的原则,通过全校、全年级集体创作的方式展示学生的作品,培养学生的团队合作精神和实践能力。例如,在学校特色活动"花裙子节"上,全校师生齐心协力用手工折纸和绘画装饰的方式完成了两千多条小花裙的制作任务,并将这些小花裙组合成一件巨大的花裙装置艺术作品。这件作品成功入选了"向阳而生作品展",在黄公望美术馆展出时获得了广泛赞誉和关注,成了学校美术教育成果的重要见证之一。

2.巧用小空间,立体办画展

杭州市时代小学虽然是个占地面积只有十亩的小学校,但时代师生们"螺蛳壳里做道场",在有限的空间内展现了无限的创意与活力。各类美术作品成了校园环创的重要组成部分,力求打造"小而美,精而优"的校园环境,形成全方位立体、富有沉浸感的艺术空间,提升校园品质与艺术氛围。

面对有限的校园面积,时代小学巧妙地转变思路,让画展"向上生长"。在每一幢教学楼的楼梯与走廊上,都悬挂着学生们的书法、绘画作品。这种将画展与教学区域相融合的方式,不仅拉近了学生与作品的距离,更让学生在日常的学习生活中能随时感受到艺术的魅力。

各个教学区域都有独特的展示主题,如"红色精神""心理健康""喜迎亚运""宋韵今辉"等都曾作为学生们创作和展示的题材。心理辅导室、图书室等专用教室都有相应主题的学生作品进行展示和定期更换。这种基于具体情境的创作活动,不仅激发了学生们民族传统文化和社会发展的兴趣,也拓展了他们的知识面,使得他们的作品更加鲜活、有深度。

千变万化的布展形式体现出时代学生的无限智慧和实践能力。"花裙子节"上,学生为老师们设计的花裙子、花衬衫被打印成巨大的条幅垂挂在教学楼上,教学楼就成了"展架";新年时走廊和教室悬挂的手工龙灯让校园充满年味;中秋节校园的古树上纷纷挂满手绘灯笼;学校各处还有学生精心准备、耐心布置的个人美术作品展。

这些充满创意的展示形式都是学生和老师依据主题,结合展览场地特点共同策划、组织和布置的。学生在设计和实施的过程中往往需要运用多学科知识,紧密联系实际生活进行艺术创新和应用,并通过团队合作得以实现。教师们不仅关注作品的展示效果,更注重通过布展锻炼学生具体实践的能力,记录实施过程中学生的典型行为和态度特征来了解其学习体验,提高评价的全面性、准确性。

遍布校园的作品展示在学校开展特色活动期间产生了更为深远的影响。以学校"四季课程"项目化学习活动为例,其中包含了大量美术创作和展示活动。在整个活动期间,学校仿佛变成了一个拥有共同主题和自由展示形式的大型展会。多个阶段的作品展示不仅完整呈现了学生的学习创作过程,也让他们的学习活动更加深入和完整。

以六年级美术学科"秋天的果"项目化学习为例,在初期阶段,学生利用废旧材料与美术工具,构思并建造了幻想中的"秋果建筑"模型。在第一阶段展示后,学生间进行了深入的经验交流和技法学习,甚至借鉴了其他年级与学科研究小组的展示成果,从而丰富了创作手法。

因此,第二阶段的作品从"秋果建筑"扩展为"秋果小镇",并设计出特色功能区,显示了创作的进步与多样性。然而,在第二阶段展示后,学生收集了前来体验的其他小组同学意见,总结出作品存在规模偏小、互动性不足的问题。为了解决这些问题,在第三阶段,学生创新地将"秋果小镇"转化为结合"大富翁"游戏元素的立体棋盘,增强了模型的互动性和规模感。最终,"秋果大富翁"项目因其独特的创意和出色的体验,在众多项目中脱颖而出。

这种循环往复的学习过程——"学习与创作→展示与欣赏→评价与收获评价→反思学习与再创作",使得学生的美术能力得到了显著的提升。教师也通过多次展示活动充分了解学生的思考和成长过程,对学生创作中的表现做出更精准的评价。

3.融通校内外,线上搭平台

时代小学唐彩斌书记常说:"小时候见过大世面,长大了才有大舞台。"在时代小学的教育理念中,学生的艺术作品不应仅局限于校园内的小范围展示,更应走向社会,面向更广泛的公众。为此,学校每年精心策划并举办的"丑小鸭艺术节",不仅在校内为师生呈现了一场场视觉盛宴,更积极地将画展延伸至社会各个角落,多次在利星广场、钱王祠景区等地举办展览。

在杭州亚运会开幕前夕,时代小学的同学们在钱塘江畔用一幅幅生动的墙绘作品传播亚运精神。在校园周边的小区,他们也用同样的方式美化着社区环境,以实际行动回报着社区对他们的关心和支持。2023年除夕夜,在中国空间站"天宫号"上开展了一个别开生面的"航天画展",航天员向全国人民直播展示刚刚从杭州市时代小学毕业的张启悦同学创作的美术作品。

除了将画展搬至校外这一举措外,学校还运用书籍和网络等媒介进一步拓展了画展的形式和影响力。学校官方公众号上特设的"微画展"栏目,每一篇公众号文章的末尾都会附上一幅精心挑选的学生美术作品并配上简短介绍,从而借助网络的力量将艺术的魅力传播到更远的地方。

此外,时代小学每年都会推出一本名为《时代》的校刊,不仅记录了学生们在校园生活中的点点滴滴,更成了家校沟通的重要桥梁。在这本校刊中,"艺术画展"篇章占据了重要的一席之地,其中收录了众多学生的优秀美术作品。当这份杂志被分发到每一位学生和家长手中时,它不仅是一份学习的见证和回忆的载体,更是一份艺术的传承和情感的纽带。

通过校外丰富多彩的活动以及书籍、网络等多元化的展示平台,时代学生的艺术作品得以在更广阔的舞台上绽放光彩。这种跨界融合的展示方式不仅极大地激发了学生的自信心,使他们更加勇于展现自我,也进一步开阔了视野,能够接触到更多元化的艺术风格和观点。

更重要的是,这样的展示机会使得学生们能够收获到来自社会各个层面的真实评价和反馈。这些宝贵的经历不仅对他们的艺术创作有着积极的推动作用,更在无形中塑造了他们的艺术审美和人生观。可以说,这种与社会深度互动的艺术教育方式,对学生们的艺术成长乃至人生发展都具有不可估量的深远意义。

(三)评价效果

1.融合校园环创,优化办学质量

通过一系列精心策划和实施的美术作品展,时代小学成功地将艺术教育与校园环境创设相结合,提升了校园的整体艺术氛围和品质。这些活动不仅展现了学生们的艺术才华和创造力,更在无形中培养了他们对美的追求和欣赏能力。同时,师生们在共同参与的过程中增强了彼此之间的认同感和归属感,进一步提升了学校的凝聚力和向心力。

通过在校外举办画展、参与社会活动等形式,时代小学的艺术教育成果得以在更广阔的舞台上展示和传播,有效地提升了学校的知名度和影响力。这种积极的社会互动不仅为学校赢得了良好的口碑和赞誉,也有助于学校优质教育文化的传承发展。

2.丰富美育内涵,推动课程研究

丰富的美术作品展为时代小学的美术课程注入了新的活力和内涵。通过多样化的展示形式和主题设置,教学内容变得更加丰富和生动,激发了学生们对美术学习的兴趣和热情。同时,这些活动也推动了美术校本课程的研发和实施,使得课程更加贴近学生的实际需求和发展方向。

在活动过程中,美术教师们的科研能力也得到了锻炼和提升。教师通过观察学生的表现、收集反馈意见以及与其他教师的交流合作,不断反思和改进自己的教学方法和策略,从而提高了教学的针对性和有效性。这种以实践为基础的科研模式不仅有助于教师的专业成长,也为美术学科的长远发展奠定了坚实的基础。

3.树立学科自信,提升艺术素养

对学生而言,美术作品展是他们展现自我、提升自信的重要平台。通过一次次的作品创作和展示,学生们逐渐形成了自己的艺术风格和审美观念,并在不断的实践中提高了自己的艺术表现力和创新能力。同时,他们也学会了如何与他人合作、交流和分享自己的创作成果,从而培养了团队合作精神和人际交往能力。

更重要的是,这些活动让学生们在亲身参与中感受到了艺术的魅力和价值所在,激发了他们对美好生活的向往和追求,这种对艺术的热爱和追求将伴随他们一生,成为他们精神世界的重要组成部分。美术作品展活动对学生个人的艺术素养和人格养成具有深远的影响和意义。

第四章

指向跨学科素养的过程性评价

在现代教育体系中，跨学科素养的培养已经越来越受到人们的重视。这种素养要求学生在不同学科之间建立联系，通过整合不同领域的知识和方法，解决实际问题。为了实现这一目标，过程性评价作为一种重要的评价方式，正被广泛应用于跨学科素养的培养中。

指向跨学科素养的过程性评价，注重学生在学习过程中的表现和发展，而不仅仅是学习结果。它强调对学生学习过程的观察、记录和分析，以便了解学生在跨学科学习中的思维方式和能力水平。这种评价方式不仅关注学生的知识掌握情况，更注重学生在解决问题、合作交流、创新思维等方面的表现。

在进行指向跨学科素养的过程性评价时，教师需要设计一系列具有挑战性的任务，让学生在完成任务的过程中展示自己的跨学科素养。这些任务可以是实际问题解决、项目研究、团队合作等形式，旨在激发学生的学习兴趣和积极性。同时，教师还需要制定明确的评价标准和评价工具，以便对学生的表现进行客观、全面的评价。

通过指向跨学科素养的过程性评价，学生可以更加深入地了解自己在跨学科学习中的优势和不足，从而有针对性地改进自己的学习方法和策略。同时，这种评价方式也有助于教师更加全面地了解学生的学习情况，为后续的教学提供有益的参考。

第一节　养成式评价

一、低年级行为习惯现状

（一）缺乏内驱力

低年级的孩子在学习方面缺少相应的内驱力。家长最常说的就是自己家的孩子爱拖拉，做什么事情都是很磨叽，需要自己时刻督促。例如，一写作业就要上厕所，写作业的时候会玩橡皮、剥手指甲，如果家长不提醒的话孩子可以写一晚上……面对这样的状况，家长常常会选择"吼"来解决问题，孩子当天的速度是快了，可是第二天又回到了老样子。

根据家长的反馈，笔者分析造成这种情况的主要原因是：很多低年级孩子缺少学习的主动性，缺乏自主安排时间的习惯。因此，家长常常需要靠"吼"来达到孩子学习的目的。

（二）自理能力弱

低年级学生的自理能力较弱，很多事情无法独立完成。在低年级的教室里经常会出现满地的书本、铅笔、橡皮、纸屑……外套随意摆放，抽屉满得塞不下，地上一摊水或牛奶，课桌椅摆放凌乱……请学生对齐桌子，桌子会越对越歪；让学生擦掉地上的水，会变得整块地方都是水；有些学生收拾抽屉，就是胡乱一塞……低年级学生身心发育都没有完全，自理能力相对较弱。

面对这样的学生，低年级老师常常要自己动手打扫和收拾。虽然也经常带着学生一起劳动，但是最后往往需要老师重新做一遍。

（三）注意力易放别处

低年级的孩子常常会将注意力放在别处，爱告状也是他们的一大现状。每节课下课甚至课上了一半，就会有孩子因为芝麻大小的事情告状，例如，谁没有坐好，谁在做小动作，谁在讲话……

除此以外，笔者班级的教室在一楼，窗户外面是学校校门，人来人往，坐在窗户边的孩子常常会被外面的情形所吸引，忘记了自己要做的事情。出操的时候，由于是整个学校在一起，经常会发现孩子跟错队伍，孩子在老师整队的时候正在看别的热闹，诸如此类，很多低年级孩子并不能长时间地专注一件事，容易被其他事情所吸引。

(四)现有制度的局限性

很多班级采用班级公约、分项等级评价等评价手段，但是班级公约和分项等级评价的内容过于宽泛，例如，积极参与课堂讨论、上课能专心听讲、上课时认真倾听……这些内容的界定，没有针对性，对低年级孩子而言更像是一句空泛的口号，没有实际的约束力，孩子们常常不知道具体该做什么。

二、三大载体的助力

针对以上低年级行为习惯的现状，笔者运用"花样少年手册""三色成长币""三花荣誉勋章"三个载体工具助力低年级孩子行为习惯的养成。

(一)什么是"花样少年手册"

"花样少年手册"这一全新的载体作为培养学生习惯的有效工具涵盖了学生共性方面的内容。低年级孩子喜爱各种可爱、漂亮的图案，因此，"花样少年手册"每周用一朵五色花，一片花瓣代表一天。如果学生当日行为习惯良好，便可以为一片花瓣涂上颜色，坚持一周便可盛开一朵五色花。这种简单明了的方式，既符合学生的年龄特点，又能够激起他们的兴趣。

(二)什么是"三色成长币"

"三色成长币"是长方形的卡片币，分为一元、两元、五元和十元，四种面值形状小巧，便于学生携带和保管。和人民币一样，"三色成长币"

也分很多种颜色,绿色、红色、蓝色等都是学生喜爱的颜色。在"三色成长币"上面还印有可爱的小动物以及"某某班专属成长币",让孩子们爱不释手。

(三)什么是"三花荣誉勋章"

"三花荣誉勋章"融于"花样少年手册"之中,根据学生当周的表现进行"金花奖""银花奖""铜花奖"的评比。根据学生获得"金花奖""银花奖""铜花奖"的数量,评选出"金花少年""银花少年""铜花少年"三个称号。

(四)如何将三阶·三色·三花相结合

"花样少年手册"在教育过程实施中,用来实现一般性的、面向全体学生的行为习惯培养。而"三色成长币"则是用来实现个别学生个性化行为习惯的养成教育。

"花样少年手册"具有全面性的特点,涵盖了"文明礼仪""行为习惯"等校园常规,是面向全体学生的一种行为习惯约束载体。全体任课教师都是"花样少年手册"的监督者,这样便能够让孩子和班主任对一天的表现有一个全面的了解,避免了以往德育教育只有班主任参与的局限性。同时,"花样少年手册"上的信息家长每天都能看到,能够及时地了解孩子当天在校的表现,并且做出合适的引导教育。

"世上没有两片完全相同的树叶。"世界上的物种具有多样性,那么小学生也不例外,每个孩子都是独一无二的,没有一个是相同的。有的孩子生活技能比较弱,在学习生活中,语言的发展完全优于行动能力,会说不会做;有的孩子动手实践能力很强,生活技能属于优秀级,但是,在专注度或倾听习惯等方面比较弱;有的孩子倾听的能力极强,但是口头表达就没有办法完美展示……不同情况的孩子,所需要养成的行为习惯也是不同的。在这点上,"花样少年手册"就不能够体现这一个性化的需要。

而"三色成长币"就能够很好地补上这一漏洞。班主任以及全体任课老师根据孩子的个体需求,提出有针对性的鼓励,根据当时情况奖励相应的"三色成长币"来达到鼓励孩子的目的。

三、三阶·三色·三花的实施策略

教师在实际的实践过程中,要使用好"三阶·三色·三花"这三个载体,需要一定的实施策略才能有效地培养学生的行为习惯。

(一)花样少年手册:良好行为习惯在记录中得到肯定

"花样少年手册"记录的是孩子们花样的成长。每日班主任或者任课老师会根据孩子当天的表现进行加分记录,如果在任何方面都没有提醒,或者在提醒下及时改正,便可以获得一片花瓣。

"花样少年手册"还设计了一日、一周、一学期这样有梯度的时间段,目的就是想让孩子能够时常总结自己的所得。

在"花样少年手册"的每一页都有"成长小结":本周,我在_____做得更棒了! 未来,我在_____可以做得更好!

孩子自己先对一周的表现进行总结,提出下一周的努力目标。在一个月后,孩子们还有一月总结:本月,我在_____做得更棒了! 未来,我在_____可以做得更好! 看看前面几周自己提出的目标是否达成,下个月努力的方向是什么,以此达到"日日行""周周评""月月奖""期期结"的目的(图4-1-1)。

图4-1-1 "花样少年手册"评价体系

日本教育家福泽谕吉说:"家庭是习惯的学校,父母是习惯的教师。"如果想让孩子的行为习惯取得较好的成效,光靠学校的力量是不够的,还要充分发挥家庭教育的力量,家校携手,建立起学校、家庭相互沟通的桥梁。在"花样少年手册"中每周都有"父母的话"这一栏目,家长能够根据一周"花样少年手册"的记录,知道孩子在学校的真实表现,也能够解决老师和家长之间沟通的时间差问题,做到每日反馈,每周总结,每月总结。同时,家长也可以根据孩子一周的表现,提出总结、鼓励、期望……这也是家长与孩子对话的一种媒介。

例如,家长会在"父母的话"中提到,已经知晓孩子在校的表现,并对孩子进行教育,也期待老师在下周仍可以关注孩子这方面的表现,家长愿意积极配合。孩子在成长过程中常常需要表扬以及鼓励,这是他们在成长过程中必不可少的一种精神慰藉,同时也能够很好地强化行为习惯的养成。因此,笔者也鼓励家长在"父母的话"中可以多多鼓励、表扬孩子一周或者一月中表现好的地方,例如,有家长在"父母的话"中鼓励孩子本周的表现非常棒,期望孩子能够继续保持。

(二)三色成长币:良好的行为习惯在转换中得到强化

奥苏伯尔提出过内驱力理论,他认为,小学生为了得到教师的赞许或认可而表现出一种把事情做好的需要,年龄越低,这种内驱力越强。内驱力是一个人取得成功的首要因素。针对小学生这种心理特点,教师应多运用激励等手段,让学生在教师的激励下,获得"努力+成功"的感受,满足学生的内心需求,调动内驱力,激发学习动机,及时给予合理适时的肯定和表扬,以驱使其为了保持教师的赞赏而进行自能学习。这就是告诉我们,合理并且恰当的奖励能够让我们的教育达到某些目的。

"三色成长币"更关注孩子个性方面的表扬,它是鼓励孩子在某一方面表现有进步或者特别棒,根据情况给予不同面值的奖励。

例如,一直以来孩子课桌抽屉的整理都不是很如意,在老师的帮助下能够自己整理课桌,并且整理得干干净净,便可以得到"三色成长币"的奖励。

又例如,孩子上课回答问题特别精彩也可以得到相应的"三色成长币"奖励。

笔者班级会在期中、期末两个时间段进行总结,统计每个孩子所获得的分数。孩子则可以在这两个时间段提出申请,换取自己喜爱的奖品。笔者班级在家委会的帮助下,进行前期调查,选择了孩子们喜欢的三十几样物品,有小东西也有大奖励,让不同层次的孩子们都可以换得自己想要的东西。同时,我们还设置了极具诱惑力的大奖(图4-1-2)。孩子们看到想要的大奖励需要很多的"三色成长币",便会更努力,从而养成良好的习惯。

一(3)班成长币兑换表

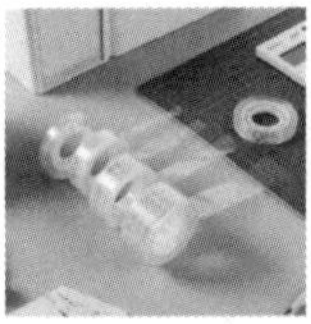 小透明胶 成长币:3元	 双面胶 成长币:3元
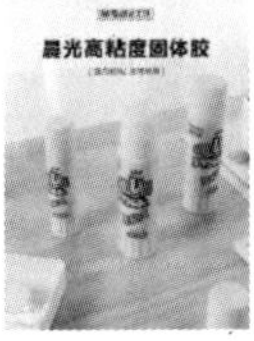 固体胶 售价:成长币6元	 橡皮 售价:成长币4元

图4-1-2 成长币兑换明细表

为了遵循孩子们的个性需求,1元"成长币"相当于0.5元,他们还可以申请自己喜欢的东西,根据售价折价成"三色成长币"即可。

(三)三花荣誉勋章:良好行为习惯在进阶中得到升华

要让孩子的行为习惯真正得到改善,多元评价是不可或缺的。面对一年级的小学生,采用"三花荣誉勋章"的方式来评价孩子在校的表现。

在"花样少年手册"中,我们依据孩子的年龄特点,将评价的时间段设置为一日、一周、一月、一学期四种有梯度的时间。同时,设置"金花奖""银花奖""铜花奖"来鼓励孩子。

例如,孩子一周得到了三片花瓣,那么这周孩子便可以得到"金花奖"的称号,如有两片花瓣便可得到"银花奖"的称号;如果只有一片花瓣或者没有便可得到"铜花奖"称号。

同时,评选"文明之花月月奖":

亲爱的小朋友:

在_____月,你用良好的习惯浇灌成长之花,用踏实的行动点亮美好童年,获得了金花奖( )次,银花奖( )次,铜花奖( )次。特授予你:

_____少年称号。

通过一个月一次总结,梳理自己在本月的优点以及不足之处。

这种进阶式的评价方式,能够让学生感受到趣味性与游戏感,特别符合低年级小孩的心理年龄特征,更能让学生觉得达成"花样少年手册"上的目标与内容是需要自觉的。进阶式的评价方式,将行为习惯的养成教育转换为孩子内在的需求,让孩子体验到成功的喜悦。

四、三阶·三色·三花的实施效果

(一)行为习惯养成逐见成效

经过笔者观察,孩子们都很喜欢"三阶·三色·三花"三个新型的载体。同时,对于"花样少年手册"的提醒具有敬畏心,当老师提到再提醒便得不到当日花瓣时,孩子们会自觉改正,由此可见,"花样少年手册"对于学生行为习惯的养成具有重要的作用。

同时,在一年级上学期中,笔者班级36人中只有3人一学期均为"金花奖",第二学期仅上半学期便有11人获得"金花奖"。

孩子们在自理能力方面也得到了大大的提升,从上文所提到的教室里一片狼藉,到现在孩子离开教室会自觉检查自己的桌椅是否整齐,是否有学习物品掉落;是否将抽屉整理整齐……

孩子们在学习习惯方面也取得了较大的进步,在"三色成长币"的激励下,每节课孩子们都积极思考,能够将自己的想法说给大家听;在课堂中能认真倾听,并且给予同伴合适的评价;课后及时、认真完成作业,并能及时订正错误……

　　孩子们在文明礼仪方面也收获了进步。遇到老师能主动问好,上下学主动向值周班主任和保安叔叔问好,课间追逐打闹的情况大大减少……笔者所带的班级,在一年级第一学期得到了值周班级和教师的多次表扬。

(二)家校沟通更加及时有效

　　家庭教育是教育中必不可少的环节,甚至是最重要的环节。"花样少年手册"这一载体就能让家长清楚地了解孩子在学校的表现,"三色成长币"的个数能让家长了解孩子在学校得到表扬的次数。综合两个载体的反馈,家长能够根据孩子自身情况及时给予相应的引导,家长与老师沟通时也更加具有针对性,能配合学校调整教育的方式方法,帮助孩子养成良好的行为习惯。

第二节　协同式评价

一、针对品行表现的师生协同评价

小学阶段是青少年"扣好人生第一粒扣子"的重要时期,是青少年"三观"形成的起始阶段,是品行发展的奠基阶段和良好行为习惯养成的最佳阶段。《中小学德育工作指南》指出,德育教育必须符合中小学生年龄特点、认知规律和教育规律,注重学段衔接和知行统一,强化道德实践、情感培育和行为习惯的养成,努力增强德育工作的吸引力、感染力以及针对性和实效性。

经过长久以来的探索,我们发现目前针对品行表现的师生协同评价面临的难题有三点:第一,重知识传授,轻德育渗透,德育评价目标异化。德育评价的主客体本就复杂而特殊,对德育目标解读得不恰当造成了德育形态的异化,学习成绩和升学率等短视评价思想依然根深蒂固,从而对针对品行表现的实施、评价、反馈全过程产生不当影响。第二,重活动开展,轻理论提升,德育评价框架简单无序。学校开展的学生活动多数局限于少先队活动内容,针对品行表现的评价多直接借用少先队活动要求中的相关内容,针对学生在活动中的表现进行即时性、即兴式的短期评价,德育评价框架简单无序。第三,重行为养成,缺情感熏染,德育评价信效度不高。以教师"一言定高下"和"一卷定优劣"为主的终结性评价方式,呈现的只是学生"有道德行为知识"的道德表象。

针对品行表现的师生协同评价做到科学有效,不仅是德育体系的重要补充,更是德育管理工作中的核心手段,杭州市时代小学以"学森课"德育课程体系为基准点,构建包含6个一级指标、18个二级指标的"时代好少年"德育评价体系。在学校、年级及班级的建设中,杭州市时代小学同样坚持"以评促学"开展特色德育评价工作,以"月月有主题""天天有评选""人人都参与"开启小学生深化评选活动育人价值的实践,关注学生真实发生的进步,捕捉学生独特个性的表现,让每个学生在评选活动中树立自信、克服困难,获得成功的体验。

(一)遵循社会主义核心价值观,发挥德育评价指导作用

德育评价并非一蹴而就便能见实效,需要反复实践过程和及时有效的评价导向。杭州市时代小学认真贯彻落实党的教育方针,遵循社会主义核心价值观,学习《小学生日常行为规范》《浙江省中小学生日常行为规范(试行)》。首先将学生素养发展目标定为"学会关爱、学会学习、学会创造",实践"开发潜能,发展个性"的校训,以"爱祖国、讲文明、有爱心、担责任、守规则、有理想"作为品行表现的6个一级指标,并设立18个二级指标的具体任务,对关键行为习惯养成量化评价。首先,从"形"抓起,就是明确小学生应该具有的道德品质;其次,再从"行"抓起,抓学生言行,符合社会道德的文明习惯;最后,通过沟通交流,抓学生的"思",即思维品质,促其人性和人格的形成,再由"思"到"行"和"形",形成德育评价良性机制的运行。系列类目如第二章表2-3-1、表2-3-2所示。

(二)遵循学生成长规律,一体化设计评价内容

杭州市时代小学自建立之初便以"活动育人"为德育工作的重要实施路径,积极倡导学生在活动中体验自我价值,"时代模范"系列评选以"生活"为源,以"人"为本,以"活动"为抓手,在遵循教育规律尊重学生身心成长和学生思想道德品质发展的前提下,借由一个个评价活动让道德教育回归生活,让思想教育融于生活,让学生在展现自我的一次次锻炼中走向成熟。

结合每个月的主题,学校以"时代模范"系列评选设定每月评选名称、评选范围、评选要求等,以每周评出班级模范、每两周评出年级模范、每学月全校评出校园模范,通过课程、课堂、环境、活动等为载体,全方位教育和引导学生争当时代小模范,不仅让身边的榜样看得见,也让自己成为榜样。内容上,我们围绕"五育"各方面具体内容,鼓励学生的个性

发展。不仅有鼓励学科特长的"科技创新小博士""诗词歌赋小能手"等维度,也有重视亲情的"幸福美满小孝星",强调劳动的"生活自理小标兵"等,让更多学生有展现自己独特风采的机会。评价中,采取班主任评、科任教师评、学生自评、同学互评等多元评价方式,既让学生、教师共同参与其中,又达到了自我教育、自我反思、自我提高、相互监督、共同育人的效果,营造了良好的教育氛围,让原本无形的意识形态变成了看得见行动的德育评价。

表4-2-1 "时代模范"系列评选

时间	主题	评选名称	时间	主题	评选名称
一月	元旦感恩会	感动校园十大人物	七月	暑期社会实践	低碳环保小卫士
二月	寒假社会实践	幸福美满小孝星	八月	生活主题实践	生活自理小标兵
三月	文明礼仪月	美德少年	九月	诗歌朗诵会	诗词歌赋小能手
四月	阅读节	"悦"读之星	十月	大队委员竞选	大队委员
五月	艺术节	"花裙子"小使者	十一月	科技节	科技创新小博士
六月	田径运动会第二学期奖学金评选	阳光运动小健将奖学金	十二月	英语节第一学期奖学金评选	STAR of SHIDAI奖学金

(三)坚持评价方法多样化,增强协同评价信效度

学生素养的发展是一个动态的过程,个体要用一生的时间来不断提升和完善自身。杭州市时代小学针对品行表现的师生协同评价坚持开放性,针对评价对象开放,面向全体,生生参与,而不只是个别优秀学生参与。针对时空开放,时间上不只针对课内表现,还延伸到课外、假期,空间上不只是在校园、教室,还扩展到家庭、社区、图书馆、博物馆、工厂、生态园、网络平台、大自然等场地。同时也坚持结果开放,评价结果以多

种方式、形式呈现,如调研报告、模型展示、简报、朗诵、故事会、情境演示、展览、模拟听证会等,让学生通过自己擅长的方式展示自己,发现自己的优点。

无论怎样的评价,无论怎样的工具和载体,最终目的是让学生转变,自觉践行社会主义核心价值观,有效养成良好的品行。在"时代模范"系列评选中,学校把一部分评价的权利交给了学生,开展学生自评、学生互评,这本身就是一个教育的过程。学生在自我评价和相互评价中,知道了"我"应该要达到什么样的目标,如评选"幸福美满小孝星"时,"践行孝德,在家听从父母、长辈的教诲""热爱劳动,做力所能及的家务""勤俭节约,生活自理能力强"等生活习惯标准。学生通过自评和互评,在不经意间了解和掌握这些标准,自然就会用这些标准来要求自己,向目标看齐,向优秀看齐,其评价过程达到了"润物细无声"的作用,实现了自我教育、自我提高、共同提升的目标。

推行"学森课""时代模范"系列评选以来,杭州市时代小学学生的道德认识在日常生活中有所提升,道德情感在实践体验中得到升华,道德行为在实际生活中成为自觉行为。每年都有多名同学被相关部门授予杭州市突出贡献少先队员、杭州市火炬金奖、上城区美德少年等荣誉称号。学校系列的构建与实施是顺应新时代教育评价改革的一次探索和尝试,充分体现了综合运用多种评价方式、促进知行合一的课程理念。德育评价坚持素养导向,加强课内课外联合,从学生的理想信念、爱国情怀、担当精神、品德修养、法治观念、日常行为表现等方面对学生进行过程性评价、表现性评价,坚持以评促学、以评促教、以评育人。让人人成为模范,让人人想成为模范,每个学生都受到肯定和关注,最终成长为对自己负责、对家庭有担当、对社会有贡献的合格公民。

二、针对身心健康的家校社协同评价

在当今社会,人们对身心健康的重视程度日益增加,尤其是对于学生的身心健康问题,家庭、学校、社会等各方面都应该共同关注。家庭、学校和社会是学生成长的三个重要场所,学校教育的成效离不开家庭的支持和配合,离不开积极健康的社会环境。其中,家庭教育是基础,学校教育是主导,社会教育是依托。《中小学德育工作指南》指出,要积极争取家庭、社会共同参与和支持学校德育工作,引导家长注重家庭、注重家教、注重家风,营造积极向上的良好社会氛围;建立多方联动机制,搭建社会育人平台,实现社会资源共享共建,净化学生成长环境,助力广大中小学生健康成长。

经过长久以来的探索,我们发现目前家校社协同育人面临的难题是三者不能聚焦发力。一为"家长无力",表现为缺乏全面育人意识,缺乏家庭教育常识;单纯追求学习成绩,轻视德体美劳育人,弱化心理健康;由于工作忙或外出务工,无暇顾及孩子的家庭教育。二为"学校乏力",表现为协同育人形式单一或有形无实;师生教育评价重智育轻德育,在育人课程设置上对家庭教育和社会教育不够重视。三为"社会不力",表现为家校社协同育人机制还没有发挥其应有的作用,一些社会部门存在着思想上不重视、方式上不科学、时间上不持久等问题。究其三者原因,主要是新课程背景下的育人方式改革理念尚处于起步阶段,许多人受教育功利化思想影响较深,对教育培根铸魂的作用认识不足,对家庭教育和社会教育的理解不到位,缺乏"五育"并举、全面育人意识。

杭州市时代小学切实贯彻落实《中国公民健康素养66条》《浙江省全民健康促进行动工作方案(2011—2015年)》的相关精神,参照《学校卫生工作条例》《中小学健康教育指导纲要》,结合《关于推广发展健康促进学校的通知》精神,一直以"全员参与,全程陪伴"为健康工作理念,以树立正确的基础教育质量观为首要任务,基础教育最重要的基础是孩子的身心健康,教育者的眼里首先要"人""健康最重要"不能仅仅停留在表面,我们认为,学生暂时学不好,以后还可以再学,眼睛都看不清了,想学也学不到了。因此,我们把"身心健康、品德优良"的办学目标摆在"学业上乘"的前面,积极鼓励全员参与和全程陪伴。学校着力在体系化建构上先行先试,将家庭教育、学校教育、社会教育紧密结合、协调一致,努力建立健全家庭学校社会协同育人机制;以"立德树人"为总目标,紧扣中共中央、国务院《深化新时代教育评价改革总体方案》,力推新时代家校社协同育人评价,推进"070"零欺凌日和"525"心育节,做好"明眸·亮齿·健体"工程,完善中小学生视力、睡眠状况监测机制,擦亮"家长学校"教育品牌。

(一)加强顶层设计,探索多方协同的健康模式

学生健康成长需要学校、家庭、社会三大教育体共同发力,形成强大的教育合力,才能营造良好的教育生态环境,学生在良好的教育生态环境下就会心情舒畅、阳光灿烂、快乐生活、健康成长。

学校创办"灵犀学社"家长成长学校,改变传统的"服务与被服务"关系,围绕近视防控、心理健康、自救自护等主题开设健康课程,专业人士为家长做健康主题讲座,还有父母课堂、邀约校园等不同形式的课程内容,既科学性又生活化地指导家庭健康知识。借助学校在之江汇教育广场平台上的数字家校,家长和学生还可以一起学习健康知识,增强爱眼护眼意识,并将学习的优质资源与校外家长共享,让家长能有效呵护孩子的双眼。家长亲历学生的成长过程,科学有质的陪伴为学生打好教育的底色,提升家庭近视防控的水平和实效。学校还借力社会资源,邀请近视防控方面的专业人士走进课堂、开设讲坛,"大师进校园"的实践重塑师者视角,丰富了学校视力健康教育的内容与形式。浙医二院的倪海龙医生、邵逸夫医院的潘飞医生等都先后到学校授课,与教师共同开发爱眼护眼微课,开展爱眼护眼主题班会,梳理学校近视防控的有效经验。

身心健康是一项综合性的系统工程,学校和家庭是儿童日常学习生活的重要场所。儿童身心健康需要学校、家庭、社会在时空上的密切衔接、积极互补,形成以学校教育为主体、家庭教育为基础、社会教育为依托的工作格局,教师、家长、社会的教育相互融合,彰显教育的整体效应,有力并有效地提升防近视能力。学校以"积极·协同·成长"为心育目标,引领心育发展。"积极"指的是以积极心理学基本理论为基础;"协同"指的是家校社多方协同,各司其职,协同合作促学生心理健康;"成长"指的是开发学生心理潜能,做好心理危机干预,促进每一个学生健康成长。形成"一个根本、两个系统、三个平台"的健康教育机制,即根据学生的"一个根本"健康需求,"两个系统"即任务系统(发展性教育与补救性教育)和策略系统(健康教育主体与全面渗透),"三个平台"即主体平台(家庭、学校和社会)、内容平台(发展性、预防性、补救性)、途径平台,构建了螺旋上升的组织结构,做到"发展优先、预防为主、防重于治",形成学校、家庭、社会三位一体的全员参与、全面渗透的健康服务体系,不断探索健康教育有效举措。

图4-2-1　央视《新闻周刊》专题报道本校"家校社"协同
"守护1.0"视力健康工作

图4-2-2　本校家长、邵逸夫医院眼科医生潘飞
在校内开展视力健康活动

(二)创新评价举措,构建积极教育"1+N"树状模型

身心健康的评价是一项系统工程,既要加强健康指导,引导儿童养成科学习惯,又要对健康情况进行动态监测,提前干预。杭州市时代小学构建"1+N"成长关护共同体,"1"是指单个学生,"N"则为学生周边的N个关键个人(如父母、班主任、同学、长辈等)、N个关键团体(家庭、班级、学校、社区等)、N项关键能力(运动能力、健康行为、体育品德等),着力构建支持性的健康育人环境,多方位、全覆盖致力于为全校学生提供精细化、多样化、定制化的健康服务,从深从细从实做好矛盾排查化解工作。

专业力量,筑牢健康底线。如杭口儿科医生每学期来校进行口腔检查,每位学生都有一份详细精致的口腔健康档案盒(《时代小学口腔体检记录三联单》),对于发现龋齿的学生及时反馈并恳请家长带至医院进行龋齿治疗,实现"校医—班主任—家长—医院"多方监督。医院和学校还定期进行口腔检查的跟踪调查,了解学生龋齿治疗情况,听取家长的意见和建议,实现"家、校、医"三方共同保护学生口腔健康,以"散点图""趋势图"作为两大健康图表,对儿童视力、体重等水平变化进行跟踪。

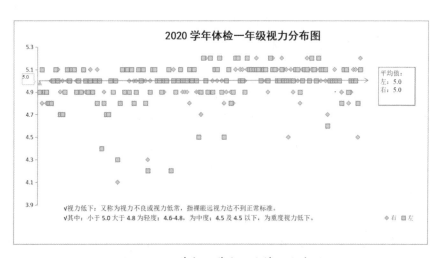

图4-2-3 单年级学生视力情况分布图

143

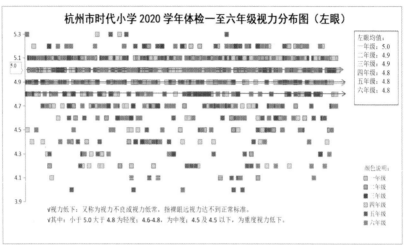

图4-2-4　全年级学生视力情况分布图(单眼)

　　因材施教,人人出彩教育。每个学生的生活环境、兴趣爱好、学习能力、身体素质等方面都有差异,能站在运动会领奖台上的永远只有少数学生,为了改变这样的局面,杭州市时代小学陆续邀请"冠军"进校为学生上课,推出冠军吴鹏的游泳课程、奥运选手鲍雨晴姐妹的啦啦操课程、郑武的篮球课程、国家级太极传承课程等,让学生们在校就能学到专业的体育技能,感受到体育精神,体会不同角度的专业体质评价。结合上城区"双百赛事",通过"校级赛、年级赛、班级赛"三大校园吉尼斯挑战赛形式,完善学校"普及性+选拔性"体育竞赛体系,在各个班级中开展几十余项常态化体育赛事,在丰富学生的课间生活的同时挑战自我,让每个人站上"领奖台"。

(三)加强效果反馈,推动健康教育高质量发展

　　家庭、学校、社会互为关联,形成一体,协同促进学生身心健康发展。学校通过建立学生体质健康档案,以适当形式向家长反馈学生的体质健康状况。

　　以视力健康为例,学校联合眼科医院作为近视防控工作的专业支持,医务工作者参与近视防控知识传授和视力监测数据诊断,一月一次专题讲堂,每人一份反馈信息,既面向学生,又面向家长、老师,保证了"防近四联单"中学习单、反馈单的专业性和实效性。学校是近视防控工作的主导力量,引导学生借助学习单、笃信单、导行单提升近视防控意识和能力,并联通反馈单的医校两端,依据实情进行其他三单的适时调整。儿童近视防控的主力在家庭,家长全程全息参与学生实际使用防近四联单的过程,提供学习单上必要的课程支持,强化笃信单的信念导向,助力导行单的持续执行,落实反馈单给出的诊断、改进意见。针对已经发生的儿童视力不佳问题,目前学校构建实施了如下四步适时调整与干预流程:校医将个别儿童纳入预警范围,定期对视力不佳的儿童进行校内访谈,交流学习生活情况,找出隐藏在儿童身边有可能引起视力降低的危险因素;校医提供医学建议,针对视力问题对视力不佳儿童进行健康教育,并与家长、班主任和学科教师进行健康反馈,多方一同监测,保证学生规范用眼;前往专业医院就诊,儿童随家长携时代小学健康数据档案(提供医院反馈);全员跟踪记录,校医继续对儿童视力健康提供有针对性的健康咨询、指导,班主任、学科教师给予生活建议。

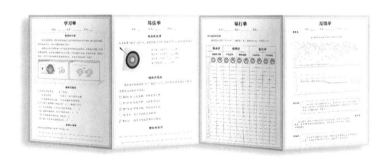

图4-2-5　杭州市时代小学视力防控"四联单"

"家校社"三者不是只有在教育目标上一致,更要在时空上密切衔接、积极互补,健全家庭教育指导和社会共育机制,形成政府统筹协调、学校积极主导、家庭主动尽责、社会有效支持的协同育人格局,发挥教育的整体效应,从整体上为学生营造积极健康的成长环境。通过多年来的评价探索,杭州市时代小学重新定义了学校的功能,学校不仅仅是学习知识和养成良好品德的场所,同时也是向师生传授健康理念与健康知识的场所。然而,我们发现,儿童的健康成长需要全社会来共同关注,只有家长、学校以及社会大环境都共同携手,相互联动,这样才能全方位地促进儿童健康成长。

三、针对综合实践的校社协同评价

综合实践活动是培养学生综合素质和综合能力,提高学生在生活中的适应能力和生存能力的重要途径。杭州市时代小学按照《浙江省教育厅关于小学生综合评价改革的指导意见》《杭州市上城区小学生综合评价改革实施方案》,找准教育评价改革工作重点,学校结合学生成长规律,根据学段学期工作目标,主动搭建好协同育人平台,协调社会资源,突出构建针对综合实践的校社协同评价,制订学生评价改革总体方案,做到评价内容及标准分阶段、分层次;评价方式有量化、有记录、有结果。学生的评价逐步从静态走向动态,从单向评价转为多向评价,从横向评价转为纵向评价,突出过程性,关注学生的身心发展历程,遵循学生成长规律;充分利用大数据和智能网络式评价,推进了教育评价数字化转型,打造多元化评价方法新格局。

我们发现,针对综合实践的校社协同评价相关要求依然有待细化明确。具体表现在:一是评价的随意性较大,小学综合实践活动给予了教师设计活动内容的自主权和更大的灵活空间,但同时也导致制定评价量规的随意性较大。二是评价描述设计不合理,评价描述符的语言直接照搬评价维度的关键要素,评价描述没有结合学生的认知水平进行调整,导致学生难读或误读,评价描述符等级安排不合理,导致评价分数不能正确反映学生活动水平。三是评价目标单一,部分家长受应试教育的影响,对孩子的评价往往是知识、技能、能力特别是理解力、记忆力等方面评价较多,对学生的其他方面,如交际能力、创造能力、语言表达能力及学生的兴趣等方面评价甚少。

(一)科学设计评价项目,聚焦素养导向

评价项目的设计与学校对学生的期待、本学期综合实践活动的具体目标密切相关,杭州市时代小学"快乐星期二""体验星期五"等时段都是学生的综合实践时间。在评价项目设计过程中,综合学期相关主题实践活动的学生表现性目标,需要凝聚集体的智慧,融入社会化的情景,设计内容真实、情境复杂的评价项目,非一个教师可以决定,需要凝聚教师团队、社会的力量着力做好各项工作。

本校针对综合实践的校社协同评价一是具有了综合性。综合实践是跨学科的综合活动,这种跨学科不是简单的"1+1"拼盘式的叠加,是在此基础上聚焦相关课程核心素养的迭代,形成交融状态。二是具有结构化的特征。由于活动本身是低结构、非良构的,但综合实践活动赋予了教育意义,评价项目设计在保留非良构特点的基础上,必然经过结构化的处理,便于观察到拟定的现象与事实。学校教师及社会教育机构、实践基地注重伴随活动过程开展评价,捕捉学生有价值的表现,因时因事因人选择评价方式和手段,增强评价的适宜性、有效性。三是可操作性。学校在设计项目评价时注重优化教学目标的表述,明确能力发展的年级区分度,适切于相关学生的身心发展、认知水平、思维能力和活动经验。在评价条件设定的前提下,学生在项目实施过程中,通过个体的主观努力和小组的协同合作,多数学生、小组能完成具有挑战性的任务。如在劳动节主题实践中,针对6个年级开展了"X年级需掌握的N项劳动技能",其中的劳动项目与评价方式互不相同,之间既有迭代也有升级,通过螺旋上升的评价目标,体现不出年级之间的差异。

(二)整体协同评价实施,多维全景观察

真实情境的评价项目实施,需要大量统筹安排。观察项目实施中的学生行为以及实施后的访谈交流是一项艰巨的任务,凭借综合实践活动指导教师的力量是无法完成的,本校将评价过程中稀缺的、现实的和潜在的、具有不同性质来源的资源进行调动、配置和耦合,实现系统整体配置与使用效果的最大化,形成综合素质评价的系统性资源。

一是社会资源的整合。综合素质评价的社会资源包括高校科研

院所、公共服务机构等。本校在进行协同素质评价的过程中,通过与这些社会组织建立有效的、制度化的联系,为学生综合素质持续发展搭建平台。二是学校资源整合。学校资源整合可以分为校内资源和校外资源的整合。校内资源的整合表现在要处理好不同组织机构之间的分工与协作,如教学与课程中心、学生发展中心和社团活动中心等的关系。整合校外资源,不同学校之间要相互学习和借鉴,要充分挖掘家长在综合素质评价中的作用,要充分使用各种社会组织资源。学校充分挖掘与整合不同社会组织的软硬件资源,调节学校与社会组织之间的关系,形成学校—家庭—社会组织的联动效应。采取多维度观察,以利于反映学生真实、整体的面貌。在做好相关记录的同时,要围绕观察指标访谈学生,了解学生行为表现后面所掩盖的思考,弥补直观观察的不足,使获得的评价信息能够更加全面、完整、客观、公正地反映学生的真实表现,使评价结果、评价过程能够更好地引领学生综合素质的发展。

(三)评价结果关注成长,过程结果并重

在针对综合实践的校社协同评价项目中,学生真实表现既指评价项目的实施结果,又指学生在完成评价项目过程中各种行为的表现,是协同判断学生综合素质发展水平的重要依据和内容。只有从事实出发,解释事实,与学生面对面地挖掘事实,才有助于做出合理的评价。与传统的个体间横向比较不同,综合素质评价无意得到孰强孰弱的结论,更加倾向于自我的纵向比较,关注"现在的我"与"以前的我"之间的发展变化态势与程度,让学生明白"哪些方面有进步""哪些方面还需继续努力"。

学校将拓展情境任务式、档案袋式、精准表达式、智能网络式四大评价路径相结合,打破了从单一"唯分数论"评价到多元化评价路径,构建学生全方位全过程的发展评价路径。通过开展环境调查、工厂研学、自然笔记大赛、游园活动、童书大漂流等创设情境任务式评价形式,引导学生将课本中的理论知识运用到生产生活的实践中去,在实践中完成过程性评价,在情景中完成结果性评价;完善学生的成长档案式评

价,每期一本成长手册,全面记录德智体美劳的发展状况,在日常记录中融入多元化评价,形成特色个人档案。利用大数据精准云平台和网络智能式评价方式,形成多视角、多侧面、多渠道采集并保存学生全面发展状况的关键资料,实现学生评价的个性化和过程化,为评价提供了重要的技术赋能和科学评价手段,帮助每个学生"学得扎实,玩出名堂"。

第四章 指向跨学科素养的过程性评价

第三节 活动式评价

  活动式学习,是指通过活动的方式解决真实世界中的问题,学生参与一系列驱动任务,亲历活动过程,跨学科地开展学习。学生在任务中学习知识和技能,发展解决问题的能力。围绕发展学生核心素养,强化课程与教学的综合化、实践性,我们通过活动式学习来培养学生的核心素养能力,以持续探究性问题为驱动,以学生参与为中心,以学科融合为焦点,以多元的评价为引领。

  在为学生的学习提供个性化方式的同时,我们尤其关注以评价促进学生的有效学习和深度学习,为学生真正理解和运用知识、达成问题解决能力和创造力的培养目标提供了载体,也为教师切实开展活动式学习提供有效的支持,助力实现教育教学效果的优化。在本章节中主要包括STEAM学习评价、项目化评价和艺术社会性展演。这里的STEAM学习内容主要侧重数学与科学实践活动,项目化学习内容则是综合性实践活动,如学校的四季课程,艺术社会性展演内容是指音乐、美术等艺术类活动。

一、STEAM学习评价

  STEAM学习是通过不同学科有目的地融合来解决真实世界中的问题,以解决问题和创造学习产品为目标,以项目学习为课程组织形式,集科学、技术、工程、艺术、数学多学科融合的综合活动。学生学习的历程和作品通常是评价的重点。STEAM学习通过过程性的评价关注学生问题,解决过程中展现出的知识与能力,强调任务的意义和挑战性,评价的方式是多元且丰富的。以下从过程性评价标准及量规的开发、细化和应用三方面展开介绍。

(一)基于课标,开发评价标准

评价的目标指向我们期望学生的学习结果。在"以终为始"理念的指引下,设计STEAM活动时教师和学生根据课程标准共同讨论评价标准,评价内容主要监测与教学目标一致的学科素养和跨学科素养的发展。

把握课程标准,选择重构。课程标准规定了学生经过学习后需要知道和掌握的知识。评价标准中需要对课标进行细化,使其成为学生重要的学习成果。如课标中规定电路图的知识,在《纸电路贺卡》STEAM活动中,学生不但要识别并画出简单电路图,还需要根据真实情境设计电路图,并利用生活中常用的电器元件搭建电路并完成组装。

提炼课标概念,确定目标。教师需要从课程标准中提炼概念,以宏观概念构建项目,确定项目目标,为项目设计出一个具有挑战性的驱动问题。确定好目标后,需要围绕目标设计评分标准。这样可以帮助教师在STEAM教学中以标准为中心,全面了解学生学习情况,并根据学情进行项目管理。

基于课程标准的评价标准指标包括所学内容和技巧,多数活动量表一般选择让内容占40%~50%。基于标准的评价,可以帮助教师确定活动的具体教授标准,既能达到课程标准,同时又能保留STEAM学习的精神和意图(见表4-3-1)。

表4-3-1 基于课标开发的《有趣的电路盒子》评价标准

	学科	课标内容	提炼概念	评价标准
有趣的电路盒子	科学	知道电源、导线、用电器和开关是构成电路的必要元件; 知道形成电路的条件; 会连接简单的串联和并联电路	电路的构成及其形成; 绘制并连接简单的电路	电路闭合,线路清晰,有文字标记
				三个电器都正常工作,开关外置合理,操作方便

	学科	课标内容	提炼概念	评价标准
有趣的电路盒子	语文	乐于用口头、书面的方式与人交流沟通,增强表达的自信心。观察周围世界,能不拘形式地写下自己的见闻、感受和想法	乐于与人交流沟通;有条理地写出自己的想法	编故事有趣,并能生动解说
				产品说明书内容完整,步骤明晰,语言简洁
	美术	观察学习与生活用品,了解"实用与美观相结合"的设计原则,从舒适、美观和便利的角度,发现其不足之处,用手绘草图等形式呈现自己的改进想法	设计舒适、美观和便利;绘画能和设计作品融合	绘画内容清晰,构图合理,色彩饱满
				所有组件与绘画和故事融合,且有意义
	劳动	正确使用 1~2 种常用的小电器,完成劳动任务	工具使用	能正确使用胶枪等工具
				会安全使用插头连接电器

(二)师生协作,细化评价量规

我们坚持主体取向的评价,认为评价是一种价值判断的过程,而价值是多元的。在评价情境中,无论是评价者还是被评价者,教师还是学生,都是平等的主体。在实践活动中,评价是评价者与被评价者、教师与学生等共同建构意义的过程,教师、学生都是意义建构过程中不可或缺的组成部分。特别是对学生而言,要实现评价主体的多元化,就必须提高他们在评价过程中的参与程度。师生共同细化评价量规,是大家民主参与、协商和交流的过程。

量规是一种具体罗列评价维度与评分标准的"评分工具",其作用是保证评估与学习的一致性:将成绩划分成一定的技能、帮助识别学生提高的方面、给学生提供反馈。通过参与细化量表的过程,学生能够根据评价标准的要素对自己的产品有更清楚的认识和了解,从而在制作过程中不断优化。

　　细化的过程分课前、课中、课后三步。课前师生一起学习浏览评价标准,学生了解评价量规的指标。课中讨论如何根据给产品打分细化等级,确保学生清晰地理解评价量规和活动预期。课后用细化的量规对同学的作品互评,发现问题,并及时修正。

　　如在《我的机械臂》STAEM学习中,教师和学生在活动中细化过程性评价量规。教师在活动开始时出示的量规只有第一列评价指标。学生在课堂中通过对机械臂的尝试与操作,小组讨论对取物能力、伸缩能力、成本控制等维度设计合理的评价等级,初步制定量规。最后小组交换评价量规,通过再次操作进行互评,全班讨论确定最终细化量规(见表4-3-2)。

表4-3-2　《我的机械臂》小组细化量规

评价指标	1分	2分	3分	修改意见
取物能力	机械臂只能夹取0.5~0.7米以内的物品	机械臂能成功夹取0.7~1.0米以内的物品	机械臂能成功夹取1米以外的物品	
伸缩能力	机械臂不能伸缩或伸缩程度很小	机械臂能伸缩,但伸缩较困难	机械臂能够灵活伸缩	
成本控制	机械臂制作成本远远高于80角	机械臂制作成本在80角左右	机械臂成本远远低于80角	
分工合作	小组分工不明确,只有一两位学生在指挥或者做事情,小组成员之间缺少沟通	小组分工明确,个别成员不知道自己的分工;小组成员之间有一定的沟通交流,缺少对他人建议的思考	小组分工明确,每个成员都能完成自己的任务;小组成员之间有较多的沟通交流,并能认真对待每位成员的建议,有选择性地接受,改进设计	

(三)应用量规,促进产品改进

量规评价不仅包括教师对于学生学习过程和目标达成度的考量,更是促进学生个体和团队发展、促进学生成长与社会化的有效手段。应用量规可以出现在学习的各个环节,在结构化的讨论和清晰的形成性评估工具的引导下,有意义的反馈能帮助学生不断改进自己的产品。因此我们在实践活动中贯穿了多次评价,既有及时进行的自我评价,也有需要较长时间的自我反思;既有小范围的小组评价,也有较大范围的班级评价,以及范围更广的全校性评价等。通过量表给出的形成性评估促进反思与改进。

前置评价,明确任务目标。设计评价前置,体现UBD的逆向设计理念。教师对STEAM活动所指向的学习目标进行关联,从"可界定"的角度将目标转化成测量的行为表现、可量化的评估内容。通过量规的评价维度,引发学生思考,明确学习目标与方向。如在《创意纸电路亚运贺卡》STEAM活动中,张忠华老师在明确任务后,出示评价量规(表4-3-3),以帮助学生清晰地认识到将要面临的学习挑战。

表4-3-3 《创意纸电路亚运贺卡》课前评价量规

评价维度	要求	自我评价
电路效果	电路连接正确,有两处及以上的发光	☆ ☆ ☆ ☆ ☆
巧妙开关	设计巧妙的开关,能控制电路的通断,无故障发生	☆ ☆ ☆ ☆ ☆
亚运元素	结合亚运,突出杭州特色	☆ ☆ ☆ ☆ ☆
美观创意	贺卡制作精致,呈现形式富有创意	☆ ☆ ☆ ☆ ☆
加分项	有声音的设计并能体现较好的效果	☆ ☆ ☆ ☆ ☆

课中贯穿,修改学习成果。构建量规元认知支架帮助学生自主学习。第一类过程性监控,如《工程设计形成性评测量表》《合作学习量规》

等,帮助学生在学习过程中自我对标和调节。教师借助量规引导学生规范经历"像工程师一样思考",习得工程素养。形成性评测量表依照工程设计的六个步骤(提问、想象、计划、创作、改进、测试)为评估维度,将学生在每一个步骤中所达到的水平分为入门级、成长级、熟练级、模范级四个等级,对应分值为1至4分,支持和改进学生在工程学习中的表现程度。

课后反馈,促进反思改进。活动结束后,教师会让学生填写活动评价量表或者是反思日志来检测学生的思考方式,促进学生对自己在活动中的表现进行反思与改进。如在活动展示汇报后,学生填写的汇报评价量表如表4-3-4所示。

表4-3-4　学生汇报评价量表

评价内容	评分标准与等级(＿＿＿＿小组,＿＿＿＿等级)			
	A等	B等	C等	D等
交流展示的状态	礼貌自信,举止大方;口齿清楚,陈述有条理	礼貌自信,举止较大方;口齿清楚,陈述较有条理	显示出了一定的礼貌自信,举止不够大方;口齿不太清楚,陈述中条理不清晰	不够礼貌自信,举止失措;口齿不清楚,陈述无条理
学习收获的整理	概括说明了知识运用的过程;体现了学习心理的感悟与进步	能够说明知识运用的过程;体现了一定的学习心理的感悟与进步	基本说明了知识运用的过程;学习心理的感悟与进步不足	未能说明知识运用的过程;无法体现学习心理的感悟与进步

我们可以如何改进＿＿＿＿＿＿＿＿＿＿＿＿＿＿＿＿＿＿＿＿＿＿＿

二、项目化学习评价

项目化学习是学生在真实情境下通过调查研究解决有趣而复杂的实际问题或挑战,并公开展示项目成果,从而获得知识和技能的一种教学方法。本校跨学科的综合性实践活动四季课程以儿童熟悉的自然现象和事物为主题,组织学生开展项目化学习。每个主题学习跨度一个月,一个季度一次,故名"四季课程"。

在项目化学习中,评价是一种多元化的表现,它不是用传统的一张卷子或者一套方案去考学生,而是多种方式的结合。教师根据不同的评价类型提供合适的评价工具,既注重对学习结果的评价,也注重对学习过程的评价,更好地帮助学生全面地发展。依据浙江省教育厅教研室张丰主任提出对不同项目类型的评价方式,通过学校项目化学习实践,我们对项目化的评价方式进行了梳理。下面从项目和学习者两个角度展开介绍(见表4-3-5)。

表4-3-5　不同项目类型评价方式

	类型	评价目标	评价方法与工具	评价者
项目	对项目过程的评价	学习实践	项目进度表、评价量表、核心问题概念图等	学生自己 同伴 教师
	对项目产品的评价	阶段性成果 最终学习成果	公开展览与汇报、指向核心概念、产品质量、成果报告的评价量表等	学生自己 同伴 教师 外部专家 公众
学习者	对学生个人学习评价	核心知识 学习实践	研究日志、评价量表、档案袋等	学生自己 同伴 教师
	对学生小组合作评价	学习实践	小组合作评价量表	学生自己 同伴 教师

(一)对项目的评价

1. 对项目过程的评价

关注项目的进度情况、项目学习问题的解决情况。通常通过表现性评估,人人参与评价的过程,采用自评、互评,目的在于引导整个项目化学习的进程。评价标准更突出学科间的兼容性,体现多学科、多角度,全方位实施评价。学生在参与项目化学习时,将进行知识的迁移,把不同学科的知识融合为"创造性的理解"加以运用。通过分析问题、提出解决方案、动手操作等一系列实践活动,经历一个更长时、更深入的合作,充分地沟通、交流,达到个人观念与集体意识的平衡,最终解决问题,形成成果。

本校四季课程的"四维"评价标准就是围绕"学生能否综合地运用不同学科的知识与技能进行研究"而制定的(见表4-3-6)。

表4-3-6　四季课程第二学段"四维"评价标准

第二学段	
维度	评价标准
爱思考	能基于生活情景尝试提多个问题并能进行分类筛选确定研究方向,积极尝试用多学科知识提出猜想,探究有效的解决问题的方法,能对方案进行比较深入的反思
善表达	能自主地应用技术搜集信息,并将信息进行整理、加工后用多种形式以小组进行展示交流。表达自信,内容信息完整,中心明确,语言组织有条理,逻辑清晰
能实践	能选择合适的研究主题,制订较详细的活动方案;能有条理地记录过程,掌握一定的研究方法,能较科学地展示、分析、解释研究成果
会合作	在教师、组长的组织下开展活动,能合理分工,乐于表达和分享,自觉遵守规则和流程,具备友好交往能力和共享意识,能公正评价自己及他人的合作表现

2.对项目结果的评价

关注学生最后完成项目的情况,即学生完成项目的作品或表现,评价形式比较丰富。评价者不仅是内部学生、教师,还有外部人员,除了团队之外的人,产品做出来以后得到的用户反馈、专家评价等,并对项目化学习进行回顾与总结。

基于评价的多种功能,我们认为评价项目的成果,可以是学生"做出"什么,也可以是学生能够"报告"自己和小组为什么这样做,做的过程是什么,经过了怎样的思考和调整等。这些思考和调整的过程涉及对概念、情境中的背景知识、限制条件的综合分析、推理、再设计与创造。因此,我们采用的评价形式主要有制作表现类、解释说明类和公开成果展。

制作表现类是制作或表现出来的产品,主要强调"做和表现"的制作表现类成果。这类评价的呈现方式主要可以分为产品展示和表演展示。产品是拓展性学习经历探究过程后形成的作品,是知识建构的外在表现。产品可以是学生制作的一个实物、一个模型、一幅画、一本绘本、一份笔记等,一般可以直接体现学生对核心知识的理解。在产品展示的过程中,让学生获得成功的体验,提供互相学习的机会,交流迭代,萌发更多的创意设计。

解释说明类是用来说明这个产品的内在设计理念与过程的文本、PPT或口头报告,主要强调"说和写"。当然,学生在学习过程中生成的材料,比如,观察日志、过程记录、清单核查表、实验报告、项目方案、个人学习记录、小组清单、日记等也同时可以作为佐证材料。两类成果可以单独产生,也可以同时产生,成为公开成果展,共同指向核心问题的解决和核心知识的深度理解,体现学生的创新能力。

公开成果展不仅可以让学生的学习变得更有动力,让学生再次回顾自己的项目历程,促进学生反思,而且可以让所学的知识变得可视和易于讨论,同时让整个项目学习变得更具真实性。学生可以把作品放到网络上,展示在墙上,还可以把产品提供给现实生活中有需要的人。成果展的目的不是展示精致而美观的作品,而是要展现学生对所学概念的理解和把握,同时庆祝学生自己与团队共同完成了富有挑战性的任务,让学生有仪式感和获得感。

(二)对学生的评价

1.对学生个人学习的评价

关注学生在学习过程中的进展,包括学习、元认知等方面的发展。

有对学生实践过程的评价也有阶段性的成果评价,评价者通过量表、档案袋等可视化的方式了解个人学习情况。

在制定项目化学生个人学情评价标准时,我们也会根据不同的评价目标从不同维度来划分。如判断学生是否"用多学科知识提出猜想""用不同的形式表达和交流""用多种策略进行实践"等,以促进学生综合能力的发展。下面是项目化学习《作业计时器》活动后教师对学生学习情况的评价量规(见表4-3-7),从分工合作、知识技能、操作技能、小组展示以及回顾反思综合地评价学生的整个学习过程。

表4-3-7 《作业计时器》教师评价量表

	优秀	合格	有待改进
分工合作	☐ 分工合理,每个成员都有明确任务 ☐ 小组成员相互尊重,即便意见相左亦能倾听与商讨 ☐ 配合默契,衔接流畅	☐ 任务分配不平衡,以至于个别人成为主导 ☐ 小组成员出现过争执,没有一直保持相互倾听 ☐ 有协作,但配合不够默契	☐ 分工不合理,个别成员未能参与 ☐ 小组成员之间出现矛盾,没有表现出礼貌和尊重 ☐ 没有协作,各自呈现
知识掌握	☐ 掌握并理解 wulink-python 的互联网时钟的原理,构建实现数据上传的方法 ☐ 掌握并理解 OneNET 平台物联网功能,构建实现数据自动存储的方法 ☐ 能够正确分析程序的过程,并绘制出程序流程图	☐ 能理解 wulink-python 的互联网时钟的原理,但对实现计时器的方法与流程还有点模糊 ☐ 能理解 OneNET 平台物联网功能,但不清楚如何构建实现数据自动存储的方法 ☐ 能分析程序的过程,并基本绘制出程序流程图	☐ 不太理解 wulink-python 的互联网时钟的原理,不清楚实现计时器的方法与流程 ☐ 不太理解 OneNET 平台物联网功能,不能构建实现数据自动存储的方法 ☐ 不能分析程序的过程,无法绘制出程序流程图

第四章 指向跨学科素养的过程性评价

159

素养本位的时代评价

		优秀	合格	有待改进
操作过程	任务分析(流程图)	□ 绘制的流程图符合规范,清楚地表达出编程的思路和过程	□ 能按照标准流程图符号特征来绘制,但是需要反复修改,才能表达清楚	□ 没有按照标准的流程图符号特征来绘制,绘制的流程图不能表示程序过程
	程序编写作业计时器	□ 程序编写思路清晰、指令正确,能正确记录时长并做出相应动作	□ 能按照流程图思路来编写,记录时长,但显示反馈会有出入,指令选用基本正确,程序需要反复调试才能达到运行目的	□ 没有按照流程图思路来编写,图片无法正确识别,也没有选用正确的程序指令,程序基本不能运行,或者运行达不到目的
	程序调试	□ 程序能够顺利启动运行至结束 □ 能在记录的开始、结束时给用户反馈 □ 能准确记录作业时长,并在后台收集到数据	□ 程序运行不流畅,需中途修改方能完成任务 □ 能记录时间,但显示会有问题,程序需要调试才能实现时长记录 □ 程序需要反复调试才能实现时长记录和数据上传的程序运行,才能完成后台数据收集	□ 无法独立完成程序运行,调试过程毫无章法 □ 作业计时任务失败,无法做出用户反馈 □ 无法实现时长记录,数据无法上传到后台
	作业计时器效果	□ 合理利用设备记录作业时长数据,也能将数据收集并上传到云端,实现作业时长的统计	□ 设备可以记录作业时长,但反馈显示不协调,数据上传不完整	□ 设备无法记录作业时长,没有显示反馈,数据上传失败

	优秀	合格	有待改进
小组展示	□ 编程任务完成过程展示明确，整体逻辑清晰 □ 每个成员都有机会登场 □ 小组成员相互尊重，相互倾听	□ 小组进行了部分编程任务环节展示，但是不具体 □ 各成员分配的时间和内容不够平衡 □ 各成员没有一直保持相互倾听	□ 小组对编程任务完成过程的描述缺乏逻辑，不能清楚表达整个过程 □ 陈述机会严重不平衡，以至于个别人成为主导 □ 小组成员之间没有表现出礼貌和尊重
学生手册	□ 记录有条理，有助于理清思路、达成任务	□ 过程中有记录，记录较为简单	□ 整个过程几乎无笔记

2. 对学生小组合作的评价

关注学生小组的合作情况和效果。项目化学习中聚焦合作素养，在活动过程中以评价引导学生有效地合作，提高团队协作的能力。

通常我们会从组内贡献、作品质量、时间管理、准备工作、与他人合作等维度进行评价。把学生的表现分为四个等级，学生可从描述中清晰地看到每个水平的差异，知道自己应该如何做以达到老师的期望。通过表现性评价把合作素养可视化，既体现个人在学习中的能力发展，又体现团队合作的能力发展。

例如，在四季课程"春天的茶"的研究中，在评价活动环节，学生对于个人和小组两个类型开展了不同的评价（见表4-3-8）。

161

表4-3-8　学生在四季课程中关于个人学习与合作的评价量表

一、关于我

项目完成情况

D等	C等	B等	A等	自评	他评	师评
①没有按时完成项目;②项目记录不完整;③没有完成项目展示;④没有按小组既定方案做	①按时完成项目;②项目记录完整,内容不是很具体;③小组完成了项目展示;④项目内容按小组既定方案做	①按时完成项目;②项目记录完整,内容很具体;③小组按分工完成了项目展示;④项目内容按小组既定方案做	除了标准条件:规划装饰美观,具有观赏性;展示紧扣驱动性问题且有创意			

完成项目时的表现

	D等	C等	B等	A等	自评	他评	师评
个人责任	①没有意愿和小组一起工作;②不做项目任务;③没有使用他人意见完善自己的工作	①有时候会和小组一起工作;②做了项目任务,但需要提醒;③按时完成了一些任务;④有时候使用他人的建议来完善自己的工作	①和小组一起工作;②小组讨论时能积极发表自己的看法;③无须提醒,按时完成任务;④使用他人意见完善自己的任务	除了标准条件:额外完成其他任务,帮助同学			

	D等	C等	B等	A等	自评	他评	师评
小组协作	①没有帮助小组解决问题；②可能会制造问题；③不与组员分享；④不给出有用的反馈；⑤没有帮助他人	①与小组合作但帮助小组不积极；②尝试与他人分享想法；③有时能给出有用的建议；④有时帮助他人	①解决问题，处理冲突，有秩序；②分享想法；③提出有用的建议；④给予他人帮助	除标准条件：总是鼓励他人；组员有不明白时，主动提供帮助			
尊重他人	①不注意组员讨论的关系；②不尊重组员（可能是打断、忽略别人的想法，伤害感情）	①经常听取组员想法，但并不总是这样；②大多数情况下对组员礼貌和善，但并不总是这样	①仔细听取组员想法；②对组员礼貌和善	除了标准条件：鼓励组员尊重彼此，认可他人			

三、社会性展演评价

本校根据课程标准的指导，建立激励机制，激发学生的艺术潜能，举办多种类型的学生表演和展示活动"天天有画展""丑小鸭艺术节"。此外，本校还善用社会资源，多次开展面向全社会的大型画展、合唱节、专场会演、文艺表演等，增强学生艺术学习的广度、深度和强度，为每一位学生提供更高更广的展示平台，增强社会意识，促进他们获得艺术创造的成就感，激发学习的主体意识。在展示校艺术教育成果的同时，凸显朝气蓬勃、勇于探索、健康向上的精神品质。

（一）以评促参与，增强社会意识

社会艺术性展演形式，不仅能展示学生的创作才华和想象力，更能培养学生的社会意识。通过参加这类活动，可以丰富学生的艺术实践，

第四章　指向跨学科素养的过程性评价

可以运用以往所学表达自己的所思所想进行创作,学生可以接触到不同主题、不同风格的作品,从而拓宽他们的审美范围和观察力。同时,它也是思想交流碰撞的窗口,通过不同个体的创作,可以更加深入地了解不同视角下的世界,感受审美、认识的多样性。

在活动中,学生可以通过观察艺术作品以及与其他观众的交流,培养他们对社会问题的敏感性和思考能力。艺术作品往往蕴含着丰富的象征和隐喻,在创作或欣赏的过程中,学生可以学会表现或解读作品背后的深层含义,并将其与自身的社会经验进行对比和思考,从而拓展自己的视野和对社会的认知。

例如,杭州市时代小学艺术团的学生们活跃于G20国际会议鲜花队、全国学生运动会开幕式、国际友好城市交流演出、政府迎新会等大舞台中,在迎来全市"亚运城市行动"的快闪演出活动中,人人争当亚运小主人,传承弘扬亚运精神。学校还主办了合唱专场音乐会,特邀浙江财经大学、上海师范大学两所高校合唱团开展了三校联谊合唱公益音乐会,在促进校文化建设和学生全面发展的过程中,进一步落实"美好教育"的契机。通过公益音乐会将音乐的美好传递给生活中更多的人,增强学生的社会责任感,引导他们将自我理想融入国家发展,从而传递出时代的正能量(见图4-3-1)。

图4-3-1 三校联谊合唱公益音乐会

(二)以评促提升,展现艺术才能

每一位学生都是独立的个体,人人都有闪光之处。在评价中关注学生的个性,搭建展示自我的平台,学生可依据各自的兴趣与特长,彰显自己的艺术才能。从学校的各类社团到社会邀约展演,为有艺术特长的孩子搭建从平凡走向成功的台阶。2019—2021年,校艺术团的学生们连续三年受邀赴首都北京,亮相央视CCTV音乐频道《合唱先锋》栏目。每一场录制,从歌曲学唱、动作演绎到舞台走位,在每一次的完善和历练中增强学生的艺术素养,提升音乐表现力、情感与肢体的创造力,享受舞台艺术的魅力,充分展现艺术才能。

我们坚持素养导向,分年级分学段进行全面、综合的评价,同时坚持以评促学。例如,学校"天天有画展",在校门口、教学楼外、学校礼堂或是艺术楼走廊等多个场地,都会定期举行公共艺术展,展示学生的优秀作品,分享学习成果和感动。在活动中,我们会分发给每个学生一枚投票贴纸,引导他们捕捉、欣赏同学之间作品的创意和独特表现,投票选出最受欢迎的作品,予以鼓励,不断加深学生的艺术体验。不仅如此,学校举办一年一度的"童心童画"艺术展(图4-3-2)。画展不仅仅是对作品的

图4-3-2　著名国画大师、中国美院博导吴山明为画展题词:美好时代

简单呈现,还能培养学生的策划管理、协调沟通能力。学生参与到画展的全过程,准备艺术作品、陪同家人参观、介绍画展内容、筹备开幕仪式等,美好童年体现的是满满的艺术光影。

在绘画的过程中,教师重视表现性评价,注重引导学生通过"视觉笔记"等形式,对自己的学习历程进行创作记录,通过书写作品介绍,进行作品自评以及观点输出。学生们的作品"视觉笔记"也曾在浙江展览馆的中国新美育——庆祝中华人民共和国成立70周年《美了,我的国!》儿童美术双年展上隆重展出,并受到了广泛的好评(图4-3-3)。

图4-3-3　浙江展览馆儿童美术双年展

(三)以评促成长,激发主体意识

学习是每个人与生俱来的一种意识,也是一种自主的行为。教师在活动中给予及时的评价,提供科学的引导、帮助和组织,使学生在学习中体验成功。在社会性展演中,无论是排练或是正式演出,教师有意识地关注学生的表现,如学习态度、学习兴趣和艺术能力。在活动中给予过程性的评价,引导学生以小组为单位进行生生互评、师生互评;学习示范时充分发挥学生的主体意识,在互帮互助中感受成功的乐趣,收获活动体验中的成就感。教师作为学生活动的引导者,及时给予学生表扬与肯定,在评价过程中为学生指明现阶段的方向,树立自信心。

例如,杭州市时代小学的同学们受邀参加第十九届中国国际动漫节彩车巡游活动(图4-3-4)。在此次社会性展演中,同学们在老师的引导下共同完成了一次音乐类的实践项目挑战。在挑战中,他们面临着节目编排、动作队形、表现力等方面的难题,"从零到一""从无到有"。作为团队中的一员,学生既是活动项目中的创造者,也是执行者和合作者,教师鼓励每一个孩子都能自由地表达自己在活动中思考与感悟,丰富项目新创意,增添团队凝聚力,为展演助力。

图4-3-4　第十九届中国国际动漫节彩车巡游活动

在活动实施的过程中,教师突出以学生为主体,引导同学们在排练时进行"语言互动式"的同伴评价,学生运用欣赏的目光、激励性的言语评价身边的人,被评价者也同样会用积极的语言来回应,在良好的评价氛围中互赏互学。同时,引导学生善于发现、学会用友善的语言去提示同伴身上需改进的要点,如"你能尝试踮起脚尖,再轻盈些,表演就更精湛了"。同学们在认识自身与他人的优势和不足中,不断成长。在正向评价时,教师的言语激励是学生成长过程中的催化剂,评价时的言语不是笼统单一的,是具有针对性的,可以细化到表演者某一个良好的行为特点,如"你的舞蹈拍点清晰,强弱分明""你的表情十分具有感染力"。同学们在教师正向的言语激励中,能够找到自己身上的闪光点,指明前行的方向。在此次活动过程中,评价不是一个没有情感的数字,而是相互激励的语言和眼神;不是一个不变的结果,而是促进学生动态发展的过程。

第五章

素养导向的结果性评价

　　素养导向的结果性评价不仅关注学生的学业成绩，还关注每一位学生的理解力和素养的发展，致力于挖掘和发展学生多方面的潜能，了解学生发展中的需求，帮助学生认识自我、树立信心。为实现对学生素养发展水平的全面评价，我们积极创设真实的学习情境，建立课堂所学和学生生活的关联，设计多种类型的作业，加强学科作业设计和实施，让作业的效果和反馈更持续有力、精准有效。素养导向的考试则采用多样化的评分标准，根据学生展现的能力水平分为不同等级，更重视学生的思考过程、解决问题的策略和表达能力，更准确地反映学生的核心素养和学习能力。而跨学科实践测评的方式，溯源在核心素养导向下跨学科主题的选择、目标的制定、教学以及评价等问题，是进一步推进课程评价变革和创新的有效手段。

第一节 素养导向的学科作业设计与实施

《基础教育课程改革纲要（试行）》指出："倡导学生主动参与、乐于探究、勤于动手，培养学生搜集和处理信息的能力、获取新知识的能力、分析和解决问题的能力以及交流合作的能力。"由此可见，学科作业的设计与实施应是开放的，以素养为导向，兼具生活性、合作性、趣味性、创新性、发展性和人文性。教师在作业设计中容易出现类型单一、机械重复练习居多、指向学生素养内容缺失等问题。为此，学校坚持"学玩相融"的素质教育道路，创建"学玩课堂"，建立作业管理的制度，对作业设计从内容到形式、从布置到评价，提出了"四精"改进方法。基于"作业管理的四项制度"和"作业设计的四精策略"，加强学科作业设计和实施，结合作业目标为不同的学习内容和类型设计合适的作业形式和内容，积极创设真实的学习情境，建立课堂所学和学生生活的关联，设计单元巩固类、实践制作类、序列拓展类和多元表达类等多种类型的作业，引导学生在完成作业的过程中，提升语言和思维能力，发挥学习潜能，促进学生学科学习轻负高质，更有意义。

一、作业管理的四项制度

"双减"背景下的作业问题需要用系统的思维来解决，学校以素养本位为导向，从有效提高学校教育教学水平、切实减轻学生过重的作业负担出发，坚持立德树人与五育并举、基础性和科学性并重、多样性和发展性同行，遵循教育规律与学生认知规律、身心发展规律相结合等原则，从作业总量、反馈、调整及个别化措施四方面,完善了作业的四项管理制度。

(一)学生作业总量控制制度

每学期初,学校教研组在各年级集体备课时,确定本学期各年级学生作业的总体安排,年级组确定每周课后各学科作业时间安排表。各年级组应每周开展一次作业布置研究,提前一周把即将开展的教学内容及与之相匹配的作业计划上传于教研组长,由教研组长进行审阅通过。作业设计要紧扣课程标准和教学进度,在作业内容、数量、要求、时长等方面,应经过组内成员集体讨论,做到年级组一致,体现作业的基础性、延伸性和拓展性。学期进行中,由班主任对各班每天的作业总量进行汇总、平衡,对每晚不能及时完成作业的学生形成日反馈机制,及时逐级备案调整。倡导三至六年级科学和英语等学科尽量不布置书面回家作业,建立班主任协调——各科教师会商的工作机制,做好各学科作业的统筹协调工作,确保作业量和完成时间的协调。

(二)学生作业批改检查制度

学校教研组将学生作业检查纳入每月教学常规检查范围,重点对教师在作业布置和批改中的"精选、先做、全批"进行检查和指导,将教师对作业的科学布置、作业的批改情况纳入教师教学月考核之中。教师应在课堂上指导学生认真完成课堂作业,及时掌握学生学情,加强作业集体讲评、个别面批、答疑辅导,不得将课堂作业拖到课后完成,不得要求学生自批自改作业。教师要根据作业内容特点和学生实际选择合适的作业批改方式,做到有布置必批改、有批改必讲评、有错误必复批。

(三)学生作业负担监管制度

学校教导处建立每周学生信息反馈机制,每周在每班随机选取一名学生作为反馈人,对每个年级每日的作业进行备案、分析,每周对反映的问题进行专题反馈,并将此作为教师教学月考核的重要组成部分。每学期分管副校长对学生作业量、作业布置、作业批改等方面进行一次面向全体教师的专题分析会,总结经验,直面问题。各班指导学生通过《联系册》中作业记录栏目如实记录作业,让家长了解当日作业布置情况,并接受家长监督。各班黑板开辟作业公示栏,各学科的教师将作业书写在黑

第五章　素养导向的结果性评价

板上,写清作业内容以及预估的作业用时,由班主任协调,做好当天作业总量的控制工作。学校定期对学生、家长进行问卷调查,如作业的内容、数量、时长、难度和教师批阅、辅导、落实等内容,以便学校对各年级学科之间在作业的数量上进行调控,按实际情况调整作业数量和难度。

(四)学生作业弹性评价制度

学校建立健全作业评价体系,倡导教师使用鼓励性语言,趋向阳光评价和多元评价,不断提高学生的实践能力、探究能力、创新能力。学校允许学生根据自己的情况,申请一些"免做"作业,或是延迟上交一些"困难"作业,以减轻学生(乃至家庭)的作业焦虑。特别对那些耗时较长的研究型作业,学校建立科学的评价机制,根据科学的评价标准评出相应的等次,记入学期学科核心素养地图,使作业要求不失统一的标准,让不同的学生在学习中得到各自有意义的成长。

二、作业设计的四精策略

有了相应的制度保障,学校进一步聚焦实现作业的"少而精",将作业设计与高效高质的课堂相联系,让适量的作业发挥应有的作用。为此,学校坚持"学玩相融"的素质教育道路,创建"学玩课堂",对作业设计从内容到形式、从布置到评价,提出了"四精"改进方法。

(一)精选的基础作业

学校对传统学科统一的作业内容进行精选,筛除简单机械重复的内容,编选揭示规律发展思维的内容,补选立足素养目标容易被忽略的内容,形成学科校本作业,涵盖不同的认知发展水平,帮助学生巩固知识、形成能力、培养习惯,帮助教师检测教学效果、科学分析学情、改进教学方法。

例如,"双减"政策对减轻学生课外负担有了明确的要求,小学一年级不允许布置回家书面作业,课堂作业本必须在校完成。教师在教育教学过程中,应当将课堂作业本与课堂知识点相结合,实现作业课堂化、课堂说写平衡化以及课后反馈及时性,形成边教边练真把式,提升语文课堂作业本的利用率,从而减轻学生的课后负担。在低年级的语文课堂作业本中,逐渐加入了对课文理解的板块以及综合练习,这充分体现了语文课堂作业本对课堂基础知识以及创新能力的重视。部分题目在可以随堂检测课前预习情况的时候完成,不仅可以检验学生们的预习效果。掌握学生学习难点,对课堂中的输出内容及时进行调整补充,还可以当堂完成作业,减轻学生的课后作业负担。

(二)精准的分层作业

学生的学习是有差异的,作业也应该因人而异。学校研究基于知识图谱的精准评价,关注学生的个体差异,尊重学生差异,增强作业的层次性、适应性,提倡作业分层,从知识点入手对每一名学生进行精准诊断,在诊断后推荐适合的作业,满足学生的不同需求,以"必做作业+鼓励性作业+拓展性作业"的模式布置作业,助力学生做得少且有效。

以英语学科为例,三至六年级的作业包括基础知识部分和拓展延伸部分。必做作业——基础知识部分包括词汇和句型两个内容,通过抄写、仿造句子等形式记忆与巩固,提高学生的语言表达能力。鼓励性作业——在掌握单词和句型的基础上,鼓励学生主动把所学的语言知识联系生活并恰当地表达出来。拓展性作业——拓展延伸部分,引导学生举一反三,找找身边的英语学习情景,自编自演情景剧,基础较好的学生还可以尝试写小短文,真正体现"时代学子个个棒,只是棒得不一样"。

(三)精巧的实践作业

传统作业中最为缺乏的就是联系生活、动手操作、融合各学科的综合性、实践性作业。学校聚焦学科的大单元,践行作业改革,沟通知识与真实生活的联系,积极开发假期沉浸式作业,尝试通过学科整合、任务驱动、阶段布置,设计成适合学生实践探索、研究创作的长作业,帮助学生将课堂学习内容延伸到生活,将能力延伸到素养。

在实践性作业中,学校鼓励学生走出校园,走进自然,走向社会,丰富成长体验。例如,学校劳动学科以"自己的事情自己做、家庭的事情参与做、有趣的事情学着做"为核心,结合浙江省教育厅教研室研制的家庭劳动清单、《杭州市时代小学 N 年级的 N 种生活自理能力》,分年级设计劳动任务清单,梳理了"小学生应具备的 N 种生活自理能力",布置"我是

'劳动小能手'"系列任务,提升学生参与劳动的热情,享受劳动乐趣,全面提升学生的自理能力。另外,学校还整合家校社资源,布置职业体验作业,鼓励学生走进各行各业不同的岗位,通过采访、志愿者体验等活动,为学生参与各种社会大事件创造机会。

(四)精心的作业展示

学校倡导"作业即作品"理念,基于"每一份作业都是一件作品"的理念,将作业作为学生展示自我的载体,尊重每一名学生的每一次作业,推出"时代作业秀",对作业进行多维度评价与展示。学校利用班级墙报、教室走廊、学校公共区域等空间,为学生提供展示的舞台,全面展示学生的作业成果。除此之外,学校组织多途径的展示方式,搭建交互式"学玩大舞台",举办作业展览会、毕业书画展、个人(小组)演奏会、TED演讲赛等,也鼓励学生将自己的作业制作成作品集、专属画册、专著等,进行分享、交流。

例如,开学初,学校倡导以展评的方式反馈寒假作业的批改,利用学生作业作品进行校园环境布置,传递"龙年"的美好祝愿。学校将始业周第三天安排为"金色收获日·寒假作业秀",让学生有足够的时间展示自己的作业成果并进行互动交流。设立"劳动铺子""集福行动""祥龙献瑞"等年段展示主题,通过张贴纸质作业、展示实物作品、播放照片视频等方式,利用个人演讲、团队演绎、小组PK赛、班级交流会、年级分享营等形式,确保每个学生都有机会展示自己的作业成果,增强学生的自信心和归属感。"校园处处展作业,作业件件是精品",让学生真正感受成功,体验作业的快乐。

三、作业优化的实践案例

基于作业管理的四项制度和作业设计的四精策略,学校以作业研究与管理优化为切入点,实施作业设计改进工程,积极发挥教研组作用,设计单元巩固类、实践制作类、序列拓展类和多元表达类等多种类型的作业,实现作业设计、布置、辅导、评价的规范化操作,凸显作业的育人功能。

(一)单元类作业,助力学生系统地学习

单元类作业是以单元为基本单位进行整体规划、设计、执行和评价的所有作业的集合。单元类作业设计遵循一致性、统整性、多样性和差异性原则,具有"高结构""强关联"和"共成长"的特质。在完成单元类作业的过程中,学生突破了传统作业固化的框架体系和碎片化的学习模式,以统整而非叠加的系统学习方式拓展原有的知识框架,发展思维品质,完善情感价值,形成核心素养。[①]

【案例一】统编版语文三下第三单元复习作业的设计

结合统编版语文教材的设计与编排,与考评检测有机融合,围绕着"中华优秀传统文化"这一主题,三下第三单元的单元复习练习设计了三个板块,分别是"积累与运用""课外阅读""习作"。

1.积累与运用板块。根据前期对班级同学易错字词的收集统计,教师在课堂作业单上设计了一段与课文内容有关的总分段式的情境填空题。这样设计的用意主要有两点:第一,落实本单元的语文要素。第二,在习题中设计的问题情境是学生内在素养形成的具体环境,也是激发学生解决问题的欲望环境。梳理学生第一次学习书写当中错误比较多的生字,对已学知识进行统整加工,让学生在新语境当中进行生字词语的巩固复习。

一、积累与运用　　☆☆☆

　　中国古诗流传千古。细雨绵绵的清明时节,我们会吟诵唐代诗人杜牧的诗句:"_____,_____。"中国古画名扬中外,北宋张择端的《清明上河图》至今已有八九百年的

lì shǐ
( )了。四大发明影响世界,(zào zhǐ shù)传到了(ōu zhōu)。

xiàn　　　　　　　　　　chuàng jǔ
河北省赵( )的赵州桥是建桥史上的( ),体现了

zhì huì
劳动人民的( )和才干。深厚的传统文化,中国人的根。

图5-1-1　复习单"积累与运用"部分

---

① 马燕婷,胡靓瑛.核心素养导向的作业设计[M].上海:华东师范大学出版社,2021(1).

2.课外阅读。在阅读理解中,设计多元题型,尝试说写结合,这样有利于我们在课堂上落实精准复习。为了实现课内阅读向课外阅读的延伸,教师选择了与《赵州桥》相似的类文比较阅读,还将圈画关键句变成了选择题,让学生在不断的思辨中去筛选提炼关键信息,从而促进学生的审辨式思维。每道题之间的逻辑关系十分关键。学生经过第一题的选择判断,需要进一步去思考一段话如何围绕一个意思写清楚。因此,教师模仿《语文作业本》中《赵州桥》阅读片段中的思维导图题型设计了第二题,让学生体会这一段是如何将"这些石狮子真有意思"写清楚的。阅读题第三题类似于口语交际,请学生做小导游,借助前一题的思维导图,向游客介绍卢沟桥上的狮子,进一步提升学生的口头表达能力。

二、课外阅读 ★★★

卢沟桥的狮子

①北京人有句歇后语:"卢沟桥的狮子——数不清。"这座狮子多得数不清的桥,建于1189年,总长约295米,桥上有281根柱子,每根柱子上都雕着狮子。要不仔细数,还真是数不清呢!

②这些狮子真有意思。它们有大有小,大的有几十厘米高,小的只有几厘米,甚至连鼻子眼睛都看不清。它们的形状各不相同,有的蹲坐在石柱上,好像朝着远方长吼;有的低着头,好像在专心听桥下的流水声;有的小狮子偎依在母狮子的怀里,好像正在熟睡;还有的小狮子藏在大狮子身后,好像在做有趣的游戏……

③卢沟桥的狮子大小不一,形态各异,真是很难数清楚。

1.文章的第②自然段是围绕哪个意思写的呢?请你选一选（ ）。

A.这些狮子多得数不清。 B.这些狮子形态各异。

C.这些狮子大小不一。 D.这些狮子真有意思。

2.照样子,完成填空。

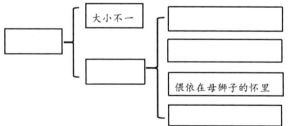

3.假如你是小导游,看着上一题的思维导图,向游客介绍卢沟桥柱子上的狮子。

图5-1-2 复习单"课外阅读"部分

3.习作。教师先后设置了两个环节。首先在课件上提前准备好部分班级孩子的文章投影展示,接着用摇号滚动的方式来赏析同伴们的文章。摇到谁的文章,其他同学就一起挖掘这篇文章的闪光点,并进行星级评价。通过趣味化游戏化的方式去复习习作,学生真正融入情感的沟通中,从而获得更大的成就感。

三、习作天地　☆☆☆

1.“滚动摇号”开始啦! 看看下一篇是谁的文章呢!

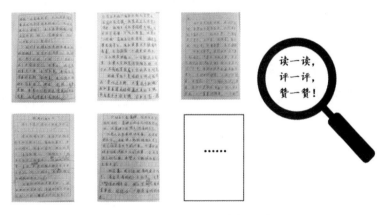

图5-1-3　“滚动摇号”赏析佳作

语文核心素养具有统整性与生长性。随着“双减”政策的推进,时代教师重新审视传统上课方式和作业布置方向,尝试优化作业设计的主要结构,依循语文核心素养、学生思维发展规律和教材知识逻辑体系优化单元的结构化框架设计,对教材单元要复习的内容进行分析、梳理、整合和拓展,使得单元知识与知识之间的联系和结构更加清晰化,力图发挥作业查漏补缺的功能,从而促进学生核心素养的发展。

(二)制作类作业,手脑并用的创意行动

陶行知先生曾说:“中国教育革命的对策是使手脑联盟,结果是手与脑的力量都可以大到不可思议。”手脑并用的制作类作业便是基于这样的思考应运而生的。制作类作业作为小学低年段课后作业类型中的一种,不仅可以帮助孩子们将课堂上学到的知识,通过手工制作的方法加以巩固,还可以锻炼孩子们的精细动作能力。孩子在制作时,能培养他们的专注力和创造能力,充分发挥想象力和思考能力。手脑并用的手工制作类作业符合小学低年段儿童的身心发展需求。①

【案例二】小学科学低段拓展作业:玩中学,学中玩

小学阶段的孩子本身具有爱玩、热衷于探索新鲜事物的特点,他们对科学知识充满好奇,要保持学生的好奇心,培养学生的探究欲望,就必须保持学生爱玩的特点。在日常教学中,教师以学生感兴趣的实验为引导,让学生在动脑的同时动手,让学生在学中玩。

为了锻炼学生的探究能力,在每个单元结束后,教师会为学生布置一个跟课本知识相关的拓展实验。例如,二下第一单元的内容是《磁铁》,二年级的学生动手能力有限,在不是拓展实验的时候不能对动手能力要求过高,并且尽量避免家长的过多参与。但是学生所学习的磁铁的知识较简单,运用到磁铁的实验大多数都较为深奥,因此在选择实验内容时有一定的难度。小小的磁铁能布置出什么拓展实验呢?如何让这个实验既具有趣味性,让学生愿意去做,又能够让学生将所学的知识运用进去呢?心理学家布鲁纳指出:"最好的学习动力是对所学材料有内在的兴趣,而最能激发学生兴趣的莫过于游戏。"于是教师精心设计并布置了让孩子们设计制作一个和磁铁有关的游戏作业。

确定了拓展实验的内容后,教师在单元新课结束后向孩子们展示了这一单元的拓展实验要求:利用磁铁制作一个小游戏,并为这个游戏设计一份说明书,说明书需要包括游戏名称、所需材料、游戏原理、游戏规则以及注意事项。在动手制作的过程中,学生进一步通过实验感受磁铁具有能够吸引铁的能力,磁铁的磁极是磁力最强的地方,具有同极相斥、异极相吸的特点。教师将要求较高的实验报告改编成制作游戏说明书,

---

① 马燕婷,胡靓瑛.核心素养导向的作业设计[M].上海:华东师范大学出版社,2021(5).

学生在填写游戏原理的过程中,用文字的方式将知识落实到笔头,复习之前学习的内容,增强科学表达的能力。

图5-1-4　学生与家人制作磁铁游戏的场景

图5-1-5　学生制作的磁铁游戏

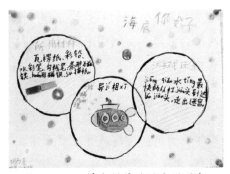

图5-1-6　学生制作的游戏说明书

图5-1-7　学生制作的游戏说明书

通过趣味横生的制作磁铁游戏这一拓展实验,学生将整个单元的知识进行融合,找到零碎知识之间的联系,加深了对知识的印象与理解。除此之外,学生在制作过程中,会遇到各种各样的问题,因为他们对于这个游戏的期待值很高,所以当他们遇到问题时,会愿意尝试去解决问题。学生除了复习巩固所学知识以外,还锻炼了解决问题的能力。同时这个活动为学生提供了一个探究学习的经历,真正做到了在玩的过程中进行学习。

（三）序列化作业，落实教学评一致性

聚焦序列化作业旨在实现作业设计过程中的序列化，将作业设计过程和内容按照一定的顺序和规律进行组织，以提高设计的效率和效果。一般可将作业分为四个序列化板块：前置型作业、形成性作业、追踪式作业和活动化作业。第一，前置型作业。它是在学习新知识之前，教师根据学生的认知基础、心理特点及学习内容，设计一系列引导学生预习、思考、实践和体验的作业。第二，形成性作业。它的设计总体思路是在"教"的过程中嵌入"学"，同时发挥过程性评价的杠杆作用，推动教学进程，体现"教学评三位一体"的基本设计理念。第三，追踪式作业。直面学生错误，使学生经历错题收集、错例诊断、错误化解的序列化学习过程，并对学生的共性化和个性化的错例进行过程性评价。第四，活动化作业。依托学校的各项活动或展示，引领学生展开研究型的学习，结果以研究报告、研究思维导图、研究小视频、产品发布等方式进行分享与展示，学生全程经历评价、改进，这一过程也是学生进行自我反思和再发展学习的重要过程。这种设计方法通常会考虑学生的需求和能力以及教学目标的实现，最终实现教学评一致性。

【案例三】聚焦序列化作业，落实教学评一致性

以数学序列化作业中的追踪式作业为例。追踪式作业直面学生的错误，使学生经历错题收集、错例诊断、错误化解的序列化学习过程，并对学生的共性化和个性化的错例进行过程性评价，从而使学生的学习和评价从普遍性到差异化，从"散点式"到"聚焦型"的转变。

教师以班级为单位制作错题收集表，各项作业以一单元为阶段，每周请学生自主登记错题，同时教师也用一些APP等信息技术手段在批改作业时拍照收集错题。师生共同完成这一过程，再进行错例诊断，寻找共性错误和个性错误，继而化解错误。学生从自荐错题到自鉴错因，也是通过自评达到以评促学的目的。

首先，每单元确定"重点课"进行前测，了解学生知识和经验起点，形成学生评价起点；其次，结合教学目标设计教学路径和作业，从教师的"预见"到学生的"遇见"。

《图形与几何》内容可以与《综合与实践进行有机结合。依托学校的各项活动或展示，引领学生展开研究型的学习，结果以研究报告、研究思维导图、研究小视频、产品发布等方式进行分享与展示，学生经历全程的自我评价，这一过程也是学生进行自我反思和再发展学习的重要过程。

首先，课堂上的作业设计立足每一次课堂，引导学生的探究学习从"身临其境"到"深入精髓"，实时关注学生知识和能力增长点实时评价；其次，根据学生在图形与几何的课堂作业表现进行阶段性评价，形成学生的成长型评价，以评促教，从而形成和完善《图形与几何》的序列化课堂作业。

直面学生作业中的错误，使学生经历错题收集、错例诊断、错误化解的序列化学习过程，并对学生的共性化和个性化的错例进行过程性评价。从而使学生的学习和评价从普遍性到差异化，从"散点式"到"聚焦型"

图5-1-8　数学序列化教学评

　　之后，教师把整个单元共性错误较多人次的题目进行强化练习，而从错题收集表中发现的个性化错例可由教师提供相应的作业和题目，进行差异化粘贴。这样的追踪式作业既指向学科要素，又指向素养能力，及时查漏补缺，复习巩固，直击课堂重难点，同时又让每一份作业都能量身定制。

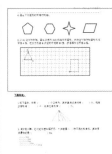

图5-1-9　差异化错题纠正

（四）表达类作业，展示多元自我

　　表达类作业旨在立足自主发展视角，引导学生在课内学习实战、场

181

景体验等学习活动后,用语言或非语言的形式表达对所学内容的理解。它关注学生表达中的个性特点呈现、情感体验释放及其心理机制诠释,激发学生内源性学习动力,帮助他们更好地发现自我、接纳自我和展示多元自我。①

【案例四】全球眼之环球英语项目课程

"小时代,大视野",时代小学英语组一直在教育教学中倡导培养学生"中国心,世界眼"。因为疫情而停课居家的日子里,时代的学生没有停下学习的脚步。时代英语组教师群策群力,开发了"全球眼环球英语"项目课程。英语组教师把国际、国内重大新闻转化为英语学科线上学习的教材之一,让英语学科教学同时承担起生命教育、道德教育、科学教育的任务。

图5-1-10 《时代环球周报》

"全球眼之环球英语"以项目组的方式开展活动,分别设有"资讯搜集组""文字编写组""视频主播组""栏目编辑组"。这些组分别由不同的英语老师作为线上指导教师。力克无法面对面直接交流的困难,用网络交流,隔空合作,每个组通过钉钉会议、腾讯会议等平台开展项目学习。在居家学习的第一周,师生通过线上交流,制定评价量规,在后期的学习过程中,都将以此量规来评价每一位项目组成员的学习情况。

---

① 马燕婷,胡靓瑛.核心素养导向的作业设计[M].上海:华东师范大学出版社,2021(5).

在资讯搜集组,教师指导学生如何在权威的新闻网站搜集英语版新闻,如何进行新闻的挑选;在文字编写组,指导学生如何进行英语新闻的编辑,例如,长篇新闻如何进行准确缩减,如何用英语写新闻的简短评述;在视频主播组,教师线上指导示范朗读技巧,小主播们通过观看教师线上指导,模仿练习,掌握了不少朗读和播报新闻的技巧;在栏目编辑组,教师指导同学如何将各类文字、视频等英语资讯进行分类,如何用英语给各个不同资讯的内容编写吸引眼球的英语标题,编排成不同的栏目。

图 5-1-11　学生作业成果

拓展性的线上学习课程,能打通班级界限,学生根据自己的爱好和特长报不同的项目组,从敢于表达到善于表达,最后到乐于表达。志趣相投的同学在一起进行线上学习,学习的效率更高,学习的氛围更浓。为了不断提升学生在英语学科上听说读写的技能,搭建利于学生自信表达的平台,学校公众号还针对本项目课程,专门设置了"环球周报"栏目,将项目课程中不断出现的优秀成果作品,定期进行专题推送。同时也将优秀的作品推送到上城小学英语公众号"尚城少年说"栏目。

图 5-1-12　学生优秀作品

第二节 素养导向的学科考试命题与评价

素养导向的学科考试命题与评价强调的是学生的综合能力和素养的发展。这种考试不仅仅关注学生的知识掌握程度，更注重他们的分析、综合和创新能力。通过设计真实问题和情境的命题，学生被引导运用所学知识和思维方法来解决问题，培养他们的问题解决能力。而在评价方面，素养导向的考试采用多样化的评分标准。除了对学生知识掌握的综合性评估外，更重视学生的思考过程、解决问题的策略和表达能力。评价标准包括但不限于知识的准确性和深度、问题分析的逻辑性、创新思维的拓展性和解决方案的实用性等。根据学生展现的能力水平，分为不同等级，以更准确地反映学生的核心素养和学习能力。

一、准确把握学科核心素养的内涵与表现特征

(一)基础取向,关注意义建构

在学科命题中，基础取向意味着我们要注重知识的基础性和系统性。根据《义务教育科学课程标准(2022年版)》，学科命题应当注重知识的组织和结构，以及知识之间的内在联系。通过合理安排知识内容，使学生能够深入理解学科的基本概念和原理，形成完整的学科认知体系。同时，学科命题还应注重知识与现实生活的联系，引导学生将学到的知识运用到实际问题中去。这样的命题方式有助于学生理解知识的实际意义，并培养他们的实践能力。

(二)能力取向,凸显思维过程

能力取向是课标中的一个重要指导思想。学科命题不仅要考查学生的知识掌握情况,更要注重培养学生的思维能力和解决问题的能力。因此,在学科命题中,应当注重引导学生运用学科知识进行分析、推理和判断,并在解决问题的过程中培养他们的创新精神和批判性思维。例如,在数学命题中,可以设置一些开放性问题,让学生自主探究解题方法,激发他们的思考能力和探索欲望。这样的命题方式不仅可以提高学生的学科素养,还能够培养他们的自主学习和合作能力。

(三)发展取向,突出学科育人

发展取向是课标中对于学科命题的要求之一。在学科命题中,应当注重培养学生的学科精神和学科态度。学科命题不仅要传授知识,更要引导学生形成正确的学科观念和学科价值观。例如,在语文命题中,可以选取一些经典文学作品,让学生通过阅读、思考和讨论,感受文学的美和思想的深度,培养他们对文学的热爱和追求。通过这样的命题方式,不仅可以提高学生的学科素养,还能够培养他们的审美情趣和人文精神。

课标对于学科命题提出了新的要求和指导。学科命题应当注重知识的基础性和系统性,关注思维过程的培养,以及强调学科育人的重要性。通过合理设计学科命题,我们可以更好地促进学生的学科发展和全面素质的提升。然而,要落实这一标准,需要教师具备良好的学科素养和教育敏感性,通过灵活多样的命题方式,激发学生的学习兴趣和动力。

二、创设真实情境任务引发核心素养表现

(一)找"境":情境素材的选取要注重科学性

学科核心素养是指学生通过学科课程学习后逐渐形成的能够整合学科知识、技能、方法、态度和价值观念等应对和解决各种现实情境中表现出来的灵活的、迁移性的品质。

在情境化试题的命制中,与学科相关的真实的现实生活情境提供了

引发学生学科核心素养表现的可能性。素养导向的学科命题要求命题人员具备对学科核心素养的内涵和表现特征深入了解的才能,用学科专家的眼光来审视和考查与学科核心素养相关的现实生活情境,并挖掘这些情境用于考查学生不同水平的学科核心素养。

命题人员需要在学科领域中寻找与学科核心素养紧密相关的情境,这些情境可以是学科知识在日常生活中的应用,也可以是学科概念在实际问题中的解决方案。例如,在数学学科中,可以选择与日常生活密切相关的情境,如购物、旅行、运动等,通过解决实际问题来考查学生的数学运算能力和推理能力。

某市居民使用峰谷电。"峰电"(每天8时~22时)价格为0.56元/千瓦时,"谷电"(每天22时~次日8时)价格为0.28元/千瓦时。不使用"峰谷"电表的价格为0.53元/千瓦时。强强家用"峰谷"电后,4月份付电费95.2元,比不使用"峰谷"电要便宜10.8元。

（1）强强家如果不使用"峰谷"电,要付电费多少元?

（2）强强家4月份一共用电多少千瓦时?

（3）强强家4月份"峰电""谷电"各用多少千瓦时?

图5-2-1 《轻负高质100题》五年级上册"生活中的小数"应用命题

例如,图5-2-1是校本教材《轻负高质100题》五年级上册中关于"生活中的小数"的应用命题之一。依托家家户户日常生活中"峰谷电"这一情境,结合材料解决相关的应用问题。该题着重考查的是学生应用意识,以及从材料中提取信息并结合模型解决问题的能力。《义务教育数学课程标准(2022年版)》要求第三学段(五至六年级)的学生能进行小数的四则运算,尝试在真实情境中发现问题和提出问题,应用数学学科知识与方法解决问题。这个过程中学生积累数学活动经验,形成模型意识、

187

应用意识和创新意识。材料中有"峰电"的单价,也有"谷电"的单价,还有不用"峰谷电"时电的单价,以及两种不同情况下用电总价之差。通过三个连续的问题,一步步引导学生用学过的知识和方法,"鸡兔同笼"模型或方程,解决这情境中的应用问题,养成理论联系实际的习惯,发展实践能力。

在科学学科中,可以选择与科学实验、自然现象、环境保护等相关的情境,通过观察和实践来考查学生的科学探究能力和科学解释能力。

12.如图所示,有人发现家里自来水管的表面出现了很多水滴,小明认为是自来水管破裂导致水流出。
(1)仔细观察图片后你▲(可选填"赞同"或"不赞同")小明的观点,理由是▲。
(2)除了水管破裂流出外,这些水滴还可能来自▲,原因是▲。

图5-2-2　五年级下册"水管滴水"科学探究题

图5-2-2给出了考查五年级学生"科学思维"这一学科核心素养的任务情境案例。这道题旨在引导学生运用科学思维和方法,评估小明所提观点的科学可信度。学生需要基于观察和科学知识,通过推理和分析来判断水管滴水的可能原因并能够提供科学合理的解释来支持他们的观点,将观察到的现象与科学理论相联系,用科学术语和概念进行解释。通过这道题目,学生能够培养科学思维和分析问题的能力,了解科学观察、推理和解释的重要性。

(二)改"境":情境素材的处理要体现思维性

素养导向的学科考试命题,依托学生日常生活中的真实情境,需要有具体的任务驱动以及一定的诱导和暗示,还需要以灵活、富于变化的形式呈现问题,强调让学生融入任务完成的场景,经历真实的思维展开的过程,在观察发现中激发思维潜能,敏化思维触角,展示思维高度,体现智慧水平。因此,在处理情境素材时,教师应对任务情境进行精心构思,设计出具有挑战性和引发思考的任务,鼓励学生进行思维活动。通过思维性的要求,学生能够主动提出问题、观察现象、进行推理和归纳等,从而培养他们的创造性思维和批判性思维能力。

12.右图是室外的金属自来水管,冬天有时会出现金属水管爆裂的现象,给居民日常生活带来麻烦。

(1) 冬天水管爆裂通常是在▲℃以下的天气发生。

水管爆裂有人说是因为金属在冬天遇冷收缩导致,也有人说是因为水管中的自来水结冰体积膨胀导致。

(2) 水管爆裂的主要原因是什么?对于上述两种观点的争论即:

观点一: 水管爆裂主要是因为金属在冬天遇冷收缩

观点二: 水管爆裂主要是因为水管中的自来水结冰体积膨胀

如果想通过实验验证,你的实验方法是▲(可用文字表达,也可图文结合)。

(3) 根据观点一和观点二,如果要预防室外水管爆裂,可以采用的办法是▲。

图 5-2-3　五年级下册"冬天自来水管爆裂"科学探究题

例如,图 5-2-3 是小学科学"科学思维"核心素养测查的一道开放题。此题描述的是冬天生活中现实存在的一个现象,但从科学的角度而言,也是一个科学问题。学生需要利用科学知识和原理来解决问题。但本命题与一般直接回答水管爆裂的设问不同,而是另辟蹊径地给出两种不同的观点,让学生分析并表达自己的意见。他们需要学习探索问题的能力,并通过实验来验证自己的观点。

在一个实际问题中,学生可能会遇到两种不同的观点。他们需要分析这两种观点,并思考哪一种观点更加合理或符合实际情况。通过运用科学方法,例如,设计和进行实验,收集数据和证据来支持或证明自己的观点。通过这个过程,学生的批判性思维和科学推理的能力将会得到很好的体现。他们学会了遵循科学方法进行实验和观察,而不仅仅是凭借主观意愿做出判断。同时,这也能帮助学生明确表达自己的观点,并学会与他人进行科学讨论和辩论。可以看出,这样一个现实的问题情境,不仅为学生提供了开展"科学思维"的可能性,还可以观察到不同水平的学生在"科学思维"这一学科核心素养上的具体表现。

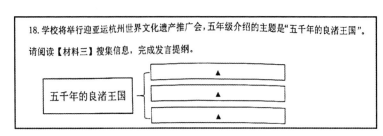

18.学校将举行迎亚运杭州世界文化遗产推广会,五年级介绍的主题是"五千年的良渚王国"。请阅读【材料三】搜集信息,完成发言提纲。

五千年的良渚王国

▲

▲

▲

图5-2-4 五年级下册《杭州的世界文化遗产——良渚》阅读命题

例如,图5-2-4是五年级下册期末测查中一道关于《杭州的世界文化遗产——良渚》的阅读命题之一。在"迎亚运"的大情境下,以"五千年的良渚王国"为演讲主题,结合材料完成相应的发言提纲,该题着重考查的是学生的整体感知,以及从文本中提取信息并加以概括的能力。《义务教育语文课程标准(2022年版)》从要求中年级初步把握文章的主要内容,到高年级要了解文章的表达顺序,旨在引导教师在教学中要站在篇章的高度让学生把握文本顺序与内容,循序渐进地培养学生的整体感知能力、搜集信息能力以及综合概括能力。

题干当中的"发言提纲"本身就代表着简明扼要,且有一定的逻辑顺序,罗列出来有一定的挑战性。这要求学生在阅读材料时,不仅需要准确地找到各项材料中关键句所处的位置,还要对语言进行提炼和组织,不得照搬材料中的原句,否则语言就会显得烦冗,不够简洁凝练。该题结合时事热点,与以往直接让学生概括情境材料中的主要内容不同,而是以思维导图的形式积极创设了典型的任务情境,这样不会导致学生思维固化,目的是促进学生深入、灵活地思考,对学生语文学科素养和核心能力进行真实、准确地考查。

(三)用"境":情境问题的设置要具备开放性

常见的教育考试中,任务的设问通常指向具体的概念或技能的掌握,考查学生对知识的理解和运用能力。这种设问方式在一定程度上能够评判学生的记忆和应用能力,但无法全面评估学生的学科核心素养。因此,在评估学科核心素养时,我们需要改变当前熟悉的设问方式,充分考虑设问的指向和对问题空间大小的影响。

设问的指向是评估学科核心素养时需要考虑的因素。传统的设问通常只关注知识点本身,而忽略了知识点之间的关联和整体性。然而,学科核心素养强调的是学科知识的整体性和综合应用能力。因此,在设问时,我们应该更加关注知识点之间的联系,引导学生将所学的知识整合和应用到实际问题中。这样一来,不仅能够评估学生的综合应用能力,也能够培养学生的学科整体观念和综合分析能力。图5-2-5是图5-2-3所示的"冬天自来水管爆裂"任务的另外一种设问方式。和图5-2-3中的设问不同,图5-2-5给出了"因为水结冰而使自来水管破裂"的三个具体的设问。

问题1: 以下哪个条件会导致水结冰?

A. 温度低于0℃　　　　B. 温度高于0℃

C. 水中含有盐分　　　　D. 太阳光照射

问题2: 请你用自己的话描述一下水在结冰过程中的体积变化以及可能引发的问题.

问题3: 冬天室外的自来水管有时会出现爆裂的现象,给居民的生活带来很大的麻烦.专家提醒居民可以排空自来水管内的水预防爆裂.请解释为什么可以用这种方法来预防自来水管的爆裂.

图5-2-5 "冬天自来水管爆裂"问题的另一种设问方式

经过简要分析,可以发现,问题1涉及具体的水结冰的知识(水管爆裂是由于水结冰),问题2则涉及具体的科学知识(水结冰会导致体积膨胀)。虽然问题形式有所不同,但它们都限定了具体的知识点。问题3看似要求学生基于证据进行推理和论证,然而在问题1、2以及问题3本身的提示下,所需的相关要素或线索已经明确给出,导致问题的答案更加容易被限定在特定模式的识别中,问题空间限定过小。虽然这三个问题表面上呈层层递进的关系,但实际上将"科学思维"所要考查的内容分解为碎片化的知识和孤立的技能,从而丧失了观察学生真正综合素养表现的机会。

21. 亚运会即将举行，作为杭州人，我们要宣传亚运，请完成以下两题。

(1)联系三则材料，在"新闻一线"公众号的评论区写一则30字左右的留言，以吸引游客和运动员在亚运期间参观良渚。

评论区：＿＿＿＿＿＿＿＿＿▲＿＿＿＿＿＿＿＿＿＿

图5-2-6　五年级下册《杭州的世界文化遗产——良渚》阅读命题

例如，图5-2-6是五年级下册期末测查中一道关于《杭州的世界文化遗产——良渚》的阅读命题之一。创设"宣传亚运，在评论区留言"这一生活情境，侧重口语交际，考查的是学生综合运用语言文字的能力。该题需要学生紧紧围绕材料中有关良渚文化的特点来介绍，可以从一个角度（如良渚的悠久历史），也可以结合多个角度（如最早的城市结构，水稻种植的发展，最早的水利工程等）。学生找到留言的内容难度不大，但是要用"评论区留言"的形式吸引游客和运动员在亚运期间来良渚参观，还要考虑宣传的对象，表达观点时要做到语言通顺连贯、内容精彩，且带有一定的宣传口吻，如"……来到良渚古城遗址，能让你感受到五千年的璀璨文化""……它能带领你走进中国五千年的文明史"。答案不唯一，且具有开放性，充分体现了学生综合运用语言文字的能力。

因此，在设置情境问题时，要尽量避免简单的答案和闭塞的思维模式，给予学生更多的自主探究和表达的机会。开放性的问题能够鼓励学生提出多样的解决方案和观点，激发他们的创造力和想象力。

三、基于学业质量标准研制等级性评分标准

在评卷的过程中，开放性很强的主观试题，同一学生的作答结果，按照常规的评分标准评分，不同的老师也会给出不同的分数。因为通常的评分标准仅包含参考答案及评分点，对赋分说明的阐述不够具体，评分者很难把握。因此，等级评分标准的制定显得尤为必要。

等级评分标准是依据不同的学生在作答时的表现给出不同等级的赋分标准。

(一)等级评分标准的核心要素

1. 作答水平等级。根据学生实际作答结果和试题所考查的知识点及能力点,对学生的不同表现进行科学合理的划分作答水平的等级。通常情况下,表现越出色,水平等级就越高,可以将水平等级划分为三层、四层或更多层。

2. 等级描述。每个水平等级都有相应的描述语来描述典型的行为表现,以便更可信、更公正地评分。描述每个水平等级的具体评分要点,并覆盖从优秀到最差的连续表现。

3. 典型样例。为了在每个作答水平等级中列出具体、有代表性的例子,以便区分学生作答结果的表现水平。这些样例可以帮助评价者更好地理解和判断学生的表现,从而进行准确的评分。

(二)等级评分标准的适用试题

1. 问题设置以阐述思考过程为主

这意味着试题的提问方式会由简单的描述事物转变为要求学生进行深入思考,探索问题的原因和解决方法。即问题的提问方式从简单的"是什么""怎么样"转变为更加具体和深入的"为什么""如何得到这一结论""你是怎么理解的"等。例如,问题可以由"这个现象是什么?"转变为"为什么会出现这个现象?"或者"你是如何理解这个现象的?"

例如,图5-2-7是四年级上册中的计算命题之一。

---

17. 小明计算845÷42, 过程如下:

845÷42=2……5　　　你认为他的计算方法正确吗? 请说明理由.

```
      2
  _____
42 ) 845
     84
    ___
      5
```

图5-2-7　四年级上册计算命题

该题着重考查的是学生的运算能力。原题仅仅检查学生的运算技能，新提问方式则关注学生对算法和算理的理解，不仅需要计算得出正确答案，更需要从算法角度分析计算步骤的合理性，并利用算理知识说明此题的本质关系。

这种改变避免了机械操练，启发学生联系算法与算理，培养批判性思考。它体现了新课标强调运用数学思想观点分析问题、学会质疑、判断运算过程的要求。

2.试题注重考查内容的综合性和探究性

在科学学科中，学生被要求根据提供的信息解释某种现象、做出判断并给出理由等。例如：

张爸爸养了两盆向日葵，一盆放在阳台上，一盆放在阴暗的储物间。两个月后，张爸爸发现阳台上的向日葵长得又高又壮，开满了大大的花朵；而储物间的向日葵长得非常细弱，只开了几朵小花。请你根据所学知识，分析解释这个结果的原因，并提出改善储物间向日葵生长的建议。

这道题就需要学生综合运用植物的光合作用、向光性等科学观念来解释实验结果差异的原因，不能仅凭一个知识点作答。这检验了学生对知识的整合应用能力，同时，题目提供一个真实情境，要求学生根据已知条件推理分析结果，并主动提出解决问题的建议。这展现了学生的探究思维和创新意识，而不仅是对知识的简单回忆。

通过这样的试题设计，学生需要展开全面的思考，不能仅凭某个记忆点应答。学生要联系各方面知识，综合分析问题，甚至提出自己的假设和解决方案。这样的思维过程，培养了学生对科学问题的批判性思考和创新思维能力，而不仅仅是对分散知识点的机械记忆。

因此，这样注重综合性和探究性的试题设计，可有效考查学生的知识运用能力，激发他们的创新思维，实现新课改的目标要求。

3.评分标准以分层等第形式呈现

根据考生实际作答结果和实际试题所考查的知识点及能力点，对学生的不同表现进行科学合理的划分作答水平的等级。表现越出色，等级水平就越高。从高水平到低水平可划分三层、四层，甚至更多层。分层等第形式即没有所谓的标准答案，评分以评价学生在思考层次、解决问题能力等方面的表现为依据。以分层等第形式呈现的评分标准意味着不同的答案可以得到不同的分数。例如，对于前述问题，学生可以通过提供详细的学科解释和合理的推论来获得较高的分数，而只提供简单定义或浅显观点的学生则可能获得较低的分数。这样一来，等级评分标准不仅保证了成绩评分结果的一致性和稳定性，对学生学习的思维过程进行准确的评价，还对学生作答情况进行及时有效的诊断，获得更多有价值的反馈信息。

（三）等级评分标准的呈现形式

等级评分标准的呈现形式可以采用等级量表。在等级量表中，每个等级都有明确的描述和对应的标准，用于评估学生在某种特征或能力上的水平。

以小学科学省测题为例：

小明在野外捡到了三块不同的"岩石"，想知道它们的名称。于是，他把三块"岩石"冲洗干净，晾干后贴上编号。下面是研究过程和记录。

（1）略。

（2）略。

（3）通过肉眼观察、相互刻画，小明还是无法确认这三块岩石的名称。你认为，小明接下去应该怎样做?请写出其中两条建议。

建议1: _____

建议2: _____

此省测题最后提供了等级评分量表，见表5-2-1所示。在该表中，作答水平等级是根据学生回答的准确程度进行划分的。每个等级都有一个对应的编码/分值，用于标识或计算学生成绩。水平等级描述则具体说明了每个等级所代表的回答水平。典型样例展示了每个等级的多个示例，以便参与评分的人员更好地理解和判断学生的回答水平。

表 5-2-1　等级评分量表

作答水平等级	编码/分值	水平等级描述	典型样例
高水平回答	A1	完全正确	涉及自主观察实验,并同时给出探究方法和探究内容的正确回答。比如,用放大镜观察岩石的颗粒大小;用小刀、铜钥匙、指甲刻画并观察岩石的软硬;对着光,观察比较岩石的光泽/透明度:在瓷板上划一下,观察条痕色
	A2		涉及通过自主查阅资料进行对比观察的合理回答。比如,和书上的岩石图鉴进行比较;和岩石标本进行对照;上网查找岩石的图片,再进行比较
	A3		涉及向特定人群寻求特定帮助的合理回答。比如,向专业人士/专家/科学老师请教岩石的名称;和父母一起分析岩石的特征
	A4		其他正确的回答
中水平回答	B1	部分正确	涉及自主探究,但只提及新方法或新内容的不完整回答。比如,用放大镜观察;比较颜色;用鼻子闻
	B2		仅涉及收集资料的含糊回答。比如,查相关书籍;上网查找资料
	B3		仅提及向他人寻求帮助的含糊回答。比如,请教专家;问问同学
	B4		其他不完整的或含糊的回答
低水平回答	C1	不正确	仅涉及观察或上网的含糊回答。比如,进一步观察;上网看看
	C2		重复了题干中的方法。比如,比较颗粒的不同;相互刻画,比较软硬
	C3		与前一条建议中的方法雷同。比如,(若建议 1 为"请教老师")问家长
	C4		其他错误的或不合理的回答
未作答	D	空白	没有作答

又如,小学语文四年级下册区测作文题,着重考查学生根据表达的需要选择写作材料、安排文章结构、进行清楚表达的能力,还考查了学生书写的情况及修改习作的习惯。

> **七、作文（30分）**
> 24. 小区将举行一次"动物萌宠秀"活动。请从以下两个任务中任选一个完成。
>   任务一：推荐一个小萌宠
>   也许,你家里养着可爱的小动物;也许,你曾经拥有过一只讨人喜欢的小宠物;也许,你在电视里、放学路上看见过的某个小动物,给你留下过深刻的印象……你会怎么把你所喜爱的小萌宠推荐给主办方呢?请你写清楚它的特点。
>   任务二：设计宠物小发明
>   本次萌宠秀活动还将开展小发明比赛。请你发挥想象,为小宠物进行一个小发明。可以是给小狗设计自动调温衣,可以是给小猫设计自动淋浴器,也可以是给小仓鼠设计家庭智能游乐园……把你的奇思妙想写清楚。
>   写完后请用修改符号进行修改,350字左右。

图5-2-8　小学语文四年级下册区测作文题

考场作文是语文核心素养的综合体现,不仅能够反映出学生的语言建构和运用能力,还能够从某种程度上体现出学生的思维发展能力和提升、审美鉴赏和创造能力。为了增加阅卷的客观性,缩小评分误差,近些年作文评分标准逐渐根据语文学科核心素养分层细化,从"一类文""二类文""三类文"等归类综合评分法,到"选择材料""组织材料""语言表达""书写与修改"等多个语文学科要素维度进行分项评分,评分过程操作性极强,评分结果严谨客观。

表5-2-2　习作评价标准

维度	等第	标准
选择材料（6分）	A:5~6分	能审清题意,明确习作要求:能选择一种自己喜欢的小动物,表达自己的推荐理由;或是能发挥想象,为小动物设计一种有趣的小发明
	B:3~4分	能审清题意,基本把握习作要求:能选择一种自己喜欢的小动物,但理由不够明确;或是能发挥想象,但小发明的创意还不够有趣
	C:0~2分	不能审清题意,不能准确把握习作要求、范围、对象:选择的小动物不够典型,推荐理由也很模糊;或是不能很好地发挥想象,小发明缺少创意

维度	等第	标准
组织材料（6分）	A:5～6分	行文思路清晰，能有条理地写清楚推荐小动物的理由，写出自己的真实感受；或是能按照一定顺序写清楚自己想象的小发明
	B:3～4分	行文思路清晰，基本能写清楚推荐小动物的理由，写出自己的真实感受，但不够充分；或是基本能按照一定顺序写清楚自己想象的小发明，但缘由不够充分
	C:0～2分	行文思路混乱，不能按顺序写清楚推荐小动物的理由；或是不能按顺序写清楚自己想象的小发明
语言表达（15分）	A:12～15分	用词准确，句子通顺、连贯，能把小动物的特点或小发明写清楚。能运用自己平时积累的语言材料，特别是有新鲜感的词句，表达自己的感受。能根据表达需要，正确使用常用的标点符号，基本无错别字
	B:8～11分	用词比较准确，句子比较通顺、连贯，基本上能把小动物的特点或小发明写清楚。能尝试运用自己平时积累的语言材料，使用标点符号基本正确，错别字较少
	C:0～7分	用词不够准确，句子不够通顺、连贯，内容混乱，写不清楚。使用标点符号不够正确，错别字较多
书写与修改（3分）	A:3分	书写端正、规范、整洁。能根据表达的需要，用改正、增补、删除、对调、移动等修改符号修改习作中的错别字或不通顺的语句
	B:2分	书写比较端正、规范、整洁。根据表达的需要，基本能用改正、增补、删除、对调、移动等修改符号、修改习作中的错别字或不通顺的语句
	C:0～1分	书写不够端正、规范、整洁。不能用改正、增补、删除、对调、移动等修改符号修改习作中的错别字或不通顺的语句

等级量表的目的是对作答水平进行精确的划分和评估。除了将作答水平划分成不同层级，等级量表还进一步区分了高中低水平的回答。这样的划分可以更准确地评估学生的知识和能力水平，并提供详细的样例。对于每个作答水平，等级量表提供了具体的指标和标准，帮助评估者更好地理解学生的表现。

第三节 素养导向的跨学科实践测评

传统的分科课程体系中各学科具有自身的逻辑结构,以基础知识和基本技能为主线,内容丰富,自成一体。然而随着新时代的到来,科技正在走向高度综合的发展趋势,交叉学科不断涌现,传统学科之间的界限被打破,各个学科的知识逐渐形成一个统一整体,在教育中被分离和碎片化的学科知识与多学科、多维度、跨国界、全球性的现实问题之间的矛盾也日益突出。在这样的背景下,只强调学科分化和唯纸笔化测评的局面必须被打破,跨学科学习和跨学科实践测评应运而生。通过跨学科实践测评的方式,溯源在核心素养导向下跨学科主题的选择、目标的制定、教学以及评价等问题,是进一步推进课程变革和创新的有效手段。

一、跨学科实践测评的价值意蕴

(一)实践领域中跨学科测评的误区

当前实践领域中的跨学科测评存在着诸多问题,主要表现在以下两方面。

第一,在规划实施上,缺乏明确的测评目标。由于几十年积淀的传统的分科思维没有那么容易改变,对于跨学科实践测评的探索也不可能一蹴而就。跨学科实践测评开展过程中的最大问题就是部分老师仍只关注自己学科的内容,难以深入研究课程标准与结构。或者在寻找学科的结合点时衔接过渡有些牵强,导致仅仅将几门不同的学科知识简单地拼凑在一起,缺乏对跨学科课程结构整体一贯的设计。这归根到底是测评的总目标不明确导致的,也是跨学科实践测评的一个难点。

第二,在测评实践上,缺乏有效的测评方案。跨学科学习最大的优势之一在于能够建立学科之间、学科与生活之间的联系,激发学生的兴趣,因此在该过程中学生的学习体验也是非常值得关注的。然而在跨学科实践测评中,很多教师倾向于设计丰富热闹的测评活动,象征性地开展小组合作、学生展示等环节,但对评价的重视程度不够。

(二)跨学科实践测评的校本实践三大原则

在确定跨学科课程的内容、课程目标之后,最重要的就是要基于目标,从课程的整体效果出发,设计综合性的评估方式和活动,如辩论、研讨、演出、展览、设计作品等。评估的方式可以采取一种或多种,但都要体现"知、行、为"学习桥和教学目标,以便在课程结束后判断学生是否在预期目标上有所进展,从而确保整合后的跨学科课程发挥培养学生的综合能力、学科素养和跨学科素养、激发兴趣、调动生活体验等整体效果。在多年的校本实践探究中,我们发现跨学科实践测评主要须遵守以下三大原则。

1.选择性原则

在跨学科实践测评活动中,需要尊重并鼓励学生间的差异发展,同一个测评领域或同一学科可以设置多个子任务选项供学生选择,允许学生在一个测评领域或者一个学科内选择自己的优势素养作为测评证据。

2.综合性原则

在设计跨学科实践测评时,可以将体现各学科的核心素养进行融合,多种方法综合利用,创设具有综合性的跨学科问题情境,将培育学生的关键能力、必备品格和正确价值观有机融合。

3.情境性原则

儿童的生活世界是一个整体,它是不分科的。从学习认知的特点来讲,儿童只有在真实世界和情境中观察、体验、探究、交流,才能更好地解决现实中的问题。这就需要基于真实情境构建跨学科实践测评,在测评中发现问题、解决问题,提升学生的综合能力。

二、跨学科实践测评的策略方法

(一)甄别适合实践测评的学科核心素养

为了避免跨学科实践测评"偏航",首要任务是学科老师先甄别适合实践测评的学科核心素养,再紧紧围绕学科核心素养,确定测评的总目标,按照"目标—证据—活动"的思路展开,才能确保整合后的跨学科实践测评有的放矢,使其能够发挥调动生活经验、激发兴趣、培养学生的学科素养和跨学科素养等整体效果。

例如,在2022学年第一学期三年级的期末非纸笔测评活动中,我们先组织各学科教师梳理了"三上学科素养目标",筛选出了"适合在非纸笔测评中用表现性评价方式测评的素养目标",再结合时代学子的素养目标(人人善表达、人人爱思考、人人能实践和人人会合作),确定测评的总目标。

表5-3-1　2022学年第一学期三年级期末非纸笔测评的总目标

测评维度	测评目标
人人善表达	预测续编故事;在情境中能使用食物的相关主题内容进行英语口语表达;使用配图的方式进行艺术表达等
人人爱思考	辨认方向的空间观念;估量长度的量感;鉴赏名画的审美能力
人人能实践	制作空气枪;感知二拍子和三拍子等节拍并做出体态反应;能够电脑打字、搜索图片、录制音频;参与运动游戏
人人会合作	在参与游戏设计的项目过程中分工协作、倾听沟通

目标梳理时,我们结合三上学科教学中的"猜测想象""辨认方向""估量长度""玩具制作""一日三餐"等与儿童生活紧密相关的内容,以儿童最熟悉、最感兴趣的游戏为载体,在以游戏设计为任务的项目测评过程中,对学生在沟通技能、概念获取、操作技能、情意技能等多个领域的发展情况进行评价。

第五章　素养导向的结果性评价

(二)融合多个学科核心素养创设表现性任务

在跨学科实践测评中,表现性任务应该是测评的首选方式。一般来说,表现性任务都是真实的,包含三个特点。第一,具有现实的意义,也就是说,表现性任务往往真实存在于日常的工作和生活中,解决这个任务会带来成就感;第二,具有复杂的情境脉络,不同于简化的练习题,表现性任务往往根植于混乱的环境中,各种因素在相互作用并不断发生变化,存在许多干扰的因素;第三,具有开放的学习环境,表现性任务往往是在一个资源开放的环境中展开的,不同于闭卷测试,学生可以自由地获取各种资料,也可以在任务完成过程中主动获取反馈来改进,甚至可以对任务本身进行适当修改,从而更符合情境中学生的要求。

例如,在2022学年第一学期三年级的期末非纸笔测评活动中,在确定测评的总目标后,我们借助GRASP工具,结合时代学生一年一度开展的校园游戏节活动,将多个学科的核心素养进行融合,创设了"为校园游戏节设计游戏"的情境,设计了以下表现性任务。

表5-3-2　2022学年第一学期三年级期末非纸笔测评
活动的表现性任务

序号	任务形式	测评内容
一	设计"跳舞机"游戏	数学(辨认方向)、音乐(感知节拍)、体育(运动游戏)
二	合作设计"10秒挑战"游戏	数学(估量长度)、音乐(感知节拍)、体育(运动游戏)
三	设计"打靶还原名画"游戏	科学(空气枪制作)、美术(名画鉴赏)
四	合作设计"Jeopardy(竞答)"游戏	英语(情境对话、口语表达)、信息技术(打字、搜图、录音)
五	设计"我是预言家"游戏	语文(猜测推想)、美术(绘画)

我们用"创玩游戏"的主题串联多个表现性任务,让学生代入"游戏设计师"的角色,综合运用三年级上册所学的关键学科知识、技能和观念

设计游戏节的游戏活动,这种在真实情境中的跨学科融合,体现了"学玩相融"的全面发展的教育样式。

(三)结合任务制定等级化描述性评价准则

评价准则的制定是设计和实施跨学科实践测评的重点。作为复杂性任务,评价准则常常是没有固定的单一答案的,事实上它要经历一个自下而上的过程。

那么如何更科学地制定呢?首先,作为老师要对学生在测评过程中的表现或成果心中有数,并对其进行归类,归纳出同一水平等级的特征。当参与学生比较多时,老师还把一部分不同水平层次的孩子做抽样前测,更客观地了解孩子的能力水平,帮助制定更科学的评分准则。

例如,在2022学年第二学期三上的期末非纸笔化测评活动中,设计"打靶还原名画"游戏的评价标准制定如下:

表5-3-3 "打靶还原名画"游戏的评价标准

评价维度	3分	2分	1分	评价		
				自评	互评	师评
交流合作	能与小组成员合理分工进行设计,并能有效沟通交流设计思路	在合理分工和有效沟通交流中有一项存在困难	合理分工和有效沟通交流均存在一定的困难			
设计图绘制	制作成品与设计图基本一致	制作成品与设计图不一致	没有绘制设计图或设计图质量较差			
空气枪制作	空气枪能够发射胡萝卜子弹	不能够发射胡萝卜子弹	作品未完成			
美术鉴赏	熟知许多名画,并能结合游戏需要勾勒出待修复的线条或轮廓	了解经典名画,并能结合游戏需要勾勒出待修复的线条或轮廓	知道少数名画,不能结合游戏需要勾勒出要修复的线条或轮廓			

在制定评价标准之前,教师抽样调查一部分不同水平层次的孩子,先收集他们的表现或成果,再进行归类,最后制定评价准则。像这样分成不同的评价维度,不同的层次水平,不同的评价方式,对学生在这一项目中的表现进行评价,也更科学合理。

三、跨学科实践测评的校本实例

在跨学科实践测评活动中,教师在设计测评活动时根据孩子的年龄特点,从"跨1~2个学科"到"跨3~4个学科"再到"跨多学科",测评内容的设计上趋向于综合化。随着孩子能力的提升,他们可以逐步在测评活动中,接受多元知识与能力的考核,逐步具备恰当的应对科学世界与生活世界对跨学科素养的挑战能力。

(一)跨1~2个学科的校本测评实践

一年级数学老师结合孩子的年龄特点,关注数学估算能力在生活实际情景中的应用,综合考评孩子在实践活动中的小组合作能力,以及如何用语言清晰地表达自己的估算过程,深入挖掘与校园场所相关的"教学资源",设计估算擂台的测评活动。

【案例一】一年级上册期末数学非纸笔测评"估算擂台"活动

任务目标:能用估一估的方法,估计一条长凳能坐的人数;或者能四人小组合作,实际操作,得到长凳大约能坐下的人数;能清晰地表达自己的估算过程。

测评内容:请估算一条长凳大约能坐下几位小朋友。

关联学科:数学、语文、综合实践。

评价标准：

评价维度	A	B	C	评价		
				自评	互评	师评
估算能力	估算结果合理，长凳能坐下9~10个小朋友	估算结果较合理，上下浮动1~2个	估算结果偏差较大			
小组合作	四人小组合作顺畅，分工明确，完成速度快	四人小组能较好地合作，分工不够明确，速度慢	四人小组合作过程中有矛盾，产生争吵			
口语表达	能清晰地用语言表达自己的估算过程	基本能表达清楚自己的估算过程	表达不出自己的估算过程			

低年级的孩子年龄小，没有考试的概念，更没有考试的经验，他们活泼好动，好奇心强。所以在考虑题本呈现形式时，学科微跨，跨1~2个学科，测评方式重点围绕一个"趣"字，测评场所充满童趣，测评任务呈现形式活泼有趣，测评过程灵活激趣，孩子在熟悉的校园中，以"个人+小组"的形式进行测评闯关，在愉快的氛围内完成各项考核。

（二）跨3~4个学科的校本测评实践

二年级老师以"杭州地域文化"为主题视角，以项目问题"在中国新年来临之际，我们怎样为亲朋好友选送有杭州特色的礼物"为依托，进行"吴山迎新庙会欢迎你"的情境实践活动测评。在解决实际问题中，把所学的语文、数学、英语、美术学科知识进行有机融合。

【案例二】二年级上册期末非纸笔测评"吴山迎新庙会欢迎你"活动

任务目标：能够按照预算完成物品采购；能清晰地表达选购物品的原因；能用英语向外国朋友送上新年祝福。

测评内容：小小采购员，按预算采购年货，赠送外国友人。

关联学科：语文、数学、英语、美术。

评价标准：

主题	融入学科	考查能力	评价量表			评价		
			A	B	C	自评	互评	师评
欢乐采购送年货	语文	表达与交流	能够流畅地说出如何花全部预算合理选购物品，或按要求搭配选购不同类别的商品，并大方自信地用英语向外国朋友送上新年礼物	基本能说出在最大预算内怎样选购物品，或能搭配选购不同类别的商品，并能用英语向外国朋友送上新年祝福	选购超预算或距离预算很多，或搭配选购商品计算错误，无法表达想法，无法用英语向外国朋友送上新年礼物			
欢乐采购送年货	数学	100以内加减计算	能够流畅地说出如何花全部预算合理选购物品，或按要求搭配选购不同类别的商品，并大方自信地用英语向外国朋友送上新年礼物	基本能说出在最大预算内怎样选购物品，或能搭配选购不同类别的商品，并能用英语向外国朋友送上新年祝福	选购超预算或距离预算很多，或搭配选购商品计算错误，无法表达想法，无法用英语向外国朋友送上新年礼物			
		搭配						
	英语	口语表达						
	美术	欣赏评述						

二年级的测评活动采用学科联动的方式,各项任务在同一个主题下有机串联、有序推进,在学科融合的非纸笔测评中,真实、具体、富有价值的问题解决能激发学生的探究欲,也为学生学科核心素养提供了真实的表现机会。学生以解决实际问题为任务,用所学的语文、数学、英语、美术的学科知识和已有的技能、素养作为解决问题的工具,在互动式、探究式、体验式学习中进行,在与同伴商量的过程中合理地选购物品,并大方自信地向外国朋友送上新年礼物。

(三)多学科校本测评实践

三年级的老师以中国传统节日"春节"为主题,在春节期间,传统糖艺作为一种独特的艺术形式,经历了数千年的传承与发展,其中糖画就是春节糖艺的一种形式。于是学生从"糖画"出发,从做糖水开始,在"糖画溶一溶、糖画做一做、糖画说一说"活动中感受多学科的融合。

【案例三】三年级上册期末非纸笔测评"糖画送甜蜜"活动

测评内容及关联学科:

糖画送甜蜜					
测评内容	**糖画溶一溶** 1.根据糖汁的配比称出或估计出所需材料的质量。 2.倒入规定量的液体,并搅拌使糖溶解		**糖画做一做** 能够用力所能及的烹饪技巧制作糖画	**糖画说一说** 能够运用所学知识,用英语表述制作糖画的过程	
关联学科	**数学** (数学应用)	**科学** (实践操作)	**综合实践** (食物制作)	**美术** (观察表现)	**英语** (口语交际)	**劳动** (合作劳动)
指向素养	量感	探究实践	生活能力	艺术表现	听说表达	劳动能力

评价标准:

评价内容	评价量表			评价		
	A	B	C	自评	互评	师评
糖画溶一溶	能准确称出或估算出制作糖汁所需糖与水的质量,烧制过程中准确辨认糖汁浓度。液体倒取准确,糖完全溶化且实验操作准确	能基本称出或估算出制作糖汁所需糖与水的质量,烧制过程中能基本辨认糖水浓度。液体倒取准确,糖完全溶化,搅拌操作有误	能根据提示称出制作糖水所需的材料。糖完全溶化,液体倒取、实验操作不完全准确			

续表

评价内容	评价量表			评价		
	A	B	C	自评	互评	师评
糖画做一做	能根据图样,借助糖水,画出完整的形状	能根据图样,基本画出糖画形状	能借助糖水基本画出形状			
糖画说一说	能完整地表达制作过程,声音洪亮,表达流利	能较完整地表达制作过程,老师提示3次以内,声音较响亮,表达较流利	能较完整地表达制作过程,老师提示3次以上,声音较响亮,表达较流利			

　　三年级的跨学科测评活动涉及数学、科学、综合实践、美术、劳动、英语等多门学科。在活动过程中,老师带领学生分步骤分解糖画制作过程,每一个小的部分都需要运用不同的学科知识或能力去解决,因此在制作糖画这一整个大任务中培养了学生用多学科融合思想去解决问题的能力。

第六章
数智化平台赋能素养评价

　　随着数字化时代的到来,数智化平台已经成为学校和一线教师获取、处理和应用教学数据的重要工具。数智化平台不仅仅是技术工具,更是一种赋能的手段,能够提升教师的教学效率。本章将从数智化平台对素养的赋能作用出发,探讨数智化平台在提升素养评价方面的应用,并结合实证研究和校园案例分析,探索属于学校的数智化平台素养评价方案。

第一节 数智化评价在日常课堂的运用

一、信息化课堂

现代科学技术的迅猛发展使得现代教育在观念、体制以及方式上发生了重大变革,信息手段在教育中的广泛使用是导致这一变革的主要原因。在信息飞速发展的今天,涌现出很多优秀的教学 APP 和学习网站,巧用不同的信息手段可以有效激励学生的正向学习行为,警示学生的负向学习行为,最终带动学生学业的发展。

(一)"班级优化大师"助力学生学习习惯的养成

在学生学习习惯的培养上,本校许多教师选用了一款名为"班级优化大师"的 APP,该 APP 可以根据不同班级学生的学习习惯特点定制专属的点评标语及分值。比如,学校李玲瑜老师给第一次接触信息技术课的三年级学生授课时,为了培养学生的学习好习惯,定制了学习好行为点评标语,比如,"善于思考""自主上机""欣赏他人"等,学生每做到一个好行为就会得到 1 分,得到 10 分以后可以更换在"班级优化大师"APP 中的系统头像,20 分可以自主上传并在后续的课堂中使用真人头像等积分兑换机制。这种带有激励性质的习惯培养方式,顺利地让初入信息技术课堂的学生养成良好的学习习惯。在授课中李老师发现三年级(2)班的同学比较内敛,回答问题不够积极主动。为解决此问题,李老师为该班同学制定了"积极发言"的评价标语并将加分比重设置为 2 分,学生在课上回答完问题后立即给予加分,其他同学看到"积极发言"可以获得 2 分,也跟着踊跃举手。当然每节课开课前学校信息技术老师都会把学生课上得分的光荣榜展示出来,学生可以很清楚地知道自己的积分情况,从而在课上表现出更加优秀的学习行为。

(二)希沃授课助手平台助力课堂即时评价

本校也有许多老师使用希沃授课助手实现即时评价,帮助学生理解新授知识概念。例如,在一年级数学"退位减法"课上,学生一开始活动,盛亦楠老师就使用希沃授课助手跟踪拍摄孩子动手操作小棒的亮点,即时上传展示,以动态取代静态,给孩子一个无声的反馈,让孩子可以进行学习参考,还利用授课助手控制电脑,直接在作品照片上进行批注。这一做法可以抓住学生操作中的典型错误,在纠正学生前概念时一一对应,有针对性地对学生进行评价,以评促学,提高了课堂的实效性。

在交流汇报时,利用批注、评价、放大、聚焦等功能,对操作活动进行情景再现,丰富课堂交流的形式,让学生直接参与评价,使评价更加具有针对性、全面性和趣味性,从而形成多方交互式评价,使得反馈更加有效。

(三)"极域"平台助力教师监测学业水平

在学业水平的监测上,本校有教师使用了一款名为"极域"的软件。通过该软件,教师可以收集学生每节课的作品,学生只需要在自己的电脑上将作品提交给教师,教师端便可获取学生的课上作品,课下教师通过批改学生的作品监测学生是否掌握学科的基本知识和基本技能。以《复制与变换》为例,课后教师通过分析学生提交上来的作品,发现有些学生并没有绘制成功一模一样的花朵和树木,这说明该学生可能没有掌握如何复制和粘贴;有些学生的作品则没有展示出跳跃翻转的小鸟,则可以推断该学生可能没有掌握"画图"程序的翻转技能。依据推断,教师可以在下节课留意这几位同学的复制、粘贴以及翻转技能的掌握情况,并给予个性化的指导教学。

(四)"56教室"平台融合教学评为一体

学生进入课程后能看到教师提前设置好的几个教学模块,可以选择看完两节微课以后再完成实践作业和课后练习,也可以选择先完成实践作业再观看第二节微课,接着完成课后练习。这在时间上给予了学生自主安排的权利,减轻了学生的心理压力。学生完成课后练习后,老师及时予以评价批改,学生可以自行查看练习题目的答案和解析,如果学生对练习仍然存在疑惑,可以观看作业讲评的微课,如图6-1-1所示。

图6-1-1　所有学生的学习任务评价

二、数据平台助力跨学科学习评价的应用

跨学科学习强调学生的探究过程,注重过程性评价,学校一线教师将班级优化大师和umu互动学习平台(以下简称umu)运用到跨学科学习的评价中,关注学生的学习过程和阶段性成果,发挥评价的反馈导向功能,帮助教师提高评价效率和水平,增强课堂管理效果,减轻教师工作负担;帮助学生树立时间观念,建立时间管理意识,达成跨学科学习目标。

(一)先导学习备技能

两节特意设计的日常四年级信息技术课程,让教师了解学生的信息技能储备情况,通过查看班级优化大师平台中各个班级学生的积分排名和umu平台中两次作品学生的得分以及获赞情况评估学生的知识技能储备,选取最适合参加"秋果设计师"活动组的学习成员。

图 6-1-2　先导课班级优化大师平台积分

(二)实践探索出成果

1.活动学习第一站

情境引入,驱动任务:兴趣是学习最好的老师,真实的情境问题能更好地调动学生的学习兴趣。"秋果设计师"活动组以真实的房间改造需求为切入点,吸引学生的注意力。

各展神通,小组分工:恰当的分组可以让小组发挥出最大的竞争力,以学生的兴趣爱好和个人特长组建4~5人的学习小组,并通过阅读小组合作评价量表和秋果设计师活动成果评价表制定团队合作公约,营造学习氛围。

新课学习,梳理知能:面对"秋果设计师"活动这个巨大的任务,学生依据K.W.L策略表梳理自己的知识与技能,完成后的K.W.L策略表上传至umu平台,活动组成员通过在线了解对方的知识技能和学习需求。

213

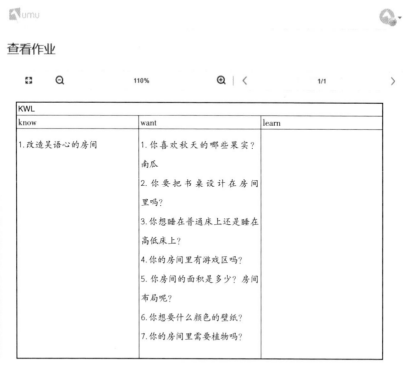

KWL		
know	want	learn
1.改造吴语心的房间	1.你喜欢秋天的哪些果实？南瓜 2.你要把书桌设计在房间里吗？ 3.你想睡在普通床上还是睡在高低床上？ 4.你的房间里有游戏区吗？ 5.你房间的面积是多少？房间布局呢？ 6.你想要什么颜色的壁纸？ 7.你的房间里需要植物吗？	

图 6-1-3　K.W.L 策略表

小组分工,需求访问:合理的小组分工能够发挥小组成员最大的优势。各小组依据K.W.L策略表确定成员分工,填写"用户需求访问单和小组分工明细表"。

自主学习,能力提升:认领完各自的活动任务后,学生开始思考当前知识技能与任务要求的匹配度,借助学习包和网络资源以及教师的帮助,完善自己的知识与技能。

分享总结,作品提交:课程结束后,学生使用umu平台上交活动学习成果。教师作为组织者给予学生引导和帮助,并通过班级优化大师和umu平台加强学生的正向学习行为,肯定学生在跨学科学习中的学习成果。

图 6-1-4　实践课班级优化大师平台积分

2.活动学习第二站

回顾旧知,驱动任务:回顾第一次的学习成果和任务需求,得到本次跨学科学习的学习任务。

小组交谈,获得素材:活动以小组为单位展开,各小组头脑风暴,与用户交谈,使用画图程序绘制详细的用户房间平面图,如图6-1-5所示,完成后的作品上传至umu平台。

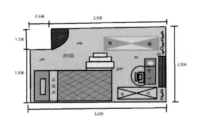

图 6-1-5　秋果房间平面设计图

第六章　数智化平台赋能素养评价

215

小组分工,各司其职:依据第一节课小组成员们填写的用户需求访问单(访问单可从umu中随时获取,学生可随时查看用户的需求),成员们以用户的需求为设计方向开始设计具有个人特色的房间一角。

　　分享询问,提升设计:秋果设计师们设计好房间的一角上传至umu平台中,如图6-1-6所示。教师和成员随时登录umu平台为设计师们的设计点赞、留言。

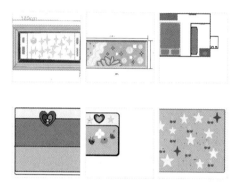

图6-1-6　秋果房间细节设计图

　　3.活动学习第三站

　　明确主题,驱动任务:经过两次课的学习,秋果设计师们已经为用户设计好了房间,但离完美地呈现在用户面前还差一步,那就是汇集成册。

　　小组分工,任务明确:通过学习,学员们了解到图册是由封面、封底、目录、内容组成的,设计的图纸不仅要展示图片,还要配备设计理念和设计思路。

　　自主创作,完成图册:成员们在绘制封面、封底时注意到了色系一致能给用户带来赏心悦目的观感,设计师们将设计思路和理念标注在设计成果旁,辅助用户理解设计师们的设计。

　　作品提交,分享总结:学员们将绘制好的图册个页汇集成一本图册,通过umu互动学习平台提交(如图6-1-7所示),这个平台给他们的跨学科学习带来了很多便利,这是在之前的跨学科学习中没有获得的。

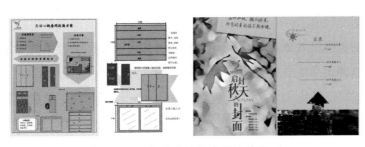

图6-1-7 秋果设计之房间设计图册

(三)展示反思拓学路

1.展示

秋果设计师们的作品得到了同学们的喜爱与认可,校友们依据自己喜好和感受给各个活动组投币。经过一下午的展示,秋果设计师活动组共获得金币194枚,银币97枚,铜币147枚。

2.评价

多元评价:活动开始时学生会收到一张包含"自评、同学评、教师评"三栏的评价表,教师、学员和同学以A、B、C、D评级的方式对学生每次活动的过程进行记录。

多维评价:为了让学生对每个阶段自己需要掌握的知识有清晰的概念,活动组成员从"分工合作、知识掌握、操作过程、小组展示、活动参与"五个维度进行自我监督。

多种方式评价:线下、线上相结合。线下:活动学习评价单。线上:课堂表现积分在班级优化大师里体现,每次的学习成果在umu互动学习平台上展示,由教师、同学和个人共同评价,三方评价的结果转换成班级优化大师积分。

3.拓展

本次跨学科学习让学生体验到计算机是一种学习的工具,它可以更加高效地辅助学习,具备信息意识的同学可以利用它挑选出有用的信息。

(四)跨学科学习之"秋果设计师"的成效

1. 教师评价高效率

通过对一线教师访谈可知,教师在使用平台后能准确地把握学生的学习情况(如图6-1-8所示)。平台的使用提高了教师对学生跨学科学习效果的评价效率,提高评价的水平,教师可以根据平台中的详细记录精准地评价学生在跨学科学习过程中的学习行为和学习成果。一线教师还利用班级优化大师给学生及时的肯定和反馈,增加了学生的学习进取心,可以强化学生的学习好习惯。

图6-1-8　学生个人积分明细图

2.学生学习行为的矫正

在跨学科学习时教师对学生的学习行为予以加分肯定。通过一段时间的学习,实验班共获得395积分,其中99.7%的积分是对学生学习行为的表扬,55.4%的积分表扬了学生的乐于参与好行为,37.5%的积分表扬了学生信息材料及教室整理好行为,6.8%的积分表扬了学生主动探究好行为。数据结果显示,跨学科学习非常能吸引学生的注意力,学生能够积极主动地参与学习。

图6-1-9 班级积分明细图

3.学生学习成果作品

umu平台中上传的学习成果反映了学生对学习内容的理解和掌握度,通过查看学生提交的作品,教师可以使用评分和留言的方式对学生的每一次成果进行指导反馈,学生的作品也从一开始的零零碎碎慢慢精细化成最后的成品图册。

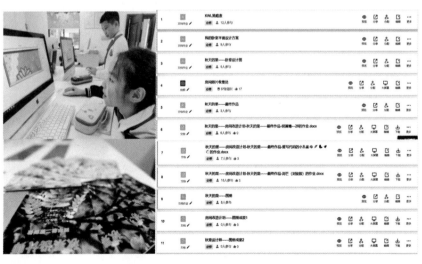

图6-1-10 学生跨学科学习过程图

4.学生学习心理有成就

就学生反馈而言,本次跨学科学习让他们更有学习的动力和成就感,看到别人的积分比自己高总想更好地表现自己;自己的学习行为被表扬和加分,下一次会更好地表现,班级优化大师的使用让他们感受到了来自教师和活动组同学的关注和表扬。umu平台中留痕的学习成果让他们感受到了学习的成就感,这种学习的痕迹无论他们在哪里长到多大都可以翻阅查看,让他们对学习更有信心,相信自己在其他学科的学习中也能和这次一样做得很好。

整个跨学科学习中,依托数据平台对学生的学习行为和学习成果的监测能够让教师及时地对学生的学习予以指导和反馈,及时强化学生的正向学习行为;帮助学校教师提高跨学科学习的评价效率和评价水平,增强了教师课堂管理的效果;留痕式的评价过程让教师有机会对学生的作品进行一对一指导,用留痕数据驱动学生学习,助力教师精准评价。这种及时的、量化的、有积分的评价方式也提高了学生的学习积极主动性,增强了他们的学习成就感,最终促进学生的全面发展。

第二节 数智化评价在学校层面的初期探索

随着信息技术的飞速发展,利用数据平台来辅助学生评价成为一种选择,愈来愈多的教师个体或者学校单位倾向于选择它。这种方式便捷、高效,为一线工作的教师节省很多工作时间,也能为学生的健康成长留下过程性评价的痕迹。一个好的数据平台仅仅开发就需要动辄几十万元的花销,对许多学校来说,一方面可能拿不出这么多资金搞校园信息化建设;另一方面担心这种数据平台对学校教育教学的发展帮助有限。所以在各个学校的信息建设进程中,容易"隐形不被看见"的数据平台往往会让位于教学智慧屏等对课堂教学有显性帮助的电子设备。

一、雷达图助力小学生素养评价

我们并不缺少数据,教育教学过程中的数据纷繁杂乱。有效收集、梳理数据并挖掘数据背后的价值显得尤为重要。基于此种现状,本校以年级为单位组织全科教师收集学生的学习表现数据,梳理归纳后按照相同的评价指标和比重录入"雷达图"系统。学校巧妙地将大数据和对学生的素养评价相结合,利用"雷达图"直观精准的呈现方式给学生提供科学准确的素养评价。

(一)引领科学,雷达图实现多元评价

多元评价,顾名思义,就是从多方面评价学生的学习表现,不拘泥于一种方式。这是因为学习者的学习智能是多方面的,学习风格是迥然不同的,各有各的学习优势。学生在学习活动中展现出来的各种能力不能依靠单一维度去评价度量,需要评价主体多元、评价内容多维、评价方法

多样,这样对学生的学习评价才最有可能达到全面而准确,进而促进学生的全面发展。

本校开展的雷达图评价,破除了学校惯有的、单一的总结性评价方法,是将学生在整个学期的学习活动过程量化到每一个评价指标中去,让评价的结果更能体现学生学习的过程性。而且雷达图评价是全年级的全科教师都必须参加的一项针对学生学习过程的评价,不仅其评价主体来自全科教师,而且评价维度也从各个学科的不同到学科内的不同。以二年级评价为例,一位学生可以获得来自语文、数学、英语、科学、综合(音乐、美术、体育)共7个学科教师的评价(如图6-2-1所示),评价的结果以雷达图的形式展示出来,这也是雷达图评价得名的原因。而且各个学科的评价维度各有不同,以二年级科学素养评价为例(如图6-2-2所示),主要从人人爱思考、人人会合作、人人善表达和人人能实践四个维度展开,每个维度下面都有详细的评价指标。人人爱思考维度的分数主要从学生日常上课、实验使用的科学活动手册中得出,其权重占科学总分值的1/4;人人会合作和人人善表达不仅包含教师对学生的评价,还有学习同伴的评价;人人能实践则涵盖了学生在学校、家庭和社区学习成果的评价。

学科	优秀的表现 \ 姓名
语文	1.写字姿势正确,书写工整,作业清楚
	2.安静倾听和吸纳同学意见,积极思考发言
	3.有良好的阅读兴趣和习惯,每天独立阅读
	4.正确、流利、有感情地朗读课文,积极动笔表达
	5.认真完成作业和练习,有较高的作业质量
数学	1.喜欢数学,养成良好的学习习惯
	2.勤于思考,灵活运用数学知识解决问题
	3.善于表达,能大胆地提出与他人不同的见解
	4.乐于合作,能主动与同伴分享学习成果
	5.勇于探究,能用数学知识进行综合实践活动
英语	1.认真听录音,能够大声、自信地模仿和朗读
	2.上课态度认真,积极发言,声音响亮,语音面貌佳
	3.喜欢英语阅读,乐于英语阅读拓展学习
	4.乐于英语合作学习,表达所见、所想
	5.积极参与各项英语活动
科学	1.有序观察,细致记录
	2.认真倾听,尝试合作
	3.乐于表达,大胆交流
	4.进行家庭实验,参与拓展活动
综合学科 音乐	1.积极主动参与各种音乐实践活动
	2.能运用学到的音乐技能进行音乐表演
	3.能结合所学音乐知识进行作品展示、鉴赏活动
美术	1.喜欢美术,能准备好绘画工具,按时完成作业
	2.乐于思考和实践,灵活运用美术知识,敢于表达,拥有创意与想法
	3.善于合作,能够完成集体创作,和同学友好相处
体育	1.完成跳绳、50米、坐位体前屈的测试要求,并达成目标
	2.积极参与体育活动,勇于展示自我,并敢于表达自己的观点和想法
	3.学会沟通,愿意积极参与团队活动,与同学和睦相处

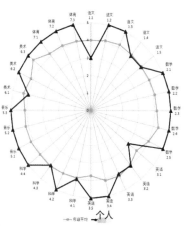

图6-2-1 学生个人雷达图

学科	维度	评价指标	学科表现	权重
			低段（一二年级）	
科学	人人爱思考	1.有序观察，细致记录	（1）科学活动手册得到： A+___次；A-___次；B+___次；B-___次；C+___次；C-___次；D___次。	1
	人人会合作	2.认真倾听，尝试合作	（1）认真听课情况：本学期获得听讲印章/贴纸（ ）个。	0.5
			（2）小组合作探究： 能承担相应任务，积极配合小组探究（ ）； 组内合作活动中积极参与，配合他人完成任务（ ）。	0.5
	人人善表达	3.乐于表达，大胆交流	（1）举手发言情况：本学期获得发言印章/贴纸（ ）个。	0.5
			（2）小组交流时：愿意说（ ）；只是听（ ）；不参与（ ）。	0.5
	人人能实践	4.进行家庭实验，参与拓展活动	（1）是否建立家庭实验室（ ）。	0.1
			（2）寒暑假布置的家庭实验活动得到（ ）分。	0.2
			（3）每个单元布置的课后拓展活动得星：第一单元（ ）；第二单元（ ）。	0.6
			（4）参加校级以上科技比赛获奖（ ）次，请罗列奖项。	0.1

图6-2-2　科学素养评价

总的来说，雷达图评价实现了多元评价：评价主体多元，包含了各个学科的任课教师和学生学习中的同伴；评价内容多维，包含多个学科、多个学习场景和多个评价指标；评价方法多样，破除单一的期中期末总结性评价，实现整个学期的过程性评价和总结性评价的综合。

(二)关注发展，雷达图帮助高效评价

时代的高速发展，信息技术的飞速进步为人们的生产生活带来了很多方便。近几年信息技术融入教育教学也越发成熟，为一线教师繁重的教育教学工作带来了一定的便捷性。借着信息技术的东风，本校从众多信息化手段中挑选了雷达图评价，在教育教学中为教师减轻学生评价的工作压力。本校雷达图评价从建立在线协作文档开始，为避免多人在线协作文档出现卡顿和闪退，采用一个年级一个在线协作文档的方式进行，各年级各学科教师只需要点击不同的在线协作文档链接，即可为自己所带的学生从自己学科的评价维度逐条评价，评价采用量化的形式，区间从1—5取值，其中5分为最优（如图6-2-3所示）。全年级教师完成评价后，学校大数据中心将数据完整下载并放入Excel表格中，利用Excel表格中的图表功能，对学生的全科量化评价数据和全年级量化评价数据进行筛选对比，一键生成整个年级学生本学期的学习表现雷达

图。从雷达图中不仅能看到学生个人在各个学科的学习情况，还能看到全年级的学习表现(如图6-2-4所示)。

	序号	1	2	3	4	5	6
	班级	二(01)	二(01)	二(01)	二(01)	二(01)	二(01)
学科	优秀的表现 \ 姓名						
道德与法治	1.能认真地做好课前准备，带齐每节所需书本、用品	5	5	5	5	5	5
	2.专心听讲，遵守课堂纪律，能认真倾听同学发言	5	5	4	5	4	5
	3.自信、大胆发表自己的想法，主动参与小组讨论，积极发言	5	5	5	5	5	5
	4.能按要求及时完成《学习活动册》和书上的练习，书写端正	5	4	5	4	4	4
	5.成果展示时能认真准备，自信分享	4	5	4	5	4	4
语文	1.写字姿势正确，书写工整，作业清爽	5	3	3	5	4	4
	2.积极参与课堂活动，能倾听和吸纳同学意见	4	4	4	4	4	3
	3.正确、流利、有感情地朗读课文，每天能独立阅读	4	4	5	4	5	3
	4.能正确使用标点符号进行写话，并做到文通句顺	4	4	4	4	4	3
	5.认真、及时完成课堂作业，有较高的作业质量	5	3	3	3	3	3
数学	1.喜欢数学，养成良好的学习习惯	5	3	4	4	3	4
	2.勤于思考，灵活运用数学知识解决问题	5	4	4	4	5	5
	3.善于表达，能大胆提出与他人不同见解	4	4	5	5	4	5
	4.乐于合作，能主动与同伴分享学习成果	4	4	4	4	4	5
	5.勇于探究，能用数学知识进行综合实践活动	4	3	3	3	4	5
英语	1.认真听录音，能够大声、自信地模仿和朗读	4	4	4	4	4	4
	2.上课态度认真，积极发言，声音响亮，语音面貌佳	3	5	4	5	4	4
	3.喜欢英语阅读，乐于英语阅读拓展学习	4	4	5	4	4	3
	4.乐于英语合作学习，表达所见、所想	4	4	4	5	4	4
	5.积极参与各项英语活动	4	5	4	4	5	5

二 (1)　二 (2)　二 (3)　二 (4)　Sheet1 (2)

图6-2-3　在线协作评价文档

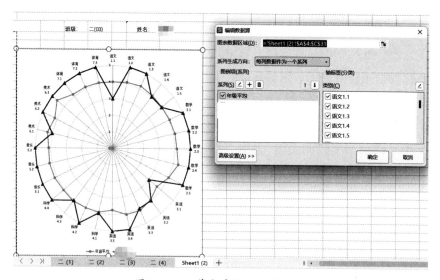

图6-2-4　学生雷达图评价生成

总的来说,学校借助信息化手段采用的这种雷达图评价减轻了一线任课教师对学生的评价负担,也减轻了学校教育教学管理人员对各个年级学习情况的梳理归纳工作,让整个学校的教育教学评价更加清晰明了且便捷。

(三)挖掘价值,雷达图反哺教育教学

数据平台进入校园的主要目的是通过对教育教学中积累的大数据进行收集、整理、分析,挖掘数据中的实用价值,反哺到学校的教育教学中,助力学校教育教学的发展。本校采用的雷达图评价全面地收集了学生在各个学科的学习表现评价,通过在线协作文档和Excel表格中的图表工具对量化的数据进行筛选整理,得到学生学期个人发展雷达图。该雷达图展示了学生个人在各个学科的学习维度发展情况以及整个年级在各个学科的学习维度上的学习表现情况(如图6-2-1所示),某学生的语文1.2和1.3获得5分,1.4和1.5获得4分,1.1获得3分。也就是说,该学生能够安静倾听和吸纳同学意见,积极思考发言,有良好的阅读兴趣和习惯,每天独立阅读。但还不能正确、流利、有感情地朗读课文,在动笔表达、认真完成作业和练习方面还有待提高,而学生的写字姿势和书写是该生语文学习的薄弱环节,是最需要提高的地方。通过查看年级平均线可知整个二年级的语文学习中1.3最高,也就是说,做得比较好的是朗读课文和阅读,1.1和1.5最低,都涉及学生的书写和作业,这就是该年级需要加强提高的部分。通过对比年级平均指数(灰色的线),可知该生的1.2和1.3都高于年级平均线,1.5和平均线持平,1.4稍低于平均线,1.1低于平均线一个度,也就是说,语文学科的任课教师需要在接下来的教学中加强该生的书写和语句表达。班主任通过雷达图则可以发现该生在1.1和3.1的指标上亟须提高,依据指标明细,班主任可分析出该生需要培养学习自信和学习习惯,在接下来的教育中可针对这两点进行学校教育和家庭沟通,确保有针对性地帮助学生全面发展。学校教育教学管理者通过雷达图可清晰明了地掌握每个年级的学生学习情况,针对共性问题对教育教学做出针对性的调整,帮助学科教师和班主任在个性问题方面改善教育教学。

总的来说,学校雷达图的使用给学校的教育教学带来了新的活力,雷达图展示出来的数据信息能够高效精准地指导学科教师、班主任和教育教学管理者提升自己的教育教学工作,真正做到了数据反哺教育教学,达成了数据平台进入校园的目的。

(四)节约成本,搭建雷达图经济实惠

众所周知,学校的教育经费每一分钱都要花在刀刃上,都要花在建设学生美好教育上,如何高效地利用起每一笔教育教学经费也是学校管理者引领学校发展必备的智慧之一。本校选取的雷达图评价经济实惠,不需要搭建任何数据平台,多人在线协助文档使用的是石墨文档,Excel表格则是常用的office办公软件,学校每学期的雷达图数据由学校大数据中心统一保存至学校硬盘并备份一份至学校网盘以防硬盘损坏或丢失。雷达图的整个搭建、使用和后期保存都只花费了极低的教育经费,这种模式不仅节约了本校的教育教学的开支,还为教育经费有限的学校开展数据驱动教育教学提供了范式。

二、基于大数据构建小学生素养评价雷达图的策略与建议

(一)建立符合本校学生发展特点的素养评价体系

评价体系是学校雷达图构建的基石。一个健全且符合本校学生发展特点的学科素养评价体系能够全面、科学、准确地评价学生的学科学习行为表现。本校使用的学科素养评价体系以多元智能为理论依据,学校的每一位学生都有着不同的发展智能,每一种智能在他们的学习成长中都发挥着巨大的作用。多元智能理论体现了学校尊重学生的个别差异,帮助学生协调发展,培养学生的创新能力和实践能力。学校学科素养评价体系的价值取向指向人人成才,即全体学生在不同的发展阶段都具有自己独特的智能特点、学习风格和发展方向,学校的教育和环境使学生的强势智能得到更好的发展,使弱势智能得到有效的提升,最终使得学校的学生得以全面发展、全员发展、持续发展。为落实学校"时代学子个个棒,只是棒得不一样"的评价思想,学校对学生的评价呈维度多元

化、形式多元化、功能多元化的特点。评价维度多元化即从学生的"思考、表达、实践、合作"四个发展维度进行评价,评价形式多元化即结合纸笔测验和表现性进行评价,评价功能多元化即把"对学生的评价"和"为学生的评价"整合到一起。总的来说,学校素养评价体系是建立在学校发展理念之上的,它的构建离不开学校领导班子的深思熟虑,离不开学校教研团队的精心打磨,更离不开学校一线教师的反复实践。建立符合本校学生发展特点的素养评价体系不仅能够促进学校全员学生持续且全面的发展,而且能够加快学校形成素养本位的教育范式,增强学校的教育能力和未来竞争力。

(二)学科教研组引领一线教师科学评价

健全的学生评价体系意味着一线教师对学生的评价覆盖面更广、评价内容更细、评价工作更繁,需要学校的学科教研组发挥引领作用,带领各个学科的一线教师共同评价、科学评价、一致评价。覆盖面广一方面指评价覆盖全学科,每个学科的教师都要参与对学生的评价;另一方面指各学科分别从学科的特点出发覆盖"思考、表达、实践、合作"四个发展维度对学生评价。评价内容更细则是各个学科在"思考、表达、实践、合作"四个评价维度上条分缕析,细化出适合自己年级和学科的评价内容。评价工作更繁是指增加了教师量化学生的过程性评价的工作量,教师需要花费时间和精力去准确计算班级中每位同学每条评价指标的量化分数,这个过程烦琐且费时费力。所以雷达图评价的开展需要学校各学科教研组发挥引领作用,先梳理学科在各个年级的评价指标,归纳总结出可实施的评价方案;然后在学期教学中以一线教师为评价的实施者,保证对学生的评价按时按量;最后在学期末指导教师准确量化所带班级中每位学生的学期学习表现,做到科学评价学校的每一位学生。

(三)组建学校大数据团队

组建学校的大数据团队支持雷达图评价的开展。大数据团队可以利用自己的专业能力确保雷达图评价平台的稳定运行和数据的收集、整理;大数据团队可以利用自己的技术优势在海量的数据中提取有价值的信息,将其以可视化的展现形式呈现给学科教师、班主任、学校教育教学管理人员,为改善教育教学提供科学的依据;大数据团队还可以确保学生评价数据的安全,包括数据的存档和保密。以学校信息技术老师为核心组建的大数据团队不仅具有专业的信息技术能力,还有教师的身份便利。信息技术老师是学校中的一员,方便学校管理;可以随时与使用雷达图的一线教师和学校教育教学管理人员面对面沟通,减少沟通中信息的缺失和不对等;信息技术老师可以直接使用雷达图评价,能及时发现和解决在评价中遇到的问题,增强其他教师在使用中的幸福感。

(四)家校共享素养评价雷达图

推进学校和学生家长共享学生素养评价雷达图,确保家长获得与学校一致的学生学习反馈。素养时代的到来和国家"双减"政策的颁布使得学校对学生的评价不再仅限于期末的纸笔评价,每个学校都在尽其可能挖掘不同学生的优点,综合性地对学生展开过程性的评价。学校对学生评价维度、评价内容、评价方法的转变使得家校沟通的内容更多更杂。为了减轻家校沟通给一线教师带来的负担,本校践行家校共享学生素养评价雷达图。因为学校使用的雷达图评价是对学生学期学习的过程性评价,能真实地反映出每一位学生学期的学习表现;雷达图式的展示直观又细致,每张雷达图还配备全科素养评价细则,无论是学校教师还是学生家长或者学生本人都能清晰明了地读取学生的素养发展信息。这样一张简简单单的雷达图让家长得到了真实的教育反馈且与学校保持了一致性,家长也能根据学生的发展特点给予适当的教育环境和教育方式,确保帮助发展中的学生提升弱势智能,发扬强势智能。

总之,基于小学生素养评价的大数据构建的雷达图引领科学,实现多元评价;关注发展,实现高效评价;挖掘数据价值,反哺教育教学;节约成本,适合普通学校持续使用。本校在实践过程中也积累了宝贵的经验,雷达图评价的使用需要学校建立符合本校学生发展特点的素养评价体系;需要学校学科教研组引领一线教师进行科学评价;需要学校组建属于自己的大数据团队;需要学校利用好雷达图与家长共享一致的学生发展反馈。

学校基于雷达图评价积累的学生成长数据，如何更好地分析、挖掘其深层价值，反哺到教育教学和学校发展以及指导学生个人未来的发展，将是本校未来需要继续深入研究的课题。

第三节 学生综合评价数智化平台的建设

一、总体架构

本次学生成长综合评价建设以信息化、数字化为核心展开,通过"物联网+大数据"服务应用之间的"互联互通"提高教育的信息化水平,并由此探索如何促进基于大数据模式下的教育管理的整体升级,更好地服务学生的全面发展。

学生成长综合评价系统的目的是记录学生各方面的数据,对学生素养发展状态进行真实的反映、诊断、改进,促进个性化成长,构建学校特色的学生综合发展评价体系,坚持过程性、真实性、多元性、诊断性。

系统通过多个子系统采集学生的实践活动,包括学业水平、日常行为、活动点评等过程性和结果性数据,最终形成学校特色的学生成长综合评价系统。数据来源包括日常行为表现、学业表现、校内外活动、活动评价、老师评语等。集成与学生成长相关的应用,如班级日志、学业管理、成长印记等应用模块,逐步搭建完善学校大脑。支持多种评价方式,包括写实记录、分项能力评价、过程性指导、实践评测、民主评议等。

二、学生成长综合评价平台功能

(一)学业管理

学业管理是一款学业测评录入工具,可以根据不同学科的分项能力,分别进行评价,支持分数或等级制,便于统计、汇总和跟踪孩子的学业水平和学科能力的成长情况。该应用主要为老师提供日常管理学生成绩数据,可以按照各种形式录入,按需一键通知家长,并查看相应的成绩分析,进行教学质量评估。平台支持单元测、月度评测、期中、期末等多种评价类型,平台还支持按年级、学科设置不同的分项评价,支持等级分数等多种评价方式。

为方便教师操作,减轻教师工作负担,学校还特别增加了教师端在线录入和表格录入,支持教师在线对比分析学生学业数据,可显示分段人数、优良比例、平均分趋势等多维度数据;支持分析结果的下载。

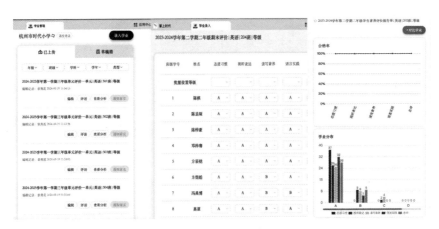

图 6-3-1　学业管理

(二)成长印记

成长印记是一款学生综合评价工具,支持多维度对学生进行综合测评,可用于教师对学生在校、家校共育活动、争章、评价等维度的记录,如艺术素养的成果评价、劳动实践的过程性评价、社会实践的参与评价、品德相关的写实记录评价等。此外还提供对应的勋章体系,支持对学生不同的成绩进行表彰管理,让学生有更多的参与感与获得感。同时,通过每学期的数据沉淀,将学生全学年的在校数据进行沉淀积累,形成全面的学生成长记录。

学生挑选自己在本学期最满意的一张学生活动图片上传平台,并以文字形式记录下来。

各学科教师依据学生平时的表现,对学生学期学习情况进行述评,以文字的形式记录学生的学期成长发展情况。

学校特意开发了奖学金模块,助力学生发展自己的特长,学生在线提交自己的特长获奖情况,由各个学科老师审核、赋分。大队部教师只需要导出总分排序即可评出该学年获得奖学金的学生名单。

图 6-3-2　成长印记

(三)个性化成长报告单

打破传统的纸质期末成绩报告单样式,根据每学期汇集的学生数据,通过学校大脑数据模型及计算引擎,生成每位学生的个性化学期成长报告单。由管理员确认后,可将个性化成长报告单推送给家长。

个性化成长报告单以学生的个性化学期画像入手,展示学生最近的身高、体重、视力、体测数据、学期考勤、日常行为表现等基本情况;以分项的形式展示各学科的学业水平等级,其中语文、数学、英语、科学、道德与法治学科以雷达图的形式直观展示;展示班主任评语、学科老师评语、家长寄语、学生自评等情况。家长可以通过平台随时查看学生各个学期的个性化成长报告单。

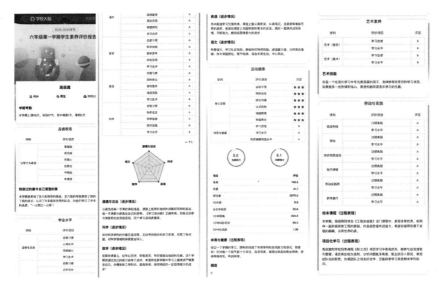

图 6-3-3　个性化成长报告单

(四)班级日志

为了帮助各个班级对学生的日常行为规范进行管理评价,学校还上线了"班级日志",平台操作简便,界面清爽,便于操作。中低段班级由任课教师进行管理操作,高段班级会有班干部协助班主任和任课老师进行操作。下面从六年级(3)班杨谢园同学的描述中来看看班级日志的使用方法。

这个学期,我们的班级管理有了新方法,那就是基于 AI 的"班级日志"管理。我是老师的小助手。有了"班级日志",我再也不用担心记录的数据丢失,不需要进行麻烦的统计,管理起来真是方便极了。谭老师把全班同学分成了五个学习小组,每周积分最高的组可以获得免作业卡,这让我们的学习更加有动力了。

五个小组的组长和班长分别管理六大块内容,分别是文明礼仪、纪律秩序、班级卫生、活动责任、好人好事、健康卫生。

我负责检查纪律秩序。当眼保健操的声音响起,我就提醒同学们做操,请队长帮助把外面的同学叫回来。看,第一小组的同学及时到位,做操认真,穴位准确,我立刻给他们加了一分。广播操开始了,我响亮地喊出10秒倒计时,同学们纷纷整理好桌面,椅子推进桌子下面,到外面排队。两位体育委员和副班长及时记录下拿好跳绳器材的同学和认真做操的同学。这被加的一分是有力的一分,让我们的体格更加健壮。

及时上交作业是重要的管理内容。我们班级也有非常严谨的管理系统,听写本、预习本、作文本等作业本,都各有一位课代表负责进行登记。同样,作业的不同等级成绩也会换算成不同分数,加入小组总分。《亲情联系册》是家校沟通的重要途径。每天,组长们都会检查同组组员们的完成情况以及提交情况分别进行加分。其中,写了一周总结和家庭日的同学还会获得额外的加分。

课堂上也是我们加分最活跃的时候,上课被点名表扬的同学就有加分。此外,为了鼓励同学们多多举手发言,课堂上举手三次并发言一次的同学也可以加分。

我们班戴电话手表上学的同学较多,因此也有专门的同学负责管理。所有需要戴手表来校的同学都进行过登记,每天负责管理的同学都会到办公室去逐一清点手表的个数。如果有同学偷偷地没有上交电话手表,那可是要被扣分的哦。有了提醒和加、扣分制度,同学们也就更加自觉了。

有了这个平台,同学们除了在被管理时有加分和减分的情况,也可以主动提出自己在哪一块可以获得加分。甚至有同学主动提出为其他同学加分。比如昨天,A同学说B同学值日特别认真,认为可以给他加一分。C同学说,D同学在值周时,总是帮助低年级的小弟弟小妹妹们。这都成为同学们加分的理由。这愉快的一分,不仅增进了同学之间的友谊,也为我们树立了好榜样。

一个星期结束,老师带领我们进行一周小结,我们很快就能在班级日志中看到自己以及小组的加分情况。由此,组内的同学们也更加团结友爱了。有一次,一个小糊涂虫忘了自己被减了一分是什么原因,心里有些小委屈。于是谭老师立刻点开软件,发现旁边备注:"未及时进行专用教室值日生工作。"这一次是方老师的记录打分。原来除了谭老师和管理员,我们所有的老师都可以随时随地为我们加分和减分。同学们知道了之后,更加认真地投入学习了。

班级日志,记录着我们校园生活的点滴,提醒着我们更加规范有序地进行校园活动。

(五)校园值周Pro

除了"班级日志"平台,三年级及以上的学生能够成为校园管理小助手在校园值周时通过"校园值周Pro"平台开展工作。平台可以协助小助手们从文明礼仪、班级卫生、纪律秩序等方面完成各班情况统计,明确扣分情况并配照片作为扣分证据,小助手们现在完成校园值周不仅轻松而且兴趣大增。让我们一起来看看小朋友们的值周活动吧。

五年级汤晨诣:

值周是我很喜欢的一项"工作"。

三月的第二周,轮到我们班级值周。我像往常一样报名了入校、出校时的文明礼仪检查。

第一天终于到了,我和另外五位同学按时来到了校门口,迎接同学们。这一次值周出现了新变化,值周软件启用啦,何和胡拿着平板准备记录。

不久,刷脸机那儿似乎出现了一点儿状况——围了不少人,我跑过去看怎么回事。原来,有个同学忘记戴红领巾了。

何和胡走过来,他们让大家回到自己的"岗位"。我站在台阶上,关注着那里的情况。何和胡先对着他拍了一张照片,又在平板上操作了一下,就让他进校了。

"不扣分吗?"有个同学问。

"扣过了。"何举着平板给我们看。

那是值周软件,记录着每个班的加、扣分。"看起来挺不错的。"我在心里说。

一周很快结束了。事实证明,我没有想错。我觉得值周软件最为显著的优点是:我们不需要在值周结束后跑去告诉相关班级老师扣分原因,只要在软件上点几下老师就可以知道,还能提供照片佐证,方便追踪到被加、扣分的那个人。

五年级胡雨晨：

在值周的过程中，我发现我校值周系统不仅界面美观，而且系统功能齐全。值周系统清楚呈现了值周工作的各方面，从文明礼仪、班级卫生到纪律秩序各模块，我轻轻松松就完成了各班情况统计，明确扣分情况并配上照片作为扣分证据。

记得一次四年级的一个班级在纪律、卫生等方面都做得不是特别好，于是我们找到了该班的班主任说明了情况，给班主任看了我们抓拍到的纪律、卫生不佳的照片，指出了他们需要改进的地方。由于配有扣分证据的照片，我们和扣分班级的班主任的沟通很顺畅，班主任老师及时了解到了班级情况并给予了批评教育。在之后的几天里，这个班的各方面都有了进步。

在这件事中，平台给了我们许多帮助，比如，告诉老师扣分扣在哪里，从哪些地方来改进，平台里都有模块可记录、可查看。校园值周管理系统给我们带来了极大的便利，提高了值周效率。

第七章

学生素养评价的探索成效

　　教育评价在激发学生内在活力、激励教师专业发展以及激活学校的发展动能方面扮演着举足轻重的角色。

　　对学生而言，教育评价是挖掘潜能、展现才华的重要平台。通过评价，学生可以认识到自己的优点和不足，进而调整学习策略，激发学习动力，提升自我效能感。这种正向的反馈机制，有助于学生在学习中不断超越自我，实现全面发展。

　　对教师而言，教育评价是专业成长和发展的重要推动力。通过评价，教师可以了解教学效果，反思教学方法，进而提升教学质量。同时，评价还能够激发教师的创新精神和竞争意识，促使他们不断探索教育教学的新路径，实现个人价值的最大化。

　　对学校而言，教育评价则是提升办学水平、增强核心竞争力的关键所在。通过评价，学校可以全面审视自身在教育教学、管理服务等方面的优势和不足，进而制定针对性的改进措施，推动学校整体向更高层次发展。

第一节　激发学生的内在活力

立德树人,是新时代教育中落实素质发展的根本任务。评价改革,不仅具有革新测量评估学生学习结果的功能,还能牵引教学中创新的方向。在立足"素养本位""人人发展"理念的基础上,学校以多维度、多样化来建构学生素养评价体系;为充分发挥评价促进功能,我们将素养目标和标准细化,增强了学生"勇担责""爱思考""善表达""能实践""会合作"的基本能力。

一、激励自我,勇于担责

2022年,义务教育课程方案和课程标准中提出了"有理想、有本领、有担当的时代新人"的培养目标。为此,在素养评价中,我们不仅关注学生自我能力的成长,更是以"从小见识大场面,长大方有作为"的理念去考虑学生在社会层面的发展。为了让学生获得更全面的发展,以往我们习惯性地将目光集中在每个学生身上,却忽视了社会的真实性对孩子的教育价值。责任意识是能力发展的催化剂,时代的素养评价激励学生将自我理想融入社会发展,在玩中有担当。

(一)激发学生自我内驱力

教育的目的是促进学生成长,每一个生命都有巨大潜能,学生都具备与生俱来、向上的内驱力。对时代的孩子来说,我们创造良好的学习环境,利用教学评价手段,激发其潜能得到充分而自主的发展。

为了进一步调动全体学生的学习积极性,时代的老师们都会带着孩子一起总结每学期的收获,对新学期提出希望。根据素养评价雷达图,学校有《时代小学美德少年评选》《时代小学奖学金评选》《时代小学五彩好少年评选》《时代感动校园十大人物评选》等多条强化学生评价的制度,做到人人有收获、人人有荣誉。不论奖项大小,潜移默化中,颗颗赤诚之心有了共同的梦想,也坚定了努力的方向。小小的奖状,不仅是对自己的认可,也承载了时代少年的责任与担当。

图7-1-1 时代奖学金

(二)增强学生社会责任感

我们还以多种评价手段鼓励学生积极参与社会性活动,以己之力传递温暖和正义。近年来,学校的育人活动多次被中央电视台、《人民日报》等媒体转载,受到同行及社会的点赞。学校的"学森课"以"面向人人、知行合一"的评价聚焦学生成长的全过程,在实践中培养学生坚定的理想信念和科技报国精神。

我们为学生创造社会机遇,学生代表先后参与G20国际会议鲜花队、全国学生运动会开幕式、国际友好城市交流演出、政府迎新会、央视合唱春晚……新冠疫情期间,本校多名同学参与了"我为湖北加油"的声援朗诵活动(图7-1-2),他们用自己的声音致敬"负重前行"的英雄们,为祖国加油。2022年,杭城迎亚运之际,来自时代的200名少先队员还以歌舞《等你来》、宣传视频《走进亚运》(图7-1-3)的方式展现了杭城少先队员自信乐观、不畏挑战的精神面貌。

图7-1-2　童"声"援祖国　　　　图7-1-3　《走进亚运》宣传片

二、沉浸体验，善于表达

表达是小学生思维外化的重要表现，学会表达是小学生学会学习的基础能力。在素养评价目标中，我们的教育不是传授已有的东西，而是要将学生的创造力唤醒，激发他们不仅乐于表达，更能做到有序表达，甚至培养创新表达的能力。每位学生都享受并热爱自己的表达，真正实现"人人善表达"的目标。

小学阶段是学生语言发展的关键期，有效的教学能引导学生会说、敢说，而低效的教学则会导致学生习惯性沉默。美国教育心理专家布鲁纳说过："对学生最好的刺激，乃是对所学材料的兴趣。"所以，要调动学生表达的积极性，需要营造一个能激发他们表达兴趣的学习环境。围绕"人人善表达"的主题，我们不断对学习评价单的设计进行更迭，以评价先行的方式为学生提供学习框架，激发学习意愿。

面对自己感兴趣的话题，学生的表达欲望是无法掩盖的，真实的情境创设也能激发学生的参与热情。例如，小学部编版语文六年级上册《十六年前的回忆》是一篇革命传统作品，学生学习不免有时代隔阂，积极性不高。陈荣荣老师在学习前设计了课时评价单，还利用影视片《觉醒年代》创设语用情境，让学生身临其境般感受到了信仰的力量，在课堂上尽情输出了自己的学习感悟。

【案例一】《十六年前的回忆》课时学习评价单

评价员(组长): 记录员:	朗读员: 发言员:		自评	他评
学习兴趣 与课堂表 现	主动探究			
	个性表达			
	认真倾听、记笔记			
	补充发言			
阅读鉴赏 与表达	1.能通过朗读、解说、表演等多种途径了解人物形象			
	2.关注外貌、神态、言行的描写,体会人物品质			
	3.形成大观点,能有理有据地表达			
	4.倾听他人表达时,有情感共鸣,也有辩证思维			
评价留言:				

　　表达能力是学生综合素养的体现,准确、有序的表达能更好地传递自己的意愿。每个学生都有自己的表现性,为了让学生能够自由、灵活地发挥潜能,展示自我,我们搭建了多种平台来展示、反馈学生的学习成果。为了让学生能够自信表达,学校英语组的教师一直用多样的评价方式发现孩子的闪光点,给予鼓励。随着信息技术的运用,教师利用多媒体数字平台,打造《时代环球周报》新闻分享栏目,邀请学生担任小主播,全程英语播报国内外时事资讯。组织学生参加"亚运会Good Talk国际青少年双语演讲大会""时代亚运播报员PK赛"等活动,提升学生的英语演讲、表达能力。

　　我们给学生搭建"多彩美育"展台,通过办画展、艺术节等活动,反馈评价学生的学习成果。学校组织"童心童画展""丑小鸭艺术节""天天有画展""宋韵朗诵会"等展台(图7-1-4),让学生能够在艺术长廊展现自我魅力,我们还牵手学生将艺术延伸到了社会生活中。杭州亚运会倒计时一周年之际,时代少先队员受亚组委会邀请来到钱塘江畔,绘制了长达百米的白色护墙。

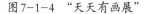

图7-1-4 "天天有画展"　　　　　图7-1-5 时代学子亚运彩绘钱塘江

我们给学生搭建"创意发表"平台,通过校刊、广播电台、国旗下的队课、学校微信公众号等方式呈现学生的创意作品,让每位学生都有展示的机会。时代的同学们还创办了属于师生自己的《时代》杂志,记载着每一年里的收获与感动,学校还会依据多元化的评价标准来评选"时代校刊"的封面人物,为学生的个性特长发展奠定基础,真正实现了"时代学子个个棒,只是棒得不一样"。

三、探究创新,勤于思考

传统的评价方式,教师往往以分数、结果来甄别学生的综合素质,学生的主观能动性和思维并不能得到提升;而素养评价能通过"等级、过程性描述"等来激励学生的成长,不仅注重提升学生发现问题、提出问题、分析问题和解决问题的能力,还能增强批判与反思适应力。基于不同年段的培养目标,我们不仅关注学生抽象高阶思维的形成,更是立足于学生基础,重视低阶到高阶思维的阶梯发展,实现"人人爱思考""人人勤思考"的美好愿景。

(一)培养学生具体的内在思维

在传统的教学中,很多学生缺乏学习的原动力,思维处于一个舒适区,并没有得到调动。为了改变现状,我们摒弃旧例,在日常教学中运用多种评价策略来激发学生的内在兴趣,养成思维训练的习惯。在学校承办的各级教学研讨活动中,学生上课思维活跃,综合能力强。

近年来,学校科学组秉承致力于提升孩子"实证意识、自主探究能力、科学思维、质疑创新、兴趣习惯"的科学素养,开展了STEAM课堂学习,以PBL项目帮助学生经历"做中学"。作为家庭实验室全国学校联盟的首批基地学校,我们将家庭实验计入学生素养评价雷达图,并欣喜地看到学生的思维能力在亲子合作实验中得到了发展。

图7-1-6 时代家庭实验室照片

在这样的教学氛围里,每一年区、市中小学生科技节上,不少学生都在科技比赛展现了科技特长,屡获殊荣。如参加航模比赛的学生中95%的学生在区航模赛获奖,10%的学生被选拔为杭州市少科院院士。2023年,本校学子参加各项科技竞赛成绩喜人。例如,市航天创意制作比赛一等奖4人,二等奖1人;市科普小报设计一等奖6人,二等奖3人;市编程比赛一等奖1人,二等奖12人;区电子太空探测一等奖1人,二等奖2人。

(二)发展学生抽象高阶思维

发展学生的高阶思维是素养评价的主要目标之一,促进学生有效地思考亦是人人都能深度思考的前提。单纯的认知活动给予学生思维的

243

空间太小,学生的思考就会缺乏深度和广度,课堂容易"满堂灌",形成思维定式。时代学子的学习内容是互动的,更是开放的,教学中我们引导学生从"学会质疑""学会审辩""学会反思"来思考问题,将高阶思维植入日常学习中。

【案例二】浙教版小学数学六年级上册《圆的认识》教学片段

练习2判断直径(见例图7-1-7)教学片段如下:

师:图中哪些直线是直径?

生1:2、3、4。

生(议论):4不是。

师:为什么?

生2:4没有经过圆心。

师:直径要通过圆心。

生(议论):还有。

生3:3也不是。

师:为什么?

生3:3从圆外画的。

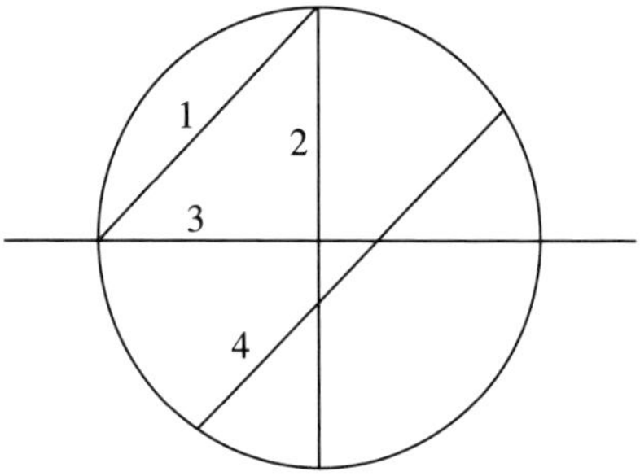

例图7-1-7

师:也就是看"直径的两端在不在圆上",所以直径的两端应该是在圆上。

在这个教学片段中,当第一位学生回答"2、3、4"是直径时,教师没有紧接着问"他说的对吗?"或"你们有什么意见?"而是沉默片刻,让学生去争论,思维进行碰撞,争着发表自己的意见。在这个过程中,教师巧用追问,在歧义处追问,使学生质疑推理;在欠缺深度处追问,促进学生审思,思维得到进一步发展。

四、联动协同,乐于合作

在时代小学的课堂里,合作学习已经成了课堂常态,是孩子们组织学习的必要形式,无关年级和班级。"人人会合作"的课堂是对传统学习模式的补充,学生之间能够通过互相合作、互相评价、互相鼓励、互帮互学影响价值观、态度和能力,有利于学生人格和心理健康的成长。

(一)激发学生合作意愿

学生只有在自觉、主动、沉浸式参与学习的过程中,才能理解知识,发展合作技能,享受到小组合作的乐趣。"双减"政策下,学校积极开展各类学伴小组活动,倡导学生走出教室,走进自然,走向社会,和形形色色的人交流,在丰富多彩的活动中健康成长。实践证明,即使是平时课堂中"不发声"的学生也愿意加入合作的队伍,乐于展示自己和同伴的学习成果,说明学生的合作兴趣和意识也在悄然增强。

【案例三】寻根筑梦·拱宸走桥研学片段

一座古桥,见证着杭州城的发展,见证着京杭大运河的兴衰。拱宸桥横跨京杭大运河,是杭城古桥之中最高最长的拱桥,那么它到底有多长呢?

三年级的同学们想出了用不同的办法来测量古桥的长度。他们小组合作,先定方案后行动,有的用自己的脚步长度来测量,有的用自己的鞋子长度来测量,有的伸开双臂,和小伙伴一起合作来测量,有的则是直接拿来妈妈的皮尺,拉着皮尺来测量……一次一种方法,孩子们用各种方法尝试着测量。测量结束后,每个班级的学生围坐在一起,不仅分享了自己的测量方法和测量结果,还对同伴们的方案提出了优化,感受研学的快乐与收获。

(二)提高学生合作技能

为了使时代的合作学习有整体水平的跃升,教师会针对不同的探究内容,丰富师生互动模式、创造生生研讨机会,不仅满足学生的学习需求,还会在确保学生合作积极性和有效性的基础上,提高对学生合作技能的培养。

【案例四】"双减"政策学伴互助实践探索

小学阶段是孩童成长的起点,学校不仅承担着教书任务,还需要育人,引导孩子形成正确的世界观、人生观、价值观。班主任陈畅老师以丰富多样的形式积极鼓励孩子进行小组活动。

作为班级的大家长,她给班里的孩子设置了以下分组:校内互助小组,提高孩子自理自学能力;假日互助小组,引导孩子体验学习活动乐趣;社区志愿组,激发孩子健康生活热情;红色主题组,帮助孩子树立积极人生态度。

一次次的学伴小组活动让孩子成为活动的主人,不断成长和历练,特别是内向并且怵于与同学交流、依赖性较强的孩子,通过小组活动可以结交更多的朋友,还能得到很好的锻炼。创新的合作学习,不仅将劳动教育融入育人发展全过程,还引领学生去社区亲身感受了劳动的不易,增强社会责任感。每一次集体活动,都增强了班级凝聚力,同时也为争做新时代好少年,成为担当民族复兴大任的新时代接班人增强了信心和决心。

五、迁移发展,敢于实践

"实践创新"是中国学生核心素养的重要指标,本校将发展学生的实践素养转化为课程化、项目化的实践活动。这样的评价方式,学生能够亲身经历不同形式的创造实践,人人将自己的认识、体验和感悟融于挑战现实生活中的复杂任务,综合能力得到提升,也实现了教育上"百花齐放"的美好境界。

(一)增强学生身体素质

实践证明,本校学生身体发育优良,素质不断增强。作为杭州市首批近视防控试点学校,近视率、肥胖率、龋齿率等在学校有效防控下得到了控制,家校协同预防近视的举措还登上了中央电视台新闻频道。

为了让学生的体育运动与健康可视化,学校老师针对不同学段的孩子量身定制了锻炼计划。施益坚老师关注个体差异,引导学生利用个性化的"成长尺"进行运动自我评价。通过阶段实施,学生的锻炼意识和习惯有所改善,令人惊喜的是他们的运动能力也有了显著提升。

【案例五】小学低段体育成长性评价研究

成长尺通过"设计—应用—评价—再设计"教育循环圈的应用状态,促使学生积极参与学与评之中,如图7-1-8,学生的健康行为得到优化,落实"勤练"目标。

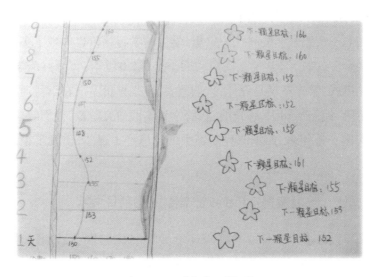

图7-1-8 "成长尺"评价

丰富多彩的体育活动吸引了越来越多的学生主动参与,"成长尺"工具使用后,低段学生身体素质得到提升,体育锻炼意识同样养成进行时,参加的积极性更高了。时代校园吉尼斯中竟然有两项挑战项目——单脚蒙眼独立和平板支撑是由一年级的孩子们创造的,时代学子从小养成"校内锻炼1小时,校外锻炼1小时"的习惯,培养"终身体育"意识。

表7-1-1　杭州市时代小学居家"吉尼斯"挑战活动

挑战项目	挑战时间	最高纪录
足球颠球	1分钟	56个
呼啦圈	1分钟	190个
双飞跳绳	30秒	66个
平板支撑	不限	10分钟
俯卧撑	1分钟	54个
单脚蒙眼独立（双手抱胸）	不限	11分52秒

（二）提高学生学业水平

在基于实践素养的时代评价里,学生的学习评价也体现了多学科的跨界融合。2021年,学校正式启动四季课程2.0版本:"学科+跨学科"双项目化模式,学生不仅是设计者、创造者,也是评价者。在学科通识普惠课程阶段,他们学知识、练技能;在跨学科实践研究阶段,他们综合探究、解决问题。近年来,四季课程的不少创意惊艳了媒体,引发了很多报道和效仿。

【案例六】"粒粒皆辛苦"主题项目学习

二年级组各个学科的教师,紧紧围绕"粒粒皆辛苦"主题设计项目化学习内容。午餐时,设计"光盘章"与"继续努力章",激励同学们争做光盘达人。

同学们在为期一周的时间内,在每一节课上都能感受到粮食的珍贵。在语文课上,同学们互相介绍节约粮食的方法,讨论"当有人浪费很多粮食,你会怎么劝说"等问题;数学课上,同学们研究营养午餐里包含了哪几部分,哪些食物最受同学们喜爱,如何设计午餐盒,午餐搭配的方式有哪些等,四人小组分工协作,讨论每一位成员的研究任务,最终将每位成员的成果合成一本研究成果手册;英语课堂上,每个小组上台展示、解说成果手册,同学们都听得津津有味;科学课上,探究食物进入人体后如何消化运作,被人体吸收营养;音乐课上,同学们歌唱了悯农的诗歌。

图7-1-9　项目化学习媒体播报

在学生"用餐光盘"行动中,将项目化学习评价以"学科整合圈"的新样态呈现,学生不仅对节约有了强烈的意识,还对所学知识进行应用,以评促学,积累了学科素养。

(三)提升学生综合素养

教育即生活,在教学中让学生感受生活的意义,热爱生活是我们培养"人人能实践"素养的目标之一。学生作为一个独特个体,有着不同的经验和发展潜能。我们变革评价模式,分层教学,关注每一位学生学科素养的差异,设置了综合实践类和体艺特长类拓展课程,实现学玩相长的目标。

快乐星期二:"校内+校外"实践体验模式。劳动教育是少年儿童成长的必修课,学校利用每周二下午的半天时间,打破教室边界,将传统文化渗透在劳动实践中,为学生提供了真实情境下获得德智体美劳综合发展的机会。活动中学校不仅将体育冠军、艺术大师、非遗名人、专家团队请进校园,与学生面对面互动;还倡导学生自主多角度体验、感受劳动的魅力。

　　体验星期五:"兴趣+特长"自主选择模式。为更好地体现"开发潜能,发展个性"的培育理念,学校利用每周五下午的半天时间,积极开发体艺特长类拓展等50多项课程。其中,男篮社团还作为代表参加了全国学运会开幕式,时代艺术团的小磨坊合唱甚至三次登上了央视的舞台,他们用精湛的表演获得了导演组的一致好评。

图7-1-10　时代学子登上央视舞台

第二节 激励教师的专业发展

在研究、实施素养本位的时代评价过程中，学生的德智体美劳得到了更为全面和深入的发展，同时教师的专业素养也得到了显著提升。从深入学习课改文件，到热烈讨论并制订深化课改方案，再到逐步构建素养导向的教学评价体系，教师们在探索时代校本化评价实践中付出了巨大努力。近三年来，时代的每位教师积极参与其中，不仅激活了教学教研的内驱力，提升了教学评价实践能力，还进一步增强了教研科研能力。

众多年轻教师在不断的探索与实践中，专业素养得到了显著提升，专业素养的提高也使他们能够更深入地开展素养评价研究。此外，许多教师还撰写了多篇以素养评价为主题的课题报告、研究论文和课例，为学校的教研工作注入了新的活力，营造了一个积极向上的教研氛围。

为了更好地实施素养评价，时代的教师们还致力于校本化评价实践的探索。他们紧密结合学校特色和学生实际，设计了涵盖课堂表现评价、作业评价、项目评价等形式丰富多样的评价方式和工具，旨在全面、客观地评价学生的素养发展。这些评价方式不仅关注学生的知识水平，更注重评价学生的思维品质、创新能力和实践能力等综合素养。素养本位的时代评价不仅促进了学生的全面发展，也推动了教师专业素养的显著提升。

一、与时俱进，提高教师研究能力

（一）专家引领，更新评价观念

学生素养评价作为教育改革的一部分，旨在超越传统的知识考核，更加注重培养学生的综合素质。2020年10月,中共中央、国务院印发了《深化新时代教育评价改革总体方案》,是指导深化新时代教育评价改革的纲领性文件,指出"改革学生评价,促进德智体美劳全面发展"是当下课改进程中的重要任务。学生素养评价作为课改的一部分,旨在超越传统的知识考核,更加注重培养学生的综合素质。该文件旨在扭转不科学的教育评价导向,坚决克服唯分数、唯升学、唯文凭、唯论文、唯帽子的顽瘴痼疾,提高教育治理能力和水平,加快推进教育现代化,建设教育强国,办好人民满意的教育。

为了推动小学生综合评价改革,2022年浙江省教育厅发布了《关于深化小学生综合评价改革的指导意见》(下称《指导意见》),强调要将小学生综合评价改革融入"双减"工作体系,加强统筹管理和协调,制订区域推进方案,协同推进学校评价与教师评价改革,激发学校办学活力,营造宜教宜学的教育生态。在评价内容方面,《指导意见》提出要实现"四方面的改变":改变单一以纸笔考试为主的学业评价方法,采取关注过程表现、多样、开放的评价方法;改变便于横向比较、过于细致区分的百分制总分评价,推行学科关键能力的分项等级评价;改变过分强调结果的评价,探索增值评价、过程性评价,真实反映学生的成长进步,让学生体验成功,激发学习动力;改变忽视个体差异、用一把尺子评价所有学生的状况,关注学生的不同特点和个性差异,充分发挥评价的激励作用,保护学生的自尊心和自信心。

此外,《指导意见》还要求加强指导,总结成果,各级教研部门要组织教研员深入学校和课堂,解决教师在实践中面临的实际问题;教科研部门要发挥学术引领作用,设置专项课题,及时总结和推广评价。

教师是学生的重要指导者和引路人。他们不仅是知识的传递者,更是学生成长过程中的重要伙伴,也是学生素养评价的实践者和推动者,他们的专业素养和研究能力直接关系到评价的质量和效果。因此,提高教师的研究能力,更新评价观念,是实施素养评价的关键。在时代的探索中,他们注重专家引领,通过参加培训、研讨会等方式,学习先进的评价理念和方法,不断更新教师的评价观念。同时,他们还积极开展课题研究,探索适合本校的评价实践,将理论与实践相结合,不断提高自己的研究能力。通过培训教师,构建评价体系,不断探索校本化的素养评价方法。

早在2016年,时代小学邀请浙江省教育厅教研室评价部方张松主任为全体教师做关于"评价改革与质量管理"的校本培训,从基于素养的命题角度,提升老师们"测试服务于教学"的意识,帮助学生提升综合能力。本校教师在培训中更新观念,意识到从"教书"到"育人"、从"教知识"到"育素养"的过程中,转变评价方式与内容的重要性。

2019年,本校组织全体教师参与"人工智能时代的精准教学"主题培训,学习前沿理念。本校也在积极探索大数据支撑下的评价体系改革,发挥教育评价导向诊断、指导激励的作用。

2022年,在新时代背景下以素养为导向的表现性评价已成为提升学生实践与创新能力的关键评价手段。为了推动评价体系的优化,并引导教师更新评价观念,时代小学邀请周文叶教授做《素养导向的表现性评价》为主题的校本培训。随着基础教育课程的变革,教学与学习进入了新时代。长期以来,传统纸笔测验主导着评价方式,而表现性评价能更好地评判学生的思维与能力,弥补传统测试的不足。表现性评价主要考查学生对内容的持久性理解程度,教学评价中由教师设置真实的情境,让学生自己来建构答案。表现性评价不仅能检测素养,更重要的是能够促进素养的养成。教学中,教师设计的课程与评价,往往孤立于某一个知识点的实施,而课程核心的、需要持久理解的目标,往往是跨单元、跨学期或者跨学科的。时代教师们意识到需要在大观念的引导下,拓宽视野,将表现性评价融入整体的课程设计理念中,进一步明确了实施表现性评价的方向与方法。

(二)理论学习,拓宽评价视野

以专家的高位引领为依托,接地气的校本培训研修,则让评价理论变成评价操作。时任上城区教育评估与监测中心主任伍小斌老师,基于教育评价理论的前沿观点,引领本校学科评价实践进行深度反思。在校本培训中,各科老师就学科特性制定针对性的评价策略。英语学科详尽地分享了低段英语故事教学中的四种评价方法,这些方法具有创新性和实践性,为提升英语教学质量提供了有力支撑。语文学科则在基础阅读、深入阅读、整理思考和展示评价四个阶段,分别制定了相应的评价标准,并付诸实施,其"整本书"阅读评价方法对于提升学生的阅读能力和思维深度具有显著成效。科学学科则通过具体科学试题的分析,深入探讨了纸笔测验所指向的评价方向,为优化考试制度提供了有益的思路。

在项目化学习评价方面,区评价中心研究员冯娉婷老师则向我们深入剖析了项目化学习评价的核心内涵与价值取向,强调了评价在教育过程中的重要性,并指出评价不仅是对学习成果的简单评估,更是对学生综合能力与素养的全方位考量。通过结合实践案例,详细解读了如何在教学中实施项目化学习评价以及多种评价策略与方法,包括评价方式的选择、评价标准的制定以及评价结果的应用等,通过学习和实践,教师们不仅掌握了项目化学习评价的理论知识与实践技能,也提升了自身的评价素养与能力。

在校本研训的基础上,学校通过内化实践,激发教师进一步提升评价能力,本校组织语文、数学、英语和科学教师参加了区"基于核心素养的学生表现性评价研修工作坊"。在工作坊中,教师们学习了创新的评价方式方法,并注重对学习过程的观察、记录和分析,特别关注学生在典型行为中的表现,以此推进表现性评价的实施。通过将表现性评价融入日常教育教学,教师们转变了教育教学观念,更加注重提升学生的核心素养。本校英语吴美兰老师在工作坊中,围绕"模拟联合国,我是小小外交官"这一主题设计了测评方案,便是表现性评价理论的生动实践。通过模拟真实的外交场景,让学生在完成任务的过程中展现自己的综合语言能力,从而实现了对学生核心素养的有效评价。

图7-2-1　时代学子参加青少年模拟联合国会议

　　同时,本校还积极借鉴并吸收其他学校的优秀评价实践,以丰富和完善自身的评价体系。例如,我们学习了天长小学的差异化评价理念以及建兰中学建兰大脑评价操作方法,这些学校注重学生的个体差异,采用多元化的评价方式,如口头报告、作品展示、实践操作等,以全面评估学生的学科素养。此外,我们还借鉴了濮家小学和蒋筑英学校在项目化学习评价方面的成功经验,这些学校通过设计具有挑战性和真实性的项目任务,让学生在解决问题的过程中发展自己的能力和素养。同时,他们还注重评价的引导作用,通过设计合理的评价量规,引导学生明确学习目标,掌握学习方法,从而提高学习效果。

　　在近五年的素养评价探索中,时代的每位教师都取得了显著的进步。他们在参与中不断提升自身的教学评实践能力,掌握了更加科学、有效的评价方法。同时,他们也增强了教研科研的本领,完成了多篇以素养评价为方向的课题、研究论文和课例。这些成果不仅为学校的教育改革提供了有力的支持,也为教师们的专业成长奠定了坚实的基础。

二、深入实践,发展教师评价技能

(一)标准前置,评价融入教学

　　为了更好地实施素养评价,时代的教师们还积极探索了校本化的评价实践。他们结合学校的特点和学生的实际情况,设计了多种评价方式和评价工具,以全面、客观地评价学生的素养发展。包括课堂表现评价、作业评价、表现性评价等多种形式,不仅评价了学生的知识水平,还注重评价学生的思维品质、创新能力和实践能力等方面的素养。

【案例一】《模拟安装照明电路》课时学习评价

科学老师在教学教科版四年级下册《模拟安装照明电路》一课时,结合学生现有的学习水平和设计要求,提前明确和出示评价标准,让学生在设计制作时有一个目标导向,在检验时有诊断标准,激发学生创作的热情,保证评价的公正透明,促进学生提高探究能力和研究反思能力。本课在布置开放性的任务情境后,出示评价项目与具体评价内容。

表7-2-1 《模拟安装照明电路》评价单

评价项目	评价内容	自评
设计评价	实物图和设计图是否一致(一星) 电路图中的电流流向是否正确(一星)	
能否点亮	两盏灯都亮了(一星) 一个开关控制一个灯泡的亮暗(一星)	
布局合理	开关和灯泡布局合理(一星)	
线路稳固	线路稳固,没有让电源短路的连接(一星)	

由于学生的能力水平层次不一样,所能达到的教学效果也是不一样的,尊重学生的差异性,故对评价项目的内容进行分层,以期每个孩子能在自己原有的认知能力上有所增长。对前期试教中学生可能出现的问题进行分类,将评价项目分为设计评价和安装评价两大类。设计评价从电路图与设计图是否一致、电流流向这两方面进行评价;安装评价从开关控制灯的方式、开关是否合理安排、电路是否短路三方面进行

评价。学生以评价单为学习支架,在设计安装电路时,进行自我检测与改进,从而调动学生的积极性,发展其潜能,达到他们下一个发展区的水平。

素养评价注重学生的全面发展,而不同学科的特点和要求也不尽相同。因此,时代的教师们结合学科特点,设计了个性化的评价方案。例如,在语文学科中,他们注重评价学生的阅读能力、写作能力、口语表达能力等方面的素养;在数学学科中,他们注重评价学生的思维能力、解决问题的能力等方面的素养。这些个性化的评价方案不仅更加贴近学科实际,还能够更好地反映学生的综合素质。

(二)素养导向,多元评价方式

时代小学在素养评价的实践中,坚持以激励为核心,旨在保护学生的自尊心与自信心,同时激发他们的学习兴趣,从而全面提升学生的综合能力。学校坚持以发展学生的核心素养为导向,通过个性化评价方案的精心设计、评价方式的多元化创新以及家长参与评价机制的构建,全方位、客观地评估学生的素养发展状况。这些实践不仅为学校的教育改革提供了坚实的支撑,也为教师的专业成长注入了新的活力。

在素养评价的实践中,时代小学特别注重将评价方式与课程内容紧密结合,通过设计多元化的评价任务,让学生在真实的情境中充分展示其素养。学校精心策划了涵盖艺术、科学、数学等多个学科的综合项目,使学生在解决实际问题的过程中,充分展现其创新思维、团队协作和问题解决能力。这种评价方式不仅更加贴近学生的生活实际,而且更能有效地评价学生的综合素质。

"四季课程"作为时代小学的一大特色校本课程,在跨学科学习任务中充分调动了学生的积极性,使学生能够有选择地开发和培育自己的学习潜能与特长。基于多元智能理论,学校在落实素养的跨学科校本化课程中,采用了多样化的评价方式以适应不同学生的素养特点。例如,在"春天的茶"课程中,五年级的同学们围绕"循着茶香去旅行"这一主题,根据项目兴趣细分为多个项目组。每位学生根据自己的能力和特长,自主选择研究报告、折叠书、包装设计等研究主题,通过读写、答辩、拍摄等多种活动形式分工合作,完成真实任务,解决真实问题。教师在与学生共同进行项目化学习和评价的过程中,不仅提升了自身的跨学科学习组织与评价能力,也丰富了自身的生活经验。

图7-2-2 "四季课程"中学生学习场景

在非纸笔测评方面,时代小学同样进行了积极的探索。学校设计了一系列富有趣味性的实践活动,让学生在参与中充分展示自己的素养。例如,三年级开展以"春节文化"为大主题的期末非纸笔化测评活动,采用多学科联动的方式,设置两个年俗活动子主题"欢乐闹新春""糖画送甜蜜",让学生在送祝福、做糖画等各类文化体验活动中完成测评。各项任务在同一个主题下有机串联、有序推进,制定层级式的评分规则。对照评分规则,教师可依据学生在同一纬度、不同等级的表现,看出学生的水平差异。在任务发布时,教师会让学生提前学习评分规则,以此对照自己的表现,发现问题,在完成子任务的过程中,运用学科知识解决实际问题,既传承了中华优秀传统文化,又提升了学科素养和实践能力。

表 7-2-2　非纸笔化测评活动评价量表

子主题	测评题目	融入学科	考查能力	核心素养	评价量表		
					A	B	C
欢乐闹新春	新年送祝福	语文	口语交际	表达与交流	能把事情说清楚，能简要概括步骤，清晰地描述自己制作中国结的过程，能从色彩、造型、纹样、搭配等至少两个角度说出三个及以上中国结蕴含的寓意	基本能把制作中国结的过程说清楚，能从色彩、造型、纹样、搭配等至少两个角度说出中国结蕴含的美好寓意	能讲出一种中国结蕴含的寓意
		美术	艺术鉴赏	文化理解			
	欢乐庆春节	音乐	音乐要素	审美感知	能够正确听辨歌曲的节拍，跟随音乐在强拍时进行传递，能遵守游戏规则，保持秩序	能够基本听辨歌曲的节拍，跟随音乐在强拍时进行传递，能完成体育游戏，遵守规则	能够基本听辨歌曲的节拍，跟随音乐进行传递，能完成体育游戏
		体育	体育规则	体育品德			
糖画送甜蜜	糖画融一融	数学	数学应用	量感	能准确称出或估算出制作糖汁所需糖与水的质量，烧制过程中能准确辨认糖汁浓度。倒取液体量准确，糖完全溶解且实验操作准确	能基本称出或估算出制作糖汁所需糖与水的质量，烧制过程中能基本辨认浓度。液体倒取准确，糖完全溶解，搅拌操作有误	能根据提示称出制作糖汁所需的材料。糖能完全溶解，液体体积、实验操作不完全准确
		科学	实验操作	探究实践			

第七章　学生素养评价的探索成效

259

子主题	测评题目	融入学科	考查能力	核心素养	评价量表		
					A	B	C
糖画送甜蜜	糖画做一做	综合实践	食物制作	生活能力	能根据图样，借助糖画画出完整的形状	能根据图样，基本画出糖画形状	能借助糖画基本画出形状
		劳动	合作劳动	劳动能力			
	糖画说一说	英语	口语交际	听说表达	能完整表达制作过程，声音响亮，表达流利	能较完整表达制作过程，老师提示3次以内，声音较响亮，表达较流利	能较完整表达制作过程，老师提示3次以内，声音较响亮，表达较流利

时代小学在素养评价实践中，通过个性化、多元化以及跨学科的评价方式，不仅有效提升了学生的综合素养，也为教师的专业成长提供了有力的支持。这些实践不仅体现了学校对教育改革的积极响应，也展示了学校在素养评价领域的创新成果。

三、积聚智慧，提升教师专业素养

普通教师向赋能型"专家"型教师的转变，是一个持续不断、自我超越的过程。起初，教师致力于提升专业情感，热爱教育事业，关心学生成长。随着经验的积累，教师开始自发自主学习，不断探索教育教学方法，丰富自身的知识体系。在这个过程中，教师不断反思、总结，逐渐形成了自己的教育理念和特色。最终，他们不仅在教学上取得了卓越成绩，更在引领教育改革、培养青年教师等方面发挥了重要作用，成长为真正的赋能型"专家"型教师。

(一)以评促思,提高教学本领

1. 专业情感的培养与提升

教师对教育充满热情,在教育教学实践中不断坚定教育的力量和价值,愿意为学生的成长付出努力。同时,通过关注学生的需求、尊重学生的个性,建立起师生之间的信任与尊重,为教育教学创造和谐氛围。

2. 专业本领的提升与赋能

教师致力于培养学生的综合素质,关注教育教学中评价机制的建立和完善,以评促思,教师自我素养提升路径显现。首先,教师深化对教育评价理念的理解,认识到评价不仅是对学生学习成果的反馈,更是促进学生持续进步的重要手段。为此,教师积极学习先进的教育评价理论,关注教育评价领域的最新动态,不断更新自己的教育评价观念。其次,教师评价技能得到提升,掌握包括观察记录、提问引导、作品展示等多种方式在内的多种评价方法和技巧,从而更全面地了解学生的学习状况,并给予有针对性的指导。同时,合理运用评价结果,帮助学生认识自己的学习优点和不足,制订个性化的学习计划。最后,教师通过积极参与评价实践,与同事、学生共同探讨评价问题,分享评价经验。在实践与交流中,不断提升自己的评价能力,为学生的全面发展提供更加有力的支持。

(二)深自砥砺,赋能"专家"成长

随着时代小学在素养评价实践步骤的层层深入,学校教师树立终身学习的理念,不断更新知识库,提升教育教学能力。根据自身实际情况和发展需求,制订切实可行的学习计划,明确学习目标和时间节点。学校先后有6位教师通过自主学习的方式攻读硕士学位,获得学历及能力提升。通过参加培训、研讨会、课题研究等活动,拓宽视野,汲取新知识,提高教育教学水平。近五学年来,本校教师共有111人次获得区级及以上立项课题,193人次参与区级及以上学术交流、论文或区级及以上荣誉。

第七章 学生素养评价的探索成效

学校创设平台与教师同伴、专家学者建立合作关系，共同开展教育研究和实践探索，实现资源共享和互利共赢。以"蕙兰书塾、师生共读、灵犀学社"等平台为交流契机，时刻关注教育领域的新理念、新技术和新方法，保持对教育的敏感性和前瞻性。关注教育前沿动态不断创新实践，在教育教学过程中勇于尝试新方法、新手段，不断挑战自我，实现自我超越。

教师通过教学实践，不断总结反思，形成自己的教学风格和特色，提高教学效果。结合自己的教学实践，进行教育问题的研究和探索，形成自己的教育观点和理念，完成从普通教师到专家型教师的成长之路。

时代小学在实施素养本位的时代评价过程中，不仅促进了学生的全面发展，也推动了教师的专业成长。这种相互促进的评价方式，不仅符合当下时代发展的需要，也为学校的教育教学改革与实践以及教师的专业发展注入了新的活力和动力。通过这个过程，教师不仅可以实现个人价值和社会价值的统一，也为学生的成长和社会的发展持续赋能。

第三节 激活学校的发展动能

作为新一轮基础教育改革的突破口和切入点,学生综合素质评价改革不仅是变革人才培养和选拔机制的重要方面,也是破除"唯分数论"、落实立德树人根本任务的关键环节。

一、建立了素养本位评价的数字化平台

(一)促进了家校社的多维合作

近两年中,时代小学积极倡导学生综合素质评价的改革,建立素养本位评价的数字化平台,取得了显著的成效。数字化平台为家长提供了一个更加直观和方便的途径,让他们深入了解自己孩子的学习和发展情况。通过数字化平台,家长可以查看孩子的综合素质评价报告、课程成绩、教师评语等信息。这使得家长能够更全面地了解孩子的学习态度、兴趣爱好、优势和需改进之处,从而更好地指导和支持孩子的成长。数字化平台加强了学校与家长之间的沟通和合作,学校可以通过平台发布学生的学习计划、课程内容、作业要求等信息,让家长更好地参与到孩子的学习中来。此外,家长可以通过平台向教师提供关于孩子的特点、兴趣和需求等方面的反馈,从而帮助教师更个性化地指导学生。数字化平台也为社会各界提供了参与和反馈的机会。社会可以通过平台了解学生的综合素质,包括创新能力、沟通能力、团队合作等,从而更好地了解未来人才的发展潜力。同时,社会可以为学生提供实践机会、课外活动等资源,帮助他们更好地培养综合素质和职业能力。数字化平台作为一个信息共享和交流的平台,可以促进家校社之间的互动。家长、学校和

社会可以在平台上互相交流意见、分享经验,共同探讨学生素质教育的方向和方法。这种交流不仅有助于更好地理解学生的需求,也有助于推动素质教育改革的深入发展。

【案例一】始业教育

新学年伊始的开学第一课活动中,我校充分利用建立的素养本位评价数字化平台,通过公众号分享学生在校园的活动。伴随着愉快的音乐声,庄重的时代校门缓缓打开,迎来了"以童心喜迎二十大,劳动筑梦新时代"评价活动(见图7-3-1、7-3-2)。同学们热情洋溢地走进校园,呈现出生动活泼的场景。有的同学手捧着经过精心照料两个月的绿植,为班级增添了一抹生机和绿意;有的同学提着全新的书籍,为班级图书角创造了浓厚的书香氛围;还有一些同学手拿着清洁用具,准备展示他们的劳动技能,为校园带来一片清新。这个充满活力的场景展示了我们的劳动小能手们如何充满热情地回到校园。他们各自带来的贡献,不仅增添了班级的色彩,还在校园的每一个角落传递着生机和活力。这一刻,校园仿佛沐浴在朝阳中,洋溢着欢声笑语,让人感受到秋天的清新与希望。

图7-3-1 开学景象(一)

图7-3-2　开学景象(二)

　　勤劳动明担当,美好典礼展新貌,典礼的开启,始于庄重的升旗仪式。当国旗冉冉升起,少先队员们整齐划一地行着庄严的队礼,雄壮的国歌高亢奏响,大家目光投向国旗,瞬间,浓厚的爱国情感在每颗心中涌动。仰望着升起的国旗,仿佛英雄们的誓言在我们心中回荡。少先队员们以庄重的仪式向国旗致敬,这个国家的象征,是我们团结一心的象征,是我们共同奋斗的象征。在这个庄严的时刻,我们共同感受到自豪与责任,将爱国之情融入心灵的最深处。

图7-3-3　行队礼

通过分享学生参与校园活动的这些照片、文字描述和成果展示,家长能够更加深入地了解孩子在校园中的生活和学习体验,促进家长与孩子的交流,同时也加深了对学校的认知。通过公众号的展示,学校向家长传递了学校教育理念、活动目标等信息。家长在了解学校发展方向的同时,能更好地与学校进行合作,也可以通过公众号上的互动评论,提出建议与反馈。

(二)解放了教师的重复性劳动

本校通过对不同年龄特点的学生设计了多样化的活动主题,解放了教师的烦琐重复性劳动。这一方法着重于让学生在各种情境中积极参与活动,旨在培养综合素养和能力。在这个过程中,教师扮演了观察者的角色,从而达到模糊性评价。随着学生的年龄特点逐渐演变,设计活动主题也随之不同。这意味着活动要符合学生的认知水平、兴趣和发展需求,以最大程度地激发他们的参与度和积极性。不同主题也为学生提供了丰富的学习机会,使得他们能够在各种情境中体验学习、探索问题、解决挑战。在这些活动中,个体与同伴在创设的情境中进行合作,共同完成各自的任务。这种合作有助于培养团队合作、沟通、解决问题的能力,同时也增进了社交技能和情感发展。学生们的角色在活动中得到了积极展现,他们不再是被动的知识接受者,而是主动的实践者和参与者。教师在这一过程中充当着观察者的角色,关注学生在活动中的表现、参与程度和任务完成质量。通过观察,教师可以模糊性地评估学生的综合素养和能力成长情况。这种评估不仅仅关注分数和知识点,更注重学生的思维方式、创造力、解决问题的能力等综合素质。

【案例二】秋天的路

一场关于"秋天的路"四季课程展示活动在一个飘着秋雨的午后拉开了帷幕。这次展示活动是学校积极探索教育方式的一部分,也展现了解放教师重复性劳动的成效。四季课程展示活动为学生提供了展示和发挥的平台,同时也为教师创造了解放重复性劳动的机会。五年级的同学们以"光荣之路"为项目主题,通过分组合作和研究,经历了一个月的精心准备。(如图7-3-4、7-3-5)。

图7-3-4 "秋天的路"四季课程展示活动(一)

活动内容涵盖了"秋叶、秋菊、秋果、秋色"等多方面,展示了秋天的美丽与丰收。整个活动分成两场,教室里充满了欢声笑语。每个小组都派出了精心准备的宣讲代表,他们站在台上,将自己小组收集的各种资料以多种方式展现出来。学生欣赏了一个个精彩纷呈的TED演讲和生动的话剧演绎。

图7-3-5 "秋天的路"四季课程展示活动(二)

这个展示活动在很大程度上解放了教师的重复性劳动。教师不再是传统意义上的知识灌输者,而是引导者和观察者。他们在活动前为学生提供了必要的指导和资源,让学生在团队中自主学习、探索和创造。这种以学生为中心的方式使得教师不再需要花费大量的时间投入传统的课堂授课和试卷批改中,而是能够更专注地观察学生的参与和表现。

二、引领了素养本位评价的教学变革

(一)营造了素养本位评价的研究氛围

我们的努力在营造素养本位评价的研究氛围方面产生了显著影响,推动学校发展朝着更具价值导向的方向转变。通过素养本位评价的引领,学校教师逐渐形成了积极的研究态度和学习文化的氛围。教师们开始关注学生的全面发展,不仅关注知识和成绩,更注重学生的综合素养和能力培养。在教学过程中,教师们积极探索如何将素质教育融入课堂,培养学生的创新思维、合作能力和社会责任感。

【案例三】暑期师德培训活动(一)

身边的榜样

为了激发广大教师的学习热情,以优秀教师为楷模,加深师德教育的内涵,我校与杭州市富阳区银湖科技城硅谷小学合作举办了一场师德榜样分享会。讲述的教师曾获上城区新教师说课比赛三等奖、教育教学案例分析优秀奖。她说:在我们的语文组中,有一个令人难以忘怀的瞬间,展现了素养本位评价所营造的研究氛围。这个瞬间是李朱依苓老师参评首届上城区教坛新秀时的经历,可谓是"三试三改三落泪"。

图7-3-6　教师们相互学习

在第一次试教时,依苓老师发现自己的教学效果不尽如人意,全体语文组老师进行了观摩并提出了修改建议。在紧张的时间里,她为改进教案而焦虑不安,甚至流下了焦急的泪水。第二次修改后再次试教时,老师们对细节进行了深入抠探,而依苓老师感觉辜负了他们的付出,她陷入了自责之中,失去了信心。郦云老师发现了她的情绪变化,为她提供了帮助,帮她修改教学设计直至深夜,为她鼓劲打气。在郦云老师的支持下,依苓老师重获信心,感动地流下了泪水。最终,依苓老师在第三次试教时,表现出色,但在"下课"声中,她再次流下了激动的泪水。

图7-3-7　教师们相互学习

在这个过程中,每个人都在积极地交流、协作,共同克服困难,创造了完美的一堂课。这样的研究氛围不仅体现了团队的凝聚力,也表明了学校在推动学校发展向更具价值导向方向转变的道路上,积极营造了素养本位评价的氛围。通过师生之间的互相学习和支持,学校不断进步,为学生成长提供了更多的可能性和机会。

(二)推进了素养本位评价的变革实践

作为一所小学,本校的综合评价改革的逻辑起点是从对学生发展规律的深刻理解开始,同时还致力于还原小学教育的独特价值和地位。在课程改革中,我们强调加强发展性评价,使评价的作用更加促进学生成长和教师的发展,以及改进教学实践的功能。课程实施涵盖了丰富的内容,其中许多是传统结果评价所难以准确展现的。与纯粹的知识和技能不同,学生的核心能力和素养的培养往往无法通过笔试来完全呈现,它们是在学习体验中逐步培养和形成的。传统的评价方法主要以静态的终结性评价为主,评价时间集中在特定的考试期间,过分强调结论而忽视了师生获取经验、获取启示、解决问题的过程,这些是师生在发展过程中至关重要的信息。我们认识到评价在小学教育中具有重要的导向和激励作用,致力于解决小学评价问题,让评价更符合小学教育的本质。因此,积极构建教育共同体,将教师、学生、家长和社区等各方连接在一起。在这个共同体中,各方可以共同探讨如何更好地推进素养本位评价的实践,分享经验和见解,共同制定学校的发展目标和方向。

【案例四】暑期师德培训活动(二)

为进一步提高课堂教学质量,持续推进素养本位学教方式的变革,2023年7月5日,我校联合杭州市银湖科技城硅谷小学开展暑期师德培训活动。在课程重组和课堂变革的阶段,学校对于评价问题的研究一直在不断深入进行。打造"人人善表达、人人能实践、人人爱思考"的课堂模式,同时学校将时代办学的特点总结为"学玩相融"的育人样式,并凭借这一成果获得了2021年省基础教育成果一等奖。

浙江省教学成果奖

证书

为表彰2021年浙江省基础教育教学成果奖获得者，特颁发此证书。

成 果 名 称：学玩相融：小学发展素质教育的“时代”样式

奖 励 等 级：一等奖

主要完成人：唐彩斌、孔 慰、郦 云、方小溪、王云英、成 静

浙江省人民政府

证书号：2021JJ016　　2022年1月

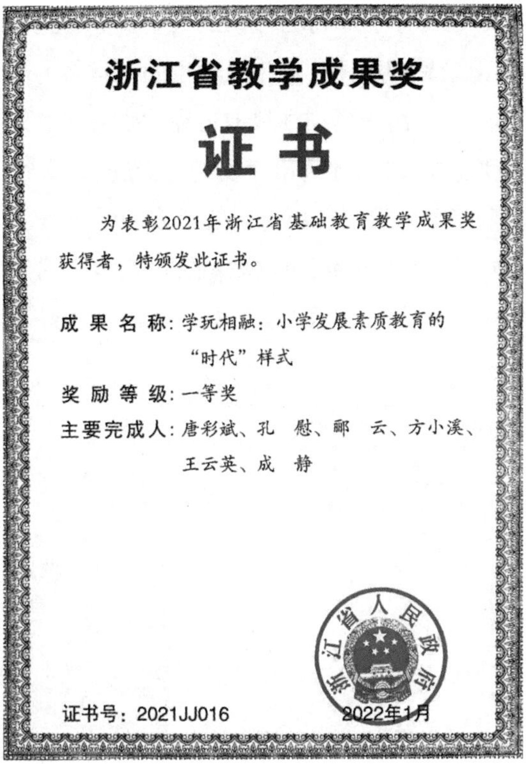

图7-3-8　省基础教育成果一等奖

在这个成果中，学校详细阐述了已经形成的全面多维的评价新标准，涵盖了德、智、体、美、劳等各方面，这些评价标准主要以图表、手册、指数和档案等多种形式来进行。学校的育人样式“学玩相融”强调了学习与实践的有机结合，为学生提供了更广泛的发展空间。这一育人理念的成功得到了省基础教育成果奖的认可，也体现了学校在评价问题上的探索和创新。在前期基础方面，本校已经有了关于素养和评价的一定研究积淀。我们的研究系列涵盖了“素养课程”和“素养课堂”，并且在此基础上，进一步展开了关于“数字化时代小学生素养评价体系的构建及实施”的研究。我们从课程重组阶段开始，为学生开设了拓展性课程，使他们在实践和体艺特长类课程中能够更全面地发展自己的素养和个性。教育共同体的构建促进了学校的开放性和包容性发展。在小学阶段，尤

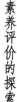

其是一至三年级,培养学习和行为习惯至关重要。为此,我们创造了《习惯养成手册》来记录和辅助评价低年级学生的日常行为表现。这个项目已经升级为"小花本",用于更加细致地引导学生养成良好的习惯。学校根据行为规范和品德表现,评选出年度的"感动时代人物",并分享他们的感人事迹。全校师生投票选出得票数最多的学生,成为当年"时代校刊"的封面人物。这个评选标准非常多元,包括孩子因为长期为班级服务而获得封面人物的荣誉,展示了学生在多方面的优秀表现。

2. 一手册:习惯养成手册,让学玩更有规则

《学生习惯养成手册》记录单　　　校刊封面人物

图7-3-9　习惯养成手册活动

三、完善了素养本位评价的教育生态

(一)形成了和谐统一的教育共同体

我们的努力逐渐孕育出一个和谐统一的教育共同体,以素养本位评价为纽带,将教师、学生、家长和社会紧密联系在一起。在这个共同体中,每个成员都发挥着独特的作用,共同促进学校教育的发展。教师们通过深入的研究和教学实践,逐渐形成了共同的教育理念和价值观。他们在素质评价的引领下,注重培养学生的综合素养,关注每个学生的个体差异,努力创造多样化的教育环境。教师之间互相借鉴、互相支持,形

成了一个紧密团结的教育团队。学生们也逐渐融入这个共同体中,意识到自己的学习和成长不仅仅是个人的事情,也是整个共同体的一部分。他们在学习过程中展现出积极的参与和合作精神,尊重彼此的差异,共同努力追求更高的素质水平。家长在素养本位评价的推动下,更加关注孩子的全面发展,不再局限于成绩的单一标准。他们积极参与学校的活动,与教师紧密合作,共同关心孩子的学习和成长。

(二)促进了学校的可持续发展

通过素养本位评价的实施,学校逐渐形成了一个开放的教育模式,不再局限于传统的知识传授,而是更加注重培养学生的综合素养和能力。我们鼓励教师们创新教学方法,将多样化的教育资源融入课堂,使学生能够在不同领域获得全面的发展。同时,我们的教育共同体也更加包容,不仅包容了不同学科的教师,还包容了不同学生的特点和需求。通过对学生个体差异的重视,我们致力于为每个学生提供适合他们的学习方式和路径,让每个人都能在这个共同体中找到自己的位置。这种开放性和包容性的教育模式,也吸引了更多的合作伙伴加入我们的教育共同体。学校与家长、社会各界、其他学校等形成了广泛的合作网络,共同推动学校的可持续发展。我们通过分享经验、交流思想,不断汲取新的教育理念和方法,促使学校的发展不断与时俱进。总的来说,我们在素养本位评价的引领下,不仅促进了学校的可持续发展,也创造了一个更加开放和包容的教育环境。这个教育生态的形成,为学校的未来发展奠定了坚实的基础,也为每个成员提供了更多的机会与可能。

后　记

　　时光荏苒,岁月如梭。不知不觉间,我们的素养三部曲之梦即将圆满。第一部《素养本位的时代课程》已于2018年5月出版,第二部《素养本位的时代课堂》于2021年1月面世。评价改革实践成果《素养本位的时代评价》也即将付梓成册,为三部曲画上休止符。这三本书是本校承担杭州市第二届、第三届和第四届教育教学重大课题的研究成果。衷心感谢杭州市教科所多年的信任与支持,让我们在素养研究的道路上走得坚定、走得更远。回首时代课改近十年的历程,研究的顺利完成得益于全体时代教师的扎实实践,得益于每个时代学子的学习创造,得益于大批教育专家的鼎力支持。

　　2015年至2018年,时代小学在课程专家张华教授的指导下构建素养本位的"时代课程3.0",并以"四季课程"为依托研究跨学科主题学习,同时尝试走向理解评价。2018年至2021年,在教学设计专家马兰教授的帮助下研究了素养视域下的课堂教学新范式"SMART灵动课堂",不断发现、验证和总结了有助于素养发展的17大策略,并指向思考、表达、合作和实践等素养实施多元评价。2021年至2024年,我们在教育评价专家杨向东教授的引领下深入探究了数字化时代小学生素养评价体系的构建与实施,针对德智体美劳等评价内容综合运用分项评定、表现展评、过程述评、无纸测评、多元共评、日常观察和纸笔测验共七类评价方式。

　　由衷感谢华东师范大学杨向东教授,在杭州市教科所的组织下,成为《素养本位的时代评价》的指导教师。虽然上海与杭州之间的物理距离较远，但是杨向东教授仍于百忙中给予我们多方位的指导。既有面向全校教师的普适性讲座形式，也有面向科研骨干的专题式解疑形式；既会高位引领明晰评价研究的方向，还会深入了解时代一线教师的实践需求。在书著成稿的过程中，杨教授在框架打磨、理论推荐、案例筛选等各方面都给予指导帮助。

在评价改革的三年研究中，我们与国内外多所学校同交流共进步，感谢英国沃尔瑟姆·圣劳伦斯小学、中国澳门濠江中学附属小学、西安高新一小、四川广元市北街小学、金华延安路小学、杭州银湖科技城硅谷小学等学校与我们共同研讨教育评价改革；同时还要感谢上城区教育局领导的关心，还有上城区教育学院的教研员们和上城区教育评估与监测中心的研究员们，他们走进时代，把脉课堂，为时代小学的评价改革贡献智慧。

本书编撰成册得益于全体时代人的坚定、坚持与坚守。时代小学的每一位老师都是素养本位时代评价的践行者。他们用每一天的行动在述说本校坚定的"时代学子个个棒，只是棒得不一样"的素养目标；他们用每一堂的教学在阐释本校坚持的"分数不是目的，成长才是关键"的评价理念；他们用每一次的选择在展现本校坚守的"评价过程与结果并重，评价内容与形式共生"的评价模式。在时代教师的创造中，校园里不断出现了书画作品义卖"时代百家评选""免试生活动""校园游踪"等新型评价形式，一一对应着"展示即评价""反思即评价""学习即评价""实践即评价"的评价模式。

本书各章节的主要执笔者分别为：第一章：郦云、章秀花，第二章：唐彩斌、鲍心如、章秀花、楼珺，第三章：盛亦楠、周蓉蓉、吴美兰、张忠华、胡方强、施益坚、施立波，第四章：马浙琦、王羚婕、楼珺、杨洁，第五章：谭海楠、鲍心如、张忠华、龚洵奕、王云英，第六章：李玲瑜、章秀花，第七章：楼彦志、吴雅雯、吕可薇、张佳艺；全书由唐彩斌、郦云修改并审订。书中用到了老师们的原创材料以及学生们的作品，参阅引用了一些教育同行的研究，在此一并表示感谢！章馨文编辑多年来陪伴着我们编审出版了包

后
记

括本书在内的素养三部曲成果,在此表示深深的感谢!

评价是基础教育课程教学深化改革行动的重点,也是难点。我们的研究和探索都还是粗浅的,有待于今后不断深入、完善。就像我们的评价数字平台一样,功能也在不断的开发中。孩子的教育和成长也一样,会经历一个漫长的时期,有失败的时候,也有成功的时候。我们相信,只要方向对了,虽然过程是艰辛的,但是结果会是好的。

唐彩斌

2024年4月

图书在版编目（CIP）数据

素养本位的时代评价 / 唐彩斌，郦云主编． -- 长春：
东北师范大学出版社，2024.11． -- ISBN 978-7-5771
-1646-4

Ⅰ．G40-058.1

中国国家版本馆CIP数据核字第2024T4W519号

素养本位的时代评价
SUYANG BENWEI DE SHIDAI PINGJIA

□责任编辑：于天娇　□封面设计：书道闻香
□责任印制：许　冰　□责任校对：书道闻香

东北师范大学出版社出版发行
长春净月经济开发区金宝街118号（邮政编码：130117）
电话：0431—85690289
传真：0431—85691969
网址：http://www.nenup.com
杭州书道闻香图书有限公司制版
杭州万星印务有限公司印装
杭州市余杭区星桥街道星二路72-1号（邮政编码：311199）
2024年12月第1版　2024年12月第1次印刷
幅面尺寸：170mm×240mm　印张：18　字数：250千

定价：48.00元